HAYMON taschenbuch 20

HAYMON tb **20**

Ungekürzte Taschenbuchausgabe
Haymon Taschenbuch, Innsbruck-Wien 2010
www.haymonverlag.at/haymontb

ISBN 978-3-85218-820-1

Umschlag und Buchgestaltung:
Kurt Höretzeder, Büro für Grafische Gestaltung, Scheffau/Tirol
Mitarbeit: Ines Graus
Cover: Christmas Comes but Once a Year! by Charles Green
Autorenfoto: Juliane Buff Lippstadt

Gedruckt auf umweltfreundlichem,
chlor- und säurefrei gebleichtem Papier.

Dietmar Grieser

Die guten Geister

Sie dienten den Großen dieser Welt – Köchin, Butler, Sekretär

Dietmar Grieser

Die guten Geister

Für Christine H.

„Er ehrte sie im hohen Palast
gleich seiner edlen Gemahlin ...“
Aus Homers Lobgesang auf Eurykleia,
die Magd des Odysseus

Inhalt

Vorwort

Wäre Vicki Baum ohne den Vorfall mit dem angebrannten Milchreis keine Schriftstellerin geworden und schon gar nicht die Autorin solcher Weltbestseller wie „Menschen im Hotel“ und „Vor Rehen wird gewarnt“? Ist tatsächlich Haushälterin Lisbeth an allem schuld?

Schauen wir uns die Sache aus der Nähe an. Kiel, Frühjahr 1917. Die neunundzwanzigjährige Hedwig Lert geborene Baum, genannt Vicki, hat sowohl ihre Geburtsstadt Wien wie ihren Erstberuf Harfenistin hinter sich gelassen und ist dem Dirigenten Richard Lert, den sie vor wenigen Monaten geheiratet hat, nach Norddeutschland gefolgt, wo sich der zwei Jahre Ältere auf den Posten des Kieler Operndirektors vorbereitet.

Im März 1917 kommt das erste Kind zur Welt. Nicht nur „Kriegsbaby“ Wolfgang, sondern auch die junge Mutter leiden unter der allgemeinen Lebensmittelnot. Freunde tun sich zusammen, um Vicki wenigstens am Tag der Taufe mit deren Lieblingsgericht zu verwöhnen: Milchreis. Es grenzt an ein Wunder, daß es ihnen gelingt, sämtliche nötigen Zutaten aufzutreiben: Weder Reis noch Zimt sind zu dieser Zeit „normal“ zu haben, auch Zucker und Butter sind knapp.

Lisbeth, die „Perle“ des jungen Haushalts, wird mit der Zubereitung betraut. Doch Vickis Vorfreude schlägt in bittere Enttäuschung um, als sie den ersten Löffel zum Munde führt. Zwischen Tränen der Dankbarkeit und ununterdrückbarem Ekel schwankend, ruft sie aus: „Der Milchreis ist ja angebrannt!“

Darauf Haushälterin Lisbeth, leicht verwundert: „Ja, ist denn Milchreis nicht *immer* angebrannt?“

In diesem Augenblick – so wird sich Vicki Baum Jahrzehnte später in ihrer Autobiographie erinnern – gehen wundersame Gedanken durch ihren Kopf: Gedanken, die nichts Geringeres als die Initialzündung für ihren künftigen Beruf auslösen. Dienstmädchen Lisbeths „Ist denn Milchreis nicht *immer* angebrannt?" öffnet der Neunundzwanzigjährigen die Augen für die Realitäten des Lebens, für den ewigen Widerstreit von Anspruch und Erfüllung, für die Kluft zwischen Schein und Sein. Sie schreibt: *„Die Reise, die verregnet ist, der berühmte Mann, der in Wahrheit enttäuschend langweilig ist, das Kleid, das einem nicht wirklich steht, die große Liebe, die so schäbig endet – diese Kette von komisch-tragischen Ereignissen, die unseren Erwartungen zuwiderlaufen"* – ist es nicht genau das, was unser Dasein ausmacht? Und vor allem: Liegen nicht hier die Stoffe, die ein Schriftsteller für seine Werke braucht?

Als Vicki Baum im darauffolgenden Jahr ihre literarische Tätigkeit aufnimmt und 1919 mit dem Roman „Frühe Schatten" debütiert, ist es genau dieses „Rezept", dem sie bei der Zeichnung ihrer Charaktere, beim Entwurf der Handlungsstränge und bei der Schürzung der Konflikte folgt. Und auch, als sie längst Europa mit Amerika vertauscht hat und sowohl mit ihren Büchern wie mit ihren Filmen zum Weltstar avanciert ist, der sich jeden Luxus, also auch jede Menge Personal leisten kann, wird sie wieder und wieder dankbar jenes Kieler Dienstmädchens gedenken, das ihr vor Zeiten mit seiner schlichten „Kuchl-Philosophie" den Weg zur Schriftstellerei gewiesen hat: Ist denn Milchreis nicht *immer* angebrannt?

Schon als ich 1981 mein Buch „Musen leben länger" herausbrachte, in dem es um die Rolle der Frau an der Seite des Dichters ging, keimte in mir der Wunsch, eines Tages das Thema auch auf die *professionellen* Hilfskräfte auszuweiten, die den Künstlern (und nicht nur ihnen) bei ihrer Arbeit zur Seite stehen: die Sekretärinnen und

Assistentinnen, die Diener und Gesellschafter und all die anderen, ohne deren treues Wirken so manche künstlerische Höchstleistung nicht zustande käme.

Über etliche dieser dienstbaren Geister sind im Lauf der Zeit eigene Bücher geschrieben worden – etwa über den Mozart-Adlatus Franz Xaver Süßmayr, über Rosa Luxemburgs „Alter ego“ Mathilde Jacob oder über den „Hofstaat“ des Dichters Hans Fallada („Wir saßen alle an einem Tisch“).

Andere haben diese Bücher *selber* verfasst. Ich denke an die berührenden Memoiren von Céleste Albaret, der Haushälterin Marcel Prousts, an die „oral history“ der Sigmund-Freud-„Perle“ Paula Fichtl, an Jonny Mosers Jugenderinnerungen „Wallenbergs Laufbursche“ oder an die spektakuläre Öffnung des „versiegelten Tagebuches“ des Thomas-Bernhard-Faktotums Karl Ignaz Hennetmair.

Wieder andere, in jungen Jahren berühmten Künstlern als Sekretär dienend, haben sich später ihren eigenen Platz in der Literaturszene erkämpft: der Reiseschriftsteller Erhart Kästner, der für Gerhart Hauptmann, der Fernsehautor Wolfgang Fleischer, der für Heimito von Doderer, oder der Dichter Peter Rosei, der für den Maler Ernst Fuchs gearbeitet hat.

Für Thomas Mann, Lion Feuchtwanger und Erich Kästner sind ihre Schreibkräfte Hilde Kahn, Hilde Waldo und Elfriede Mechnig ebenso unentbehrlich wie für Anton Bruckner seine Haushälterin Kathi, für Johann Strauß seine Herrschaftsköchin Anna oder für Oskar Werner sein Leibchauffeur Erich Stangl. Goethe muß sich von seinem langjährigen Diener Carl Wilhelm Stadelmann trennen, als dessen Trunksucht jedes weitere Zusammenwirken unmöglich macht. Beethovens Umgang mit seinem stetig wechselnden Personal ist ein einziges Fiasko, und Maurice Ravel klagt, daß ihm „die

Prohaska", seine tschechische Dienstmagd, auf seinem Landsitz bei Rambouillet die Bibliothek geplündert hat.

Ein eigenes Kapitel bilden die dienstbaren Geister jener Prominenten, bei denen sich Berufs- und Privatleben folgenschwer vermischen: Lenchen Demuth, die Karl Marx nicht nur den Haushalt führt, sondern von ihm auch ein Kind empfängt; Küchenmädel Gisela Royes, die Karl Valentins Ehefrau wird; Egon Friedells „Perle" Hermine Schimann, die Zug um Zug auch ihre gesamte Verwandtschaft „einschleust"; oder die Krankenschwester Ida Gebauer, die von Alma Mahlers Kinderfräulein zu deren Hausdame und engster Vertrauter aufsteigt. Der junge Alban Berg „vergreift" sich an der Küchenhilfe des elterlichen Sommersitzes am Ossiachersee: *Cupido domesticus* hat man jene Konstellation in den noblen Häusern von anno dazumal genannt, wo es zu den unausgesprochenen Dienstpflichten der Mägde gehört hat, den männlichen Familiennachwuchs in der Kunst der körperlichen Liebe zu unterweisen.

Bleiben wir noch einen Moment bei der Literatur: Homer hat mit der Figur der „Schaffnerin" Eurykleia, die den inkognito heimkehrenden Odysseus beim Fußwaschen wiedererkennt, dem Domestikenstand ein immerwährendes Denkmal gesetzt, und Wilhelm Busch verarbeitet die Erfahrungen mit seiner Frankfurter Kurzzeit-Köchin Marie Euler zu der Bildergeschichte von der „Frommen Helene". Einen Sonderfall bildet der Schweizer Schriftsteller Robert Walser, dem es nie in den Sinn käme, sich von einem anderen Menschen bedienen zu lassen. Im Gegenteil: Er unterzieht sich in jungen Jahren einer eigenen Ausbildung zum Butler und übt diesen Beruf tatsächlich eine Zeit lang aus.

Schon diese erste flüchtige Bestandsaufnahme zeigt: Das Beziehungsgeflecht zwischen Dienstgebern und Dienstnehmern ist – um ein weiteres Mal den oft zitierten Fontane-Topos zu strapazieren – „ein weites Feld“. Und wenn es schon ein so weites Feld ist, wollen wir es nicht bei den Künstlern und deren Helfern belassen, sondern unseren Blick auch den Bereichen Politik, Aristokratie und Kirche zuwenden: Wer war die Frau, die die heimatlos gewordene letzte österreichische Kaiserin durch alle Höhen und Tiefen ihres Lebens begleitet hat? Wieso hat sich die deutsche Ordensschwester Pascalina Lehnert mit ihrem „Regime“ im Papsthaushalt Pius XII. so viele Feinde gemacht? Welche Rolle spielen die „private secretaries“ am Hof der Königin von England?

Es ist ein scheinbar unauflöslicher Widerspruch: Gilt in unseren emanzipierten Zeiten das Dienen – und gar dessen unterwürfig-devote Spielart – als „out“, als verpönt, ja als menschenunwürdig, so leben wir andererseits, wie uns die Soziologen lehren, in einer wie nie zuvor hochentwickelten Dienstleistungsgesellschaft, von der beide Seiten, Anbieter wie Konsument, gleichermaßen profitieren. Das vorliegende Buch geht diesem scheinbaren Widerspruch an dreißig Beispielen nach, die aus den verschiedensten Bereichen und aus den verschiedensten Zeiten ausgewählt sind. Auch das ist, denke ich, ein Stück Kulturgeschichte.

Beethovens Bestien

Ludwig van Beethoven und seine Bediensteten

Wien ist für ihn das ideale Biotop. Die Musikstadt mit ihren kolossalen Möglichkeiten, die lebensfrohen Dörfer und lieblichen Landschaften rund um die Metropole, die Nähe der Gönner und Mäzene und die schützende Hand zuverlässiger Freunde, dazu die vorzügliche Küche und der bekömmliche Wein: Beethoven könnte, als er sich 1792 auf Dauer in Wien niederläßt, keine bessere Wahl treffen. Auch die beiden Adlaten, die ihm einen Teil seiner Arbeit abnehmen, sind für den notorisch Überlasteten ein Segen: Franz Oliva, der sich wie kein zweiter in Geschäfts- und Banksachen auskennt, führt ihm die Korrespondenz, verhandelt mit den Verlegern und bereitet die Konzerte vor. Sein Nachfolger Anton Schindler liest dem Meister überhaupt jeden Wunsch von den Augen ab, und beide, obwohl unbezahlt und oft genug unbedankt, nehmen ohne Murren Beethovens Launen in Kauf.

Nur mit den Hausleuten gibt es permanent Ärger. Ob Vermieter, Hausmeister oder Dienstboten – ihr Unverständnis, ihre Anmaßung oder einfach ihre Unzulänglichkeit machen dem Genie Ludwig van Beethoven das Leben schwer. Daß er in den fünfunddreißig Jahren, die er in und um Wien zubringt, an die vierzig Mal das Quartier wechselt, sagt alles.

Natürlich ist auch er selber nicht frei von Schuld, wenn er sich laufend mit seiner Umgebung überwirft: Beethovens Temperament duldet keine Kompromisse, die anhaltenden und mit den Jahren noch zunehmenden gesundheitlichen Probleme erhöhen seine Reizbarkeit, Rückgang und Verlust der Hörkraft nähren sein Mißtrauen. Da er zeit seines Lebens niemals in den Ehestand tritt, also keine „femme ménagère" der „wahrhaft admirablen Confusion“ seines Hauswesens Einhalt gebietet, kommt dem von ihm engagierten Personal umso größere Bedeutung zu.

Eigentlich sind die Ansprüche, die Beethoven an seine Bedienten stellt, bescheiden. In einem seiner vielen Briefe an Freund Nikolaus von Zmeskall listet er sie auf: Er erwartet eine *„gute Empfehlung“* und *„ordentliches Betragen“*, auch sollten sie *„nicht mordlustig“* sein, *„damit ich meines Lebens sicher bin“*. Verheiratete zieht er Unverheirateten vor: Von ersteren ist – wenn schon nicht mehr Ehrlichkeit – so zumindest *„mehr Ordnung“* zu erwarten. Angesichts der *„gänzlichen moralischen Verderbtheit des österreichischen Staates“* hat Beethoven allerdings Zweifel, ob es leicht sein werde, solch eine *„rechtschaffene Person“* zu finden.

Dabei verlangt er gar nicht übermäßig viel von ihr. Das Küchenmädchen, das er sucht, soll ihm seine Leibspeisen zubereiten – und zwar so, *„daß man gut verdaue“*. Da spielt der an chronischen Magen- und Darmbeschwerden Leidende auf *„die fortdauernde Schlechtigkeit der Lebensmittel“* an, die ihn krank mache. An sonstigen Diensten erhofft er sich von ihr lediglich, daß sie auch *„für das Flicken der Hemden brauchbar“* sei.

Im September 1813 ist es wieder einmal so weit, daß Beethoven nach einem neuen Domestiken Ausschau hält, Freund Zmeskall soll ihm dabei helfen. Er schreibt ihm aus dem Badener Sommerquartier: *„Sollte Ihr Bedienter brav sein und einen Braven für mich wissen, so würden Sie mir eine große Gefälligkeit erweisen, durch den Ihrigen Braven auch mir einen Braven verschaffen zu lassen. Bis Ende dieses Monats geht meine jetzige Bestie von Baden fort, der Bediente könnte also mit Anfang des künftigen Monats eintreten.“*

„Bestie“, *„Vieh“* und *„schlechter Mensch“* – das ist der Ton, in dem sich Beethoven über sein stetig wechselndes

Personal äußert. *„Unausstehlich"* findet er sie, *„ungebildet, viehisch, ja noch unter dem Vieh"*. Einem von ihnen hat er *„einen Tritt vor den Hintern gegeben und ihn zum Teufel geschickt"*. Haushälterin Nanni und Küchenmädel Baberl nennt er *„stumpfsinnig"*, Nachfolgerin Pepi eine *„Verräterin"*, die gegen ihn konspiriere, und einem der männlichen Bedienten wirft er vor, *„mit falschen Schlüsseln"* in anderer Leute Gemächer einzudringen. Am liebsten käme er ganz ohne fremde Hilfe aus: *„... ist es mir hart, in den Zustand geraten zu sein, so mancherlei Menschen brauchen zu müssen."*

Je älter Beethoven wird, desto mehr verdrießen ihn die Auseinandersetzungen mit seinen Bediensteten. In über sechzig Briefen schüttet er einer seiner engsten Vertrauten, Nanette von Streicher, sein Herz aus. Die ein Jahr Ältere, Gattin des Klavierbauers Johann Andreas Streicher, steht ihm mit engelhafter Geduld zur Seite, um Beethovens häusliche Probleme zu lösen, und ihr nicht minder menschenfreundlicher Mann läßt es still geschehen, daß sie dafür so manche kostbare Stunde opfert. Beethoven dankt es ihr, indem er sie als seine „Oberhofmeisterin" preist. Nicht nur, daß er sie bei plötzlich entstehenden Vakanzen als Vermittlerin einspannt, überträgt er ihr auch die Kontrolle der Haushaltsrechnungen, und als er schließlich im Umgang mit dem Personal gar nicht mehr aus und ein weiß, schickt er ihr einen umfangreichen Fragenkatalog, den sie auf der Rückseite des Blattes Punkt für Punkt beantworten möge:

„Was gibt man Dienstleuten mittags und abends zu essen – sowohl an der Qualität als Quantität?

Wie oft gibt man ihnen Braten?

Geschieht dies mittags und abends zugleich?

Das, was den Dienstleuten bestimmt ist – haben sie dieses gemein mit den Speisen des Herrn, oder machen sie sich solche besonders, das heißt, machen sie sich hierzu andere Speisen, als der Herr hat?

Wie viel Brotgeld die Haushälterin und Dienstmagd täglich?

Wie wird es gehalten beim Waschen? Bekommen die Haushälterin und Dienstmagd mehr?

Wie mit Wein und Bier? Gibt man ihnen solches und wann? Frühstück?“

Frau von Streicher, die Sanftmut in Person, unternimmt alles, die häuslichen Verhältnisse ihres Schützlings zu verbessern. Seine Klagen reißen dennoch nicht ab. Als ein neues Küchenmädel ins Haus kommt, das beim Holztragen *„ein schiefes Gesicht macht“*, holt Beethoven zu einem gewagten Vergleich aus: *„Ich hoffe, sie wird sich erinnern, daß auch unser Erlöser sein Kreuz auf Golgatha geschleppt hat.“* Mit Milde, so folgert er aus ihrem Verhalten, sei da leider nichts auszurichten: *„Nicht durch Liebe, sondern durch Furcht müssen diese Leute gehandhabt werden.“* Und wie stellt man das an? Etwa, indem er dem Küchenmädel, das ihm auf seine Vorhaltungen *„keck und frech“* erwidert, damit droht, sie *„auf der Stelle aus dem Haus zu jagen“*.

Auch Gewaltanwendung ist für Beethoven ein probates Mittel, die Aufmüpfige in ihre Schranken zu weisen: *„Die Fräulein N. ist ganz umgewandelt, seit ich ihr das halb Dutzend Bücher an den Kopf geworfen.“* Beim nächsten Übergriff ist es gar ein schwerer Sessel, den er ihr *„auf den Leib“* wirft, und er bereut es keinen Augenblick: *„Dafür hatte ich den ganzen Tag Ruhe.“*

Wenig hält Beethoven davon, daß Frau von Streicher selber ins Geschehen eingreift: *„Sprechen Sie nicht viel mit ihnen“*, beschwört er die gute Seele in einem seiner Briefe, *„denn es wird dadurch doch nicht besser, macht sie nur noch erboster auf mich.“*

Leider hat sich keiner der Gegenbriefe erhalten, und so wissen wir nicht, ob Nanette von Streicher zu all den Anschuldigungen Ja und Amen sagt oder vielleicht doch im einen oder anderen Fall Beethovens Domestiken in Schutz nimmt. Denn eines ist offensichtlich: Das Mißtrauen ihres Schützlings nimmt mehr und mehr pathologische Züge an. Wie kann Beethoven einen seitenlangen Brief an Nanette nur darauf verwenden, ihr den (seinem Diener in die Schuhe geschobenen) Verlust eines einzelnen Strumpfes anzuzeigen und eine solche Bagatelle zum Kriminalfall aufzubauschen?

Überhaupt ist Großzügigkeit seine Sache nicht: Als es wieder einmal um die Anstellung einer neuen Haushälterin geht, bittet Beethoven die als Vermittlerin eingeschaltete Frau von Streicher, zu klären, ob die Betreffende über eigenes Mobiliar verfüge, Bett, Matratze, Kommodekasten. *„Wegen der Wäsche sprechen Sie auch mit ihr, damit wir über alles gewiß sind.“*

Regelmäßig legt er seiner Beschützerin das „Küchenbuch“ zur Überprüfung vor. Um alle Zweifel an der Ehrlichkeit der Haushälterin auszuräumen, möge Nanette von Zeit zu Zeit an Ort und Stelle Stichproben machen: *„Sie müssen manchmal beim Essen als ein richtender Engel unverhofft erscheinen, um in Augenschein zu nehmen, was wir haben.“*

Besonders gereizt reagiert Beethoven auf den „Verrat“, dessen er jene zwei Domestiken verdächtigt, die sich zur Zeit seiner Vormundschaft für den Neffen Karl mit dessen Mutter Johanna verbünden. Entgegen seinem Willen, die verhaßte Schwägerin von seinem Schützling fernzuhalten, erdreisten sich die beiden Bedienten, die Verbindung zwischen Mutter und Sohn wiederherzustellen, und lassen sich dafür mit Kaffee und Zucker bestechen. Die Angelegenheit regt Beethoven dermaßen auf, daß er darüber krank und folglich auch in seinem künstlerischen Schaffen zurückgeworfen wird.

Seit 1819 ist Beethoven vollständig taub, und das bedeutet: Er lebt in der ständigen Furcht, seine Mitmenschen könnten die zunehmenden Verständigungsschwierigkeiten zu ihrem Vorteil ausnützen und ihn betrügen. Fanny Giannatasio, eine der beiden Töchter des Privatlehrers seines Neffen, berichtet von einem gemeinsamen Gasthausbesuch in Baden, in dessen Verlauf sich Beethoven und der diensthabende Kellner in die Haare geraten, weil man sich beim Abrechnen nicht über die Zahl der verzehrten Semmeln einigen kann ...

Es hat also nicht nur Beethoven seine Probleme mit den Bedienten, sondern auch diese mit ihm. Wie soll man einen Haushalt in Ordnung bringen, wenn der Dienstgeber ein solch chaotisches Durcheinander anrichtet und trotzdem jeder Gegenstand an seinem Platz bleiben muß? Näheres über dieses „Allegro di confusione", wie er es selber spöttisch nennt, erfahren wir aus der Schilderung eines Freundes, der Beethoven in dessen Wohnung einen Besuch abgestattet hat.

Er schreibt: *„Bücher und Musicalien in alle Ecken zerstreut. Dort das Restchen eines kalten Imbisses, hier versiegelte oder halb geleerte Bouteillen, dort auf dem Stehpult die flüchtige Skizze eines neuen Quatuors, hier die Rudera eines Déjeuners, dort auf dem Piano auf bekritzelten Blättern das Material zu einer noch als Embryo schlummernden Symphonie, hier eine auf Erlösung harrende Korrektur, freundschaftliche und Geschäftsbriefe den Boden bedeckend, zwischen den Fenstern ein respektabler Leib Straccino, ad latus erkleckliche Trümmer einer Veroneser Salami ..."*

„Hauskorporal“ Kathi

Anton Bruckner und Kathi Kachelmaier

Ach, es ist schon zu verstehen, warum die zwei manchmal so schroff aneinandergeraten – der Bruckner und seine Kathi. Sollte die aus ärmlichen Verhältnissen stammende resolute Person wirklich jede Schrulle des Meisters widerspruchslos schlucken? Gut – gegen ein gewisses Quantum Frömmigkeit und Sittenstrenge hat auch sie nichts einzuwenden. Aber was ihr Dienstgeber da an Keuschheitswahn und Dämonisierung der Frau aufführt – das geht denn doch zu weit! Und sie, die Haushälterin Kathi Kachelmaier, ist es, die das Ganze auch noch organisieren muß, die also beispielsweise an Bruckners Beichttagen keinerlei Damenbesuch zu ihm vorlassen darf. Und läßt es sich einmal doch nicht gänzlich vermeiden, so hat sie zumindest dafür zu sorgen, daß auf dem Klavier der weiße Wollhandschuh bereitliegt, den er überstreift, falls er in die mißliche Lage gerät, vor dem Empfang der heiligen Kommunion einem weiblichen Wesen die Hand reichen zu müssen. Dabei hat ihm sein Beichtvater doch längst den Wahn ausgeredet, daß daran etwas Sündiges sein könnte!

Sie hat's also nicht immer leicht mit ihrem Dienstgeber, die Kathi Kachelmaier aus Wien. Gezählte sechsundzwanzig Jahre steht sie Anton Bruckner zur Seite – buchstäblich bis zu seinem letzten Atemzug. Anfang Jänner 1870 übernimmt die Vierundzwanzigjährige den Job von Bruckners Lieblingsschwester Anna, die bis dahin für den schrullenreichen Single gesorgt hat. Schon in Linz hat die „Nanni“ ihm die Wirtschaft geführt, und als der Vierundvierzigjährige am 1. Oktober 1868 seinen Posten als Professor für Harmonielehre, Kontrapunkt und Orgelspiel am Wiener Konservatorium antritt, zieht sie mit ihm in die Reichshaupt- und Residenzstadt und lebt mit ihm unter einem Dach: in einer Zwei-Zimmer-Küche-Wohnung im zweiten Stock des Hauses Währinger Straße 41. Daß Anna vor der Zeit stirbt, trifft ihn schwer. Seinem Gönner, Domdechant Schiedermayr, klagt er sein Leid und schreibt ihm nach Linz: *„Ich mache mir die größten Vorwürfe, daß ich sie alle Hausarbeit verrichten ließ. Hätte ich das geahnt, hätte ich die Unvergeßliche um keinen Preis der Welt mit mir nach Wien ziehen lassen, ja ich selbst wäre eher in Linz geblieben. O, könnte ich jetzt einige Zeit weg von Wien! Alles ist mir durch diese traurige Heimsuchung verleidet worden!"* Sein Brief schließt mit der Bitte, der Hochwürdige Herr möge ihm die Gnade erweisen, beim Heiligsten Meßopfer dieser seiner schmerzlichen Gefühle zu gedenken.

Auf dem Währinger Friedhof läßt Bruckner die geliebte Schwester bestatten. Da ihrem überraschend frühen Tod längeres Kranksein voranging, sind hohe Kosten aufgelaufen, die Bruckner nicht aus den laufenden Einkünften decken kann. Er wendet sich daher mit einer Bittschrift ans k.k. Unterrichtsministerium und sucht – unter Hinweis auf *„den Versuch einer neuen Symphonie"*, die er soeben abgeschlossen habe – um ein Künstlerstipendium an. Es dauert etliche Monate, bis die vierhundert Gulden bewilligt werden. Die sieben Gulden Monatslohn, die er für Annas Nachfolgerin aufzubringen hat, muß er also zunächst von seinen kargen Ersparnissen abzweigen.

Diese Nachfolgerin wird ihm von seinen Hausleuten empfohlen, die sich ihrer bereits als „Zuspringerin", also einer Art Aushilfe, bedient haben. Sie heißt Katharina Kachelmaier, kommt aus einer Wiener Arbeiterfamilie, ist von einfachem Wesen, jedoch nicht – wie häufig behauptet – eine Analphabetin. Auch macht sie ihren Mangel an höherer Bildung mit Urteilskraft und gesundem Menschenverstand wett, mit Humor und Schlagfertigkeit – und vor allem mit einem Übermaß an Fürsorglichkeit, deren der in den Dingen des praktischen Lebens ebenso unerfahrene wie ungeschickte Bruckner dringend bedarf. Da sie ein strenges Regiment führt, gibt er ihr den Scherznamen „Hauskorporal", und wenn es zwischen den beiden zu Unstimmigkeiten kommt, bringt Bruckner seine Kathi zum Schweigen, indem er sie darauf aufmerksam macht, sie werde durch ihn zu einer „historischen Persönlichkeit" werden. Trotz aller Selbstzweifel ist der vom oberösterreichischen Dorfschulmeisterssohn zum begabten Sängerknaben, begnadeten Organisten, hochgeschätzten Lehrer und genialen Komponisten mehrerer Messen und Symphonien Avancierte sich seines Ranges wohl bewußt.

Solange Bruckner gesund ist, halten sich Kathis Pflichten in Grenzen. Sie teilt nicht mit ihrem Dienstgeber die Wohnung, sondern kommt nur zu bestimmten Stunden in die Währinger Straße 41, um aufzuräumen und vor allem das Frühstück zuzubereiten. Ins Zimmer darf sie erst, wenn Bruckner fertig angekleidet ist: Es wäre mit seiner angeborenen Schamhaftigkeit unvereinbar, einem weiblichen Wesen im Schlafrock gegenüberzutreten. Nur, wenn er das Frühstück einnimmt, darf Kathi neben ihm stehen und ihm die Neuigkeiten des Tages erzählen.

Zieht er sich anschließend zum Komponieren zurück, unterliegt auch sie strengstem Zutrittsverbot. Steht, um des ungestörten Durcharbeitens willen, kein mittäglicher Gasthausbesuch auf dem Programm, deponiert Kathi das von ihr vorbereitete Essen auf dem Küchentisch. Gegen 19 Uhr kehrt sie wieder und kredenzt Bruckner die obligate Nudel- oder Schokoladensuppe; das eigentliche Nachtmahl nimmt er zu später Stunde in einem der von ihm bevorzugten Wirtshäuser ein, begleitet von bis zu zehn Seideln Bier. Nur an den Freitagen meidet er das Gasthaus: Kathi sorgt dafür, daß er die Fastenvorschriften einhält und ausschließlich Fleischloses auf den Tisch kommt. An normalen Tagen sind Geselchtes mit Grießknödeln und Kraut, Schweinsbraten, Kalbsbrust und Gulasch seine Leibspeisen; zum Dessert wünscht er sich „Apfelschlangerln“, Milchnudeln oder Zwetschkenknödel.

Als in späteren Jahren einmal Kollege Hugo Wolf zu Besuch kommt und angesichts der üppigen Tafel Bruckner zu dessen „Appetit“ gratuliert, unterbricht dieser wutentbrannt das Essen, fordert Kathi zu unverzüglichem Abservieren auf und raunt ihr zu: *„So a Unverschämtheit! Den Flegel lassen S’ ma nimmer eina!“* Ungebetene Besucher werden von der Haushälterin überhaupt abgewiesen. Bezüglich der einschlägigen Fachausdrücke total überfordert, sagt sie zur Begründung: *„Der Herr Doktor darf nicht gestört werden, er ist am Kombinieren!“* Hat er wieder einmal – was sie an den abgebrannten Kerzen erkennt – die Nacht hindurch „kombiniert“, stellt sie ihn anderntags zur Rede und fordert ihn auf, auf seine angegriffene Gesundheit Rücksicht zu nehmen. Bruckners Antwort: *„Was verstehn denn Sie davon? Komponieren muß man, wenn einem was einfallt!“*

Da Bruckner sehr wohl weiß, welche Stütze er an seiner Kathi hat, bereut er die Grobheit, mit der er sie bisweilen zurechtweist. Als er einmal beim Schlafengehen eine Nadel in seinem Nachthemd findet, die sie beim Flicken übersehen hat, verdächtigt er die Ärmste eines Mordanschlags und droht ihr, sie aus dem Fenster zu werfen. Die Folge: Kathi stürzt wutentbrannt aus dem Haus, Bruckner läuft ihr nach, holt sie aus ihrer Wohnung zurück, bittet sie um Verzeihung und wechselt vom sonst üblichen „Sie“ zum vertrauten „Du“. Ja, sie sind schon ein wunderliches Gespann, diese zwei: der cholerische Künstler, der seine hantige „Perle", wenn sie wieder einmal ausrastet, mild zu stimmen versucht, indem er sich ans Klavier setzt und ihr einen gemütvollen „Landler" vorspielt ...

In den spärlichen Briefbotschaften, die sich von den beiden erhalten haben, geht man miteinander sachlich, formell und vor allem knapp um: Ersucht Bruckner die *„verehrte Frau Kathi"*, sie möge ihm *„Schnupftabak und Cigarren"* nach Steyr schicken, so hängt er seiner Bitte lediglich ein kurzes *„Leben Sie wohl!"* an, und wünscht Kathi dem *„hochwohlgeborn Herrn Docktor"* zum *„wehrten Geburtstagsfest"*, daß ihn *„Gott noch recht lange Jahre erhalten möge"*, so beschließt sie ihre Zeilen *„mit Handkuß von Kathi"*. Ausführlicher äußert sie sich nur, als Bruckner schon schwer krank ist und dringend medizinischen Beistand braucht. Sie schreibt in ihrem rührend unbeholfenen Deutsch an einen der behandelnden Ärzte: *„Euer Wohlgeboren! Das Befinden von Hr. Docktor steht es nicht am besten. Er ist zeitweiße ganz verloren, und mit den Apetit ist es auch sehr wenig. Ich bitte Hr. Docktor, wen es Ihre Zeit erlaubt, den Hr. Docktor zu besuchen. Achtungsvoll, Kathi."*

Drei Wiener Adressen sind es, an denen Katharina Kachelmaier ihrem Dienstgeber den Haushalt besorgt: die schon erwähnte Währinger Straße 41, zwischen 1877 und 1895 die etwas größere Wohnung im dritten Stock des Hauses Heßgasse 7 und schließlich – in Bruckners letztem Lebensjahr – das ebenerdige „Kustodenstöckl" im Belvedere, das Kaiser Franz Joseph dem unter schwerer Atemnot Leidenden zur Verfügung gestellt hat.

Da wie dort kommt Bruckner mit einem Minimum an Mobiliar aus: Der einzige „Luxus", den er sich gönnt (und den er auch so nennt), ist das englische Messingbett mit der hochmodernen Federung, das ihm seine Studenten zum Geschenk gemacht haben. Auf Empfehlung eines offensichtlich mit Farbpsychologie vertrauten Kurarztes werden die Wände des Arbeitszimmers blau gestrichen: Es soll nervösen, reizbaren Menschen Beruhigung verschaffen. An Musikinstrumenten sind ein alter Bösendorfer und ein Harmonium mit Orgelpedal vorhanden, die Badewanne steht im Vorzimmer. Fürs Notenschreiben genügen ihm ein einfacher Tisch mit Lederfauteuil, ein Schubladkasten und zwei mit hohen Wachskerzen bestückte Leuchter.

Ein eigenes Kapitel bildet Bruckners Kleiderkasten, in dem seine sackförmigen, knöchelkurzen Drillichhosen und seine der Bequemlichkeit halber ungestärkten Hemden verstaut sind. Einen wunderlichen Kult betreibt er mit seinen berühmt weiten Röcken, die alle einen bestimmten Namen tragen. Kathi braucht also ein gutes Gedächtnis, um den „Blauen", den „Weichen", den „Zottel" und den „G'schnürlten" auseinanderzuhalten. Was Kopfbedeckungen betrifft, kann er zwischen dem gewöhnlichen Schlapphut, dem Sonntagshut und dem „Cylinder" wählen. Schuhe kauft er in solchen Mengen, daß seine „Perle" immer wieder einschreiten und manche der Bestellungen rückgängig machen muß. Die übergroßen und stets knallbunten Taschentücher dienen ihm bei starkem Transpirieren als Schweißfänger und bei Gastbesuchen, zu denen er mit Kuchenspenden aus Kathis Backstube anrückt, als Transportmittel.

Ist die Haushälterin nicht zugegen, verfolgt ihn seit den Tagen des Ringtheaterbrandes eine ständige Angst vor häuslichen Katastrophen: Verläßt Bruckner die Wohnung, werden doppelt und dreifach die Sicherheitsschlösser an der vergitterten Glastür überprüft, und mehr als einmal kehrt er auf halber Strecke wieder um – aus Sorge, es könnte eine der Kerzen nicht gelöscht, das Herdfeuer nicht verglimmt oder der Wasserhahn nicht abgedreht sein.

In Bruckners letzten Lebensmonaten, die von einer Vielzahl körperlicher Leiden verdüstert sind, nimmt Kathis Arbeitspensum solchen Umfang an, daß sie außer einer Krankenpflegerin auch ihre Tochter Ludovika einspannen muß: Der Einundsiebzigjährige kann kaum noch einen Schritt ohne Begleitung tun, die früher so reichliche Kost muß auf strenge Diät umgestellt werden, und da es zu dieser Zeit noch kein Telefon gibt, können die Ärzte nur per Boten herbeigerufen werden. Als es am 11. Oktober 1896, fünf Wochen nach seinem zweiundsiebzigsten Geburtstag, mit Bruckner zu Ende geht, ist es Kathi, die, im Fauteuil neben dem Krankenbett sitzend, dem Sterbenden zur Seite ist und ihm den letzten Tee bereitet.

Das Testament, das Anton Bruckner hinterläßt, hat er schon vor drei Jahren aufgesetzt; es sieht seine beiden noch lebenden Geschwister Ignaz und Rosalia als Universalerben vor. Doch auch Katharina Kachelmaier wird mit einem – allerdings spärlichen – Vermächtnis bedacht. Der betreffende Passus lautet: *„Meiner Bedienerin vermache ich in Anerkennung der mir geleisteten vieljährigen treuen Dienste einen Betrag von 400 Gulden. Für den Fall, daß sie bis zu meinem Ableben meine Bedienung noch besorgt, soll dieselbe noch weitere 300 Gulden erhalten, so daß sie bei Eintritt dieser Voraussetzung zusammen 700 Gulden bekommt. Ich wünsche, daß dieses Legat von meinen Erben ohne jedweden Abzug sogleich nach meinem Ableben ausbezahlt werde.“*

Ignaz Bruckner sorgt dafür, daß alles im Sinne des Verstorbenen abgewickelt wird, und damit die nunmehr einkommenslose Kathi in den verbleibenden fünfzehn Lebensjahren nicht der völligen Verarmung ausgeliefert ist, unterstützt er sie mit laufenden Zuwendungen im Gesamtausmaß von 1000 Gulden. Als sie schließlich zum Sozialfall wird und in geistige Umnachtung verfällt, verschafft er ihr eine Dauerbleibe im Pavillon 15 des Spitals Am Steinhof. Am 23. März 1911, fünf Wochen nach ihrem fünfundsechzigsten Geburtstag, stirbt Katharina Kachelmaier; auf dem Wiener Zentralfriedhof wird sie bestattet. Die Prophezeiung ihres Dienstgebers, sie werde durch ihn zu einer „historischen Persönlichkeit" werden, geht in Erfüllung: Es gibt keinen Bruckner-Biographen, der es unterließe, Kathis Rolle an der Seite des „Musikanten Gottes" zu würdigen.

Krieg in der Küche

Johann Strauß und sein Personal

Die meisten sind auf Postkartengröße zugeschnittene Kartons – einige auch größer, andere kleiner, wieder andere im Visitkartenformat. Die Zeichnungen sind teils mit Bleistift, teils mit Tuschfeder ausgeführt, einzelne leicht koloriert. Es sind durchwegs Karikaturen von Personen, die der Zeichner in für sie typischen Situationen festgehalten hat – die einen en face, die Mehrzahl im Profil. Eine gewisse Flüchtigkeit und Zweidimensionalität der Strichführung lassen darauf schließen, daß die Porträtierten dem Künstler nicht bewußt Modell gesessen, sondern heimlich und in aller Eile von ihm konterfeit worden sind. Einige der Blätter sind auf der Rückseite beschriftet – wir lesen Vermerke wie „Stubenmädchen" oder „Diener", dazu eine Reihe von Namen, die sich sonstwie der Biographie des Zeichners zuordnen lassen; andere sind entweder gar nicht zu entschlüsseln oder nur mit Fragezeichen. Ihre Identifizierung ist auch dadurch erschwert, daß es keinerlei Datierung gibt. Was am geringsten ins Gewicht fällt, ist das Fehlen der Signatur: Da die achtundachtzig Blätter einen Teil des Johann-Strauß-Nachlasses bilden, der in der Handschriftensammlung der im ersten Stock des Wiener Rathauses untergebrachten Wien-Bibliothek gehütet wird, unterliegt ihre Urheberschaft keinem Zweifel: Der Walzerkönig höchstpersönlich ist es, der hier zum Zeichenstift gegriffen hat.

Es ist eine der vielen Marotten von Johann Strauß Sohn: Es macht dem zu Schabernack Neigenden einen Riesenspaß, Menschen aus seiner nächsten Umgebung, Zeitgenossen, denen er bei dieser oder jener Gelegenheit begegnet, oder Freunde, die er bei sich daheim zu

Gast hat, zu karikieren. Jetzt kommt es nur noch darauf an, daß das jeweilige Objekt, wenn der Meister das Resultat seiner Kunst herumzeigt, von den Betrachtern auch erkannt wird. Für Heiterkeit ist also gesorgt. Der Meister des Dreivierteltakts will auch als Schnellzeichner gewürdigt sein.

Johann Strauß ist um die vierzig, als er sein diesbezügliches Talent erkennt, und damit aus dem Talent ein Hobby wird, das auch vor den Augen der Mitwelt bestehen kann, nimmt er eigens Zeichenunterricht: Der renommierte Wiener Landschaftsmaler Anton Hlavaček ist es, der dem siebzehn Jahre Älteren die Kunst des Porträtierens beibringt.

Im Hause Strauß gehen die Berühmtheiten ein und aus, werden zum Kaffee oder zum Essen eingeladen: die Kollegen Brahms und Bruckner, Goldmark und Puccini, die Musiker Rubinstein und Grünfeld, der Klavierlehrer Theodor Leschetizky und der Klavierfabrikant Ludwig Bösendorfer, die Musikkritiker Eduard Hanslick und Max Kalbeck, der Theaterdirektor Franz Jauner, der Schauspieler Alexander Girardi, der Schriftsteller Ludwig Ganghofer, der Bildhauer Victor Tilgner, der Chirurg Theodor Billroth. Daß er sich an diesen allen *nicht* mit seiner Zeichenfeder „vergreift", hat einen plausiblen Grund: Es könnte die erlauchte Gesellschaft irritieren, könnte den harmonischen Ablauf der gemeinsam eingenommenen Mahlzeit stören.

Leichter hat es der Karikaturist Johann Strauß mit den Leuten vom Personal: Diener und Gärtner, Kutscher und Stubenmädel, Köchin und Küchenhilfe sind ihm willige Opfer – er braucht sie nur bei ihren täglichen Verrichtungen zu beobachten und mit ein paar Zeichenstrichen einzufangen. Für sie ist es entweder eine Ehre, oder sie bekommen die Prozedur gar nicht mit.

Auf diese Weise erfahren wir jedenfalls – zu einer Zeit, da noch nicht so viel photographiert wird –, wie „Peter der Große", sein langjähriger Diener, wie Gärtner Thomas, wie Stubenmädel Rosa oder wie Köchin Anna ausgesehen haben. Vor allem letztere verdient unser Interesse – wir werden noch von ihr hören. Doch zunächst einmal ein Blick ins Hausinnere: Seit 1878 wohnt der Walzerkönig in der Igelgasse 4.

Alle drei Ehegattinnen – und jede auf ihre Weise – sind mit dem stolzen Besitz auf der Wieden eng verbunden: Jetty hat noch bei der Planung des Neorenaissance-Palais mitgewirkt, Lily hat die Bauarbeiten überwacht, für Adele und ihn wird es der Alterssitz, den Strauß bis zu seinem Tod beibehält. Es ist ein großbürgerlich-grundsolider, zweistöckiger Bau, den Architekt Arnold Heymann zwischen 1876 und 1878 nach den Wünschen des Meisters errichtet hat.

Zu diesen Wünschen zählt unter anderem, daß der leidenschaftliche Billardspieler gleich nach Durchschreiten des Entrées in einen langgestreckten, holzgetäfelten Saal tritt, in dessen Mitte ein mit allen nötigen Spielrequisiten ausgestattetes Billardbrett steht. Sitzgelegenheiten, eine Kartenspielecke und ein Blumentisch bilden das weitere Mobiliar. Strauß nennt es liebevoll „mein Kaffeehaus". Im angrenzenden Arbeitszimmer dominieren das Stehpult, wo der Meister im Negligé aus dunklem Samt oder hellem Flanell pfeiferauchend seine Noten niederschreibt, sowie das Harmonium, auf dem er Gattin Adele seine jeweiligen Einfälle vorspielt, nachdem er die während des Komponierens in ihre Kemenate „Verbannte" über ein eigens installiertes Läutwerk aus dem Obergeschoß herbeigerufen hat.

Empfängt der „gnädige Herr" Besuch, so treten als erste Wachhund Croquet, ein schlohweißer Bernhardiner, und Faktotum Peter in Aktion, der den Gast in den

Billardsaal geleitet. Läßt sich Strauß noch ein wenig Zeit bis zur Begrüßung des Ankömmlings, wird zu einem Rundgang durch den Gartenhof gebeten, wo in einem verschlossenen Pavillon die laufend einlangenden Lorbeer- und Blumenkränze vor sich hin welken und wo im Pferdestall die beiden feurigen Rappen bewundert werden können, die dem Hausherrn für seine Ausfahrten zur Verfügung stehen. Zur Unterhaltung der Gäste wird gern auch die immer wieder kolportierte Geschichte aufgewärmt, daß es in derselben Gasse, nur ein paar Häuser weiter, einen *zweiten* Johann Strauß gibt: einen Fleischhauer, mit dem der Meister seinen Namen teilt. Laufend kommt es zu den kuriosesten Verwechslungen, und Strauß hat seinen Spaß daran.

Überhaupt geht es bei Besuchen im „Igelheim", wie der Hausherr sein Domizil zu nennen pflegt, locker zu: Alles Zeremonielle tritt hinter schlichter Herzlichkeit zurück. Was das mit den Gästen einzunehmende Mahl betrifft, so ist bestens vorgesorgt: Die Speisekammer ist ständig prall gefüllt, im Keller lagern die erlesensten Weine und Champagner. Die Rezepte, nach denen gekocht wird, sind ein Erbstück von Johann Strauß' Schwester „Tante Netti". Zu den Standardgerichten zählen Altwiener Spezialitäten wie Beuschel mit Knödel, gebackener Rostbraten mit Erdäpfelsalat, Kipfelbröselstrudel mit Zwetschkenröster und Erdäpfelnudeln mit Weinberln. Als traditionelle Vorspeise wird Gulasch gereicht.

Klar, daß bei alledem Gattin Adele Regie führt – mit ebenso kundiger wie leichter Hand. Nur, wenn die Frau des Hauses einmal abwesend ist, kann es geschehen, daß auch der „gnädige Herr" ins Haushaltsgeschehen eingreift. Wie sehr er den Umgang mit dem Küchenpersonal genießt, bezeugt ein Brief, der sich im Strauß-Nachlaß erhalten hat. Adele ist verreist, der daheimgebliebene Ehemann schildert ihr in epischer Breite, welche Kämpfe er mit seiner „Perle“ auszufechten hat:

„Meine Adele!

Folgende Geschichte spielte sich bei meinem Nachhausekommen ab: Anna legte mir schlaftrunken (sie hatte die ganze Nacht bis zum frühen Morgen getanzt) ihr Programm für das nächste Sonntagsmahl vor. Sie begann mit dem Vorschlag, ihres Renommees halber das Diner recht fein zu halten. Ich machte ihr daraufhin begreiflich, daß von einem Diner keine Rede sein könne – es solle nur ein Mittagsmahl gewöhnlicher Art sein ...“

Dieses bißchen Meinungsverschiedenheit soll für Johann Strauß schon ein Grund sein, seiner Adele einen zwei Seiten langen Klagebrief zu schreiben?

Nun, wir wissen ja bis jetzt nicht, wie sich der Diskurs zwischen Hausherr und Köchin weiter entwickeln wird. Anna findet, ein Sonntagsmahl für fünf Personen sei nicht etwas, was mit der linken Hand zu schupfen sei, sondern müsse ihr die Gelegenheit verschaffen, „ihre Fähigkeiten an den Tag zu legen“. Was die ehrgeizige Küchenfee freilich noch nicht weiß: Strauß hat sich vor kurzem vorgenommen, seine Großzügigkeit als Gastgeber künftig einzuschränken. Er nennt es „ökonomische Prinzipien“, denen er fortan huldigen wolle – wohl aus einer plötzlichen Anwandlung von Altersgeiz. Es entwickelt sich folgender Dialog:

Anna: „Als ersten Gang schlage ich Ragoutsuppe vor.“

Ich: „Nein, höchstens Lungenstrudel.“

Anna: „Doch aber Forellen nach der Suppe?“

Ich: „Nein, höchstens Sardellen.“

Anna: „Doch aber Lungenbraten?“

Ich: „Da wir schon Lungenstrudel in der Suppe haben, ist der Lungenbraten überflüssig. Wir wollen Rindfleisch wählen und zwar das, was zur Suppe nötig war. Wenn’s nicht zu viel ausgesotten wird, schmeckt’s recht gut.“

Anna: „Und was dazu?"

Ich: „Nichts – ich finde, daß jede Soße den Geschmack des Fleisches nur beeinträchtigt."

Anna: „Entschuldigen vielmals – aber irgendetwas müssen wir dazugeben. Ich habe Salzgurken, die zwar nicht gut sind, aber ich will sie nicht verderben lassen."

Ich: „Haben Sie denn genug für fünf Personen?"

Anna: „Ja!"

Ich: „Dann servieren Sie sie."

Anna: „Aber da sie nicht gut sind, werde ich doch eine Soße dazu machen."

Ich: „Was fällt Ihnen ein? Zu Salzgurken schmeckt keine Soße. Nichts kommt dazu!"

Anna: „Aber ich bitte, wir können uns doch nicht ausrichten lassen!"

Ich: „Trachten Sie nur, daß alles zur rechten Zeit auf den Tisch kommt; um das andere haben Sie sich nicht zu kümmern!"

Anna: „Dann bitte ich Euer Gnaden, mir zu sagen, welchen Braten Sie wünschen, wenn Ihnen der Lungenbraten nicht recht ist?"

Ich: „Man muß nicht das ganze Fleisch sieden, man kann etwas davon abbraten und auch mit kleingeschnittenen Stückchen, wenn's geschickt gemacht wird, eine Schüssel vollkriegen."

Anna: „Dann wird die Suppe zu schwach."

Ich: „Es ist ganz ungesund, starke Suppen zu genießen. Die Ärzte sagen, daß Suppe nur den Magen überschwemmt. Lassen wir sie ganz weg."

An diesem Punkt der Auseinandersetzung gibt Köchin Anna auf. Sie ist von der durchtanzten Nacht noch ganz benommen, kann sich kaum auf den Beinen halten. Nur eines steht für sie fest: Ein solch karges Mahl, wie es der gnädige Herr wünscht, läßt sich nicht mit ihrem Gewissen, nicht mit ihrer Standesehre vereinbaren. Sie bittet um Vertagung der Diskussion, zuerst muß sie sich ausschlafen. Ihr resolutes Schlußwort: „Entschuldigen, aber ein solches Diner in unserem Haus – nein, nein, nein! Ich werde morgen früh nochmals anfragen. Küß die Hand, Euer Gnaden."

Was dann an jenem Sonntagmittag im Hause Strauß tatsächlich auf den Tisch kommt, entzieht sich unserer Kenntnis: Der streitlustige Hausherr beschränkt sich in seinem Brief an Gattin Adele auf die wortgetreue Wiedergabe der Auseinandersetzung mit der aufmüpfigen „Perle". Nur eines kann sich der Leser dieses einzigartigen Dokuments unschwer vorstellen: wieviel Spaß die abwesende Hausfrau mit dem Küchenkriegsbericht ihres Mannes gehabt haben muß. Und noch etwas lernen wir aus dieser Episode: daß der Emanzipationsprozeß des Herrschaftspersonals nicht erst im 20. Jahrhundert eingesetzt hat. Kämpferische Annas hat's auch schon im alten Wien gegeben.

Die Leibeigene

Alma Mahler-Werfel und Ida Gebauer

Nicht weniger als sechs Biographien sind über sie geschrieben worden, in Theaterstücken, Filmen und Fernsehspielen ist sie die Hauptfigur, und in den Archiven ruhen Unmengen von Dokumenten, die über alle Phasen ihrer aufregenden Vita Auskunft geben: Zum Thema Alma Mahler-Werfel ist alles gesagt. Und ebenso über die Männer, die sie betört, beglückt, inspiriert oder vernichtet hat – bis hin zu den Randfiguren, die das einzigartige Leben der „unbezähmbaren Muse" und „Witwe im Wahn" gestreift haben. Nur *eine* ist von den Biographen bis dato vernachlässigt worden, und das ist ausgerechnet *jene*, die über einen Zeitraum von fast vierzig Jahren ständig um sie gewesen ist, sich für sie aufgeopfert und selbst in Stunden tiefster Demütigung treu zu ihr gehalten hat: ihre Hausdame Ida Gebauer.

Wer ist diese Frau, die die Energie aufgebracht hat, alle Höhen und Tiefen im Leben Alma Mahler-Werfels „mitzutragen", alle Launen und Exzesse dieser von den einen bewunderten, von den anderen verabscheuten Egomanin zu verkraften? Selbst, als ich Ida Gebauer im Sommer 1977, wenige Wochen vor ihrem (und dreizehn Jahre nach Alma Mahler-Werfels) Tod, im Wiener Wilhelminenspital besuchte, löste sich kein kritisches Wort von ihrer Zunge: Die Peinigerin war ihr zum Abgott geworden. Auch von dem Du-Wort, das ihr Alma Mahler-Werfel schon in jungen Jahren angetragen hat, hat sie niemals Gebrauch zu machen gewagt: Alma ist und bleibt für sie die „gnädige Frau".

Ida Gebauer stammt aus dem Sachsenland, kommt am 3. Oktober 1895 in Kleinkogel, einem Dorf bei Dresden, zur Welt. Die kaisertreue Familie hat drei Kinder,

Ida wächst in ärmlichen Verhältnissen auf, ihr Berufsweg scheint vorgezeichnet: Beim örtlichen Großgrundbesitzer ist eine Stelle als Hausmagd frei. Da ist es ein Arzt aus der Gegend, der bestimmend in das Leben der jungen Schulabgängerin eingreift: Er vermittelt Ida an ein Dresdner Kinderspital, sie soll zur Krankenschwester ausgebildet werden. Kurz vor ihrem 19. Geburtstag besteht sie die Diplomprüfung.

Als 1914 der Krieg ausbricht, die ersten Verwundeten zu versorgen und an der Front Seuchen wie Typhus, Ruhr und Fleckfieber zu bekämpfen sind, sind Lazarettschwestern wie Ida Mangelware – vor allem an der ukrainischen Front. Hier wird sie eingesetzt – und das bis an die Grenzen des für eine junge Frau Zumutbaren.

Als diese Grenzen eines Tages überschritten sind und die Art der Verletzungen, mit denen die Soldaten ins Lazarett eingeliefert werden, alles vorstellbare Grauen übersteigt, setzt sie sich nach Wien ab, wo der berühmte Sozialreformer und Staatssekretär für Volksgesundheit, Julius Tandler, junge Kräfte um sich schart, die ihm beim Aufbau der von ihm projektierten Spitäler, Schulzahnkliniken und Mütterberatungsstellen helfen sollen. Für Ida Gebauer ist ein Platz im Mautner-Markhofschen Kinderspital in der Schlachthausgasse vorgesehen.

Unter den vielen kleinen Patienten, die Idas Obhut anvertraut sind, ist der frühgeborene Martin der mit Abstand schwerste Fall. Unter kompliziertesten Umständen am 1. August 1918 zur Welt gebracht, ist der arme Kerl die meiste Zeit an den Brutkasten gebunden, und vor allem: Seine weitere Entwicklung gibt zu größter Sorge Anlaß. Die schwere Gehirnwassersucht, die die Ärzte diagnostizieren, läßt den Schädel des Neugeborenen monströs anschwellen. Eine Heilung scheint aussichtslos, eine längere Lebensdauer undenkbar. Tatsächlich tritt nach neuneinhalb Monaten der Tod ein, der kleine

Leichnam wird zur weiteren wissenschaftlichen Erforschung des seltenen Leidens Progeria ins Allgemeine Krankenhaus transferiert und in der dortigen Schausammlung als Präparat ausgestellt.

Die Identität des Toten wird zunächst verschleiert. Umso größer ist der Schock unter den in den Fall Eingeweihten, als schließlich doch durchsickert, wer die Eltern des kleinen Martin sind: der Schriftsteller Franz Werfel und dessen Geliebte Alma Mahler, die zu dieser Zeit noch mit dem Architekten Walter Gropius verheiratet ist (der sich seinerseits – irrtümlich – für Martins Vater hält).

Ida Gebauer, die von alledem keine Ahnung hat – und sich grundlos Vorwürfe macht, ihren Schützling nicht ausreichend gepflegt zu haben –, lernt dessen Mutter erst kennen, als diese nach einer Kinderschwester für ihre vergötterte, vier Jahre alte Tochter Manon Ausschau hält. Wieder ist es Julius Tandler, der dabei die Fäden zieht: Er fragt Ida Gebauer, ob sie daran interessiert wäre, in den Haushalt einer „bedeutenden Dame der Wiener Gesellschaft" einzutreten. Erst beim Vorstellungsgespräch in der Elisabethstraße 22, Almas derzeitigem Wiener Wohnsitz, wird ihr klar, daß sie vor der Mutter des elend ums Leben gekommenen kleinen Martin steht ...

Alma Mahler-Gropius findet Gefallen an der sympathischen und äußerst kompetent wirkenden Kinderschwester und zeigt sich auf Anhieb willens, sie zu engagieren. Nur will sie sicherstellen, daß auch Töchterchen Manon, an dem sie seit der Katastrophe mit Frühgeburt Martin noch mehr hängt als schon zuvor, mit ihrer Wahl einverstanden ist. Ida Gebauer wird also der Vierjährigen vorgestellt.

Schon die erste Fühlungnahme zwischen der Kleinen und ihrer zukünftigen Betreuerin läßt erkennen, daß die beiden miteinander vorzüglich auskommen werden. Ja, sogar der künftige Kosename der „Neuen“, den diese für ihr gesamtes weiteres Leben behalten wird, entspringt diesem allerersten Kontakt: „Schuli“. Manon zeigt ihr ihre Spielsachen, und Ida Gebauer ist voll des Lobes über all die herrlichen Puppen. Aber sie läßt auch anklingen, daß es eines Tages mit den Puppen aus sein, daß Manon, um ein kluges Kind zu werden, in die Schule gehen werde. Und dieses Wort „Schule“ übt auf die Kleine eine solche Faszination aus, daß sie es von Stund an immer wieder in den Mund nehmen und vor allem: daß sie es stets mit der Person ihrer Kinderfrau in Verbindung bringen wird. Ida Gebauer wird von ihr also fortan „Schuli“ gerufen, auch Mutter Alma übernimmt den Spitznamen und nach und nach alle, die mit ihr engeren Umgang pflegen.

In einem so noblen Haus wie dem der Mahler-Witwe, Gropius-Gattin und Werfel-Geliebten tätig zu sein, ist für das einfache Mädchen vom Lande wie ein wahr gewordener Traum. Fürs Grobe, also Hausarbeit und Küche, ist eigenes Personal da. Idas Pflichten bleiben auf die Betreuung von Manon beschränkt, die allgemein „Mutzi“ gerufen wird und ein ebenso aufgewecktes wie bildhübsches Kind ist. Erst mit den Jahren wächst die „Oberschwester“, wie ihr offizieller Titel lautet, in die Rolle einer Art Hausdame hinein, die sich auch der anspruchsvoll-exzentrischen Alma zur Verfügung zu halten hat. In die Gepflogenheiten des Hauses fügt sich Ida mit solcher Hingabe ein, daß sie mit der Zeit, obwohl evangelisch erzogen, sogar das „Katholische“ ihrer Herrschaft annimmt, auf die Eigenheiten der Alma-Partner Walter Gropius, Franz Werfel und Johannes Hollnsteiner einzugehen lernt und bald auch bei den zahlreichen Reisen ihrer Dienstgeberin mit von der Partie ist. Ob in der Wiener Wohnung, im Sommerhaus am Semmering, in der Casa Mahler in Venedig oder später in Amerika – Ida Gebauer wird für Alma unentbehrlich.

Jetzt aber ist es erst einmal die heranwachsende Manon, der ihre ganze Zuwendung gilt – insbesondere, als diese, inzwischen siebzehn geworden, während eines Venedig-Aufenthaltes an Kinderlähmung erkrankt. Die Ärzte zeigen sich besorgt, die Patientin muß sich einer äußerst schmerzhaften Punktion des Rückenmarks unterziehen. Zunächst an den Beinen und bald auch am ganzen Körper gelähmt, ist vorderhand an eine Heimreise nach Wien nicht zu denken. Erst, als sich Manons Zustand vorübergehend stabilisiert, kann Mutter Alma das großzügige Angebot des mit ihr befreundeten Ministers (und späteren Bundeskanzlers) Kurt Schuschnigg annehmen, für den heiklen Rücktransport den ehemaligen Sonderzug Kaiser Franz Josephs in Anspruch zu nehmen.

Die Besorgnis weicht tiefster Verzweiflung: Manon ist nicht zu retten, zu Ostern 1935 tritt der Tod ein. Daß ihre Mutter, die prinzipiell Friedhöfe meidet, auch Manons Begräbnis fernbleibt, zählt zu den vielen Eigenheiten Almas, an die sich Ida wohl oder übel gewöhnen muß.

Die nächsten Bewährungsproben warten auf die inzwischen Zweiundvierzigjährige, als sich Anfang 1938 der Anschluß Österreichs an Hitler-Deutschland anbahnt. Was mag in einem Menschen wie dieser Ida Gebauer vorgehen, die miterleben muß, wie Alma sich einerseits als wüste Antisemitin gebärdet, andererseits aber Rettung und Flucht ihres jüdischen Liebhabers Franz Werfel organisiert? Während dieser bereits außer Landes ist und Ida alles Nötige unternimmt, um Werfels Habseligkeiten nach Frankreich schmuggeln zu lassen, plündert Alma ihr Wiener Bankkonto und näht das Bündel 100-Schilling-Noten in einen von Idas Gürteln ein: Die Hausangestellte soll die gesamte Barschaft über die Grenze in die Schweiz schaffen.

Auch, nachdem Alma Österreich verlassen hat, um Werfel ins Exil nachzufolgen, bleibt für Ida Gebauer eine Menge zu tun: Sie sichert Almas in Wien verbleibenden Besitz, darunter die komplette Bibliothek, zahlreiche Kunstgegenstände und ein versiegeltes Paket mit den zweiundzwanzig Tagebüchern der Hausherrin. Eines der wertvollsten Objekte ist die Originalpartitur der Dritten Symphonie von Anton Bruckner, die über den Mahler-Nachlaß in Almas Besitz gelangt ist. Aufgeschreckt von der Nachricht, auch Bruckner-Verehrer Adolf Hitler habe ein Auge auf das kostbare Autograph geworfen, schreitet Ida zur Tat, wickelt die Partitur in einfaches braunes Packpapier und vertraut das Konvolut der Frau eines Musikkritikers an, die es nach Paris mitnimmt und dort Alma Mahler-Werfel ausfolgt.

Die Zeit des Getrenntseins von ihrer Dienstherrin, die an der Seite Franz Werfels in Italien, in Frankreich und schließlich in den USA Fuß zu fassen versucht, nützt die in Wien verbliebene Ida Gebauer dazu, jenes Stück Privatleben nachzuholen, das ihr in den Jahren als Almas Hausdame – zuerst in der Stadtwohnung in der Elisabethstraße und anschließend in der 28-Zimmer-Villa auf der Hohen Warte – versagt geblieben ist: Sie heiratet. Für sie ist es die erste, für ihren Mann, den Wiener Tischler Karl Wagner, die zweite Ehe. Es wird weder eine glückliche noch eine dauerhafte Beziehung: Nur wenige Jahre, nachdem der ehemalige Nazi Karl Wagner aus dem Krieg heimgekehrt ist, wird Ida Witwe. Der um einige Jahre Ältere stirbt an einer Lungenentzündung.

Als Alma Mahler-Werfel im Spätsommer 1947, zwei Jahre nach Franz Werfels Tod, für kurze Zeit nach Wien zurückkehrt, um den Verbleib ihrer Besitztümer zu klären, sieht sie auch ihre ehemalige Hausdame wieder: Sie trifft auf eine verhärmte, notleidende Frau von Anfang fünfzig. Immerhin ist Ida Wagner neben Alban Bergs Witwe Helene eine der ganz wenigen Vertrauten von einst, die im Nachkriegs-Wien verblieben sind.

Auch sonst wird Almas Aufenthalt in der alten Heimat zu einer einzigen Enttäuschung: Viele Gebäude liegen noch in Trümmern, auch die Villa auf der Hohen Warte wurde von Fliegerbomben getroffen, das Haus auf dem Semmering ist in sowjetischem Besitz. Alle Bemühungen um Restitution ihres früheren Eigentums schlagen fehl, Alma beauftragt einen amerikanischen Anwalt mit der Wahrnehmung ihrer Interessen. Außer sich vor Wut reist sie ab und wird nie wieder einen Fuß auf Wiener Boden setzen. Nur die Verbindung mit Ida Wagner bleibt weiterhin aufrecht.

Im Frühjahr 1949 kann Almas Wiener „Statthalterin“ einen Teilerfolg verbuchen: Sie teilt der „gnädigen Frau“, die seit drei Jahren die amerikanische Staatsbürgerschaft besitzt und derzeit in Beverly Hills lebt, mit, daß die Briefe aufgetaucht sind, die Werfel vor 1938 an Alma geschrieben hat. Die Empfängerin ist überglücklich über den verloren geglaubten Schatz.

Auch für heiklere Missionen wird Ida eingespannt. Als Alma 1955 – da lebt sie schon das dritte Jahr an ihrem letzten Wohnsitz New York – ihrem einstigen Vertrauten, dem oberösterreichischen Priester und Gelehrten Johannes Hollnsteiner, nach Jahren tiefgreifender Entfremdung die Hand zur Versöhnung reicht, ist es Ida Gebauer, die als erste den ominösen Brief zu lesen bekommt, eigens nach Linz reist und ihn dem Adressaten persönlich ausfolgt.

1952 hat Alma ihr Haus in Kalifornien aufgegeben und sich in New York angekauft. Zwei der Wohnungen – Adresse: Manhattan, 73. Straße/120 East – werden vermietet, die dritte bewohnt sie selbst. Mit der amerikanischen Dienerschaft ist sie schon zu der Zeit, da sie noch in Beverly Hills ein großes Haus führt, unzufrieden. Sie schreibt darüber in ihrer Autobiographie „Mein Leben“: *„Sie gehen ihren eigenen Geschäften und Hobbys nach und kümmern sich nur sehr zeitweilig um die Wirtschaft. Mein Negerdiener und Koch, Mister John, pflegte eine Paradeuniform zu tragen, mit zahlreichen Orden besät. Weiß der Himmel, wo er alle seine Heldentaten vollbracht hat; er sah nicht gerade nach einem großen Heros aus. Im übrigen verbrachte er einen beträchtlichen Teil seiner Arbeitszeit mit dem Ausfüllen von Wettformularen, denn er wettete viel. Dann kümmerte er sich überhaupt nicht mehr um das, was um ihn herum vorging.“*

Jetzt, in New York, wo sie, inzwischen über siebzig, sich in vieler Hinsicht einschränken muß, denkt Alma bezüglich des Personals über eine radikale Änderung ihrer Lebensführung nach. Gewohnt, ihre Angestellten mit niedrigen Löhnen abzuspeisen, sind ihr die einheimischen Arbeitskräfte zu kostspielig, auch wünscht sie sich für ihren Lebensabend ein Mehr an wienerischer Atmosphäre um sich. Die Folge: Alma bombardiert ihre frühere Hausdame Ida mit Briefen und Telegrammen – mit dem Ziel, die mittlerweile Siebenundfünfzigjährige nach New York zu locken.

Ida Wagner-Gebauer, nach wie vor außerstande, sich den Wünschen ihrer einstigen Dienstgeberin zu widersetzen, folgt Almas Ruf und zieht in deren Manhattaner Wohnung ein. Die mit einem Monatsgehalt von hundert Dollar abgegoltene Betreuung der schwierigen alten Dame ist allerdings kein Honiglecken: Ida muß ihrer Herrin rund um die Uhr zur Verfügung stehen, muß alle ihre Launen ertragen, muß, seitdem Alma unter schweren Schlafstörungen leidet, ganze Nächte mit ihr durchwachen. Anna, Almas Tochter aus deren Ehe mit Gustav Mahler, nennt Idas harten Job unverblümt „das Leben einer Leibeigenen". Ihre zunehmende Schwerhörigkeit, ihr Diabetesleiden und ihr exzessiver Alkoholgenuß machen die alternde Alma mit den Jahren zum Pflegefall; auch ihre Neigung zu unflatgespickten Ausfällen verlangt ihrer Betreuerin ein Höchstmaß an Geduld und Nachsicht ab. Hat sie schon vor Jahren, als Ida den Wunsch äußert, ihrem in Brasilien lebenden Stiefsohn einen Besuch abzustatten, nur widerwillig der mehrmonatigen Trennung von ihrer Vertrauten zugestimmt, so hält sie nun, wo es auf ihr Ende zugeht, Ida vollends wie eine Gefangene, und auch in ihrer Sterbestunde – es ist der 11. Dezember 1964 – ist es Ida, der sie sich mit einem verzweifelten „Hilf mir!" an die Brust wirft.

Während Tochter Anna Mahler auf eine Bestattung in Amerika dringt, setzt sich Ida unter Berufung auf Almas letzten Willen mit dem Entschluß durch, den Leichnam der Fünfundachtzigjährigen nach Wien fliegen und an der Seite ihrer Tochter Manon auf dem Grinzinger Friedhof beisetzen zu lassen. Sie selber wählt für ihre Heimreise nach Österreich den Schiffsweg.

Ida Wagner-Gebauer verbringt ihren Lebensabend in Wien. Die dreizehn Jahre, die sie ihre Dienstgeberin überlebt, sind von Einsamkeit und Not geprägt, nur aufgehellt durch die liebevolle Zuwendung ihres alten Freundes Erich Rietenauer, den sie noch aus den Dreißigerjahren her kennt, als dieser, ein kleiner Bub aus ärmsten Verhältnissen, in Almas Haus auf der Hohen Warte ein und aus geht, sich mit Botengängen für die Herrschaft ab und zu ein kleines Taschengeld verdient und bei dieser Gelegenheit Alma so sehr ans Herz wächst, daß sie ihm eines Tages sein erstes richtiges Paar Schuhe schenkt. Aus Idas Plan, mit Erich Rietenauers Hilfe ihre Erinnerungen an die Jahre an der Seite Alma Mahler-Werfels aufzuzeichnen, wird nichts: Diese letzte Aufgabe bleibt *ihm* überlassen, und das enorme Geheimwissen dieses reizenden alten Herrn, das selbst die vielen Alma-Biographien übersteigt, kann man nun auch im Buch „Alma, meine Liebe“ nachlesen.

Die Kalorienkönigin

Emmerich Kálmán und Maria Pervich

In keiner Kunstsparte wird so viel getafelt und champagnisiert wie in der Operette, und auch, was den Operetten*komponisten* betrifft, hält sich hartnäckig das Klischee vom Lebemann, der nicht nur von schönen Frauen umringt ist, sondern auch bei Speis und Trank aus dem Vollen schöpft.

Der Mann, auf den dies wie auf keinen zweiten zutrifft, ist Emmerich Kálmán, der 1882 in Ungarn geborene und in Wien, Paris und New York zum Weltbürger avancierte Schöpfer so unvergänglicher Meisterwerke wie „Die Csárdásfürstin", „Die Faschingsfee" und „Gräfin Mariza". Melodien wie „Machen wir's den Schwalben nach", „Komm mit nach Varasdin" und „Ganz ohne Weiber geht die Chose nicht" zählen auch achtzig Jahre nach ihrer Entstehung zum festen Bestand der Bühnen-, Rundfunk-, Fernseh- und Schallplattenszene. Doch im Gegensatz zu den Werken anderer Komponisten der leichten Muse, die erst deren Erben zu Reichtum verhelfen, fließen im Fall Kálmán schon zu dessen Lebzeiten die Tantiemen derart üppig, daß sich der „Operettenfürst vom Plattensee" jeden erdenklichen Luxus leisten kann – und nicht nur er, sondern auch seine Familie, allen voran die aus Rußland stammende Tänzerin Vera Makinskaja, die er 1929 zur Frau nimmt.

Geht es dem Meister, was dessen Lebensstil betrifft, in erster Linie darum, kulinarisch verwöhnt zu werden und stets seine Leibspeisen aufgetischt zu bekommen, zielen die Ansprüche der mondän-kapriziösen Vera vor allem auf gesellschaftlichen Glanz, auf Höchststandards in Sachen Mode, Schmuck und Wohnkultur. Und während es der Hausherr vorzieht, sich zum Komponieren an Klavier und Schreibtisch zurückzuziehen, entwickelt sich Gattin Vera zu einer Virtuosin der Geldanlage (und des Geldausgebens), deren halbes Leben darin besteht, mit den Großen und Schönen dieser Welt, die sie um sich schart, ein Fest nach dem anderen zu feiern. Ihre Gesellschaften, Partys und Gelage sind Legende, und damit sie dies sind (und bis zu ihrem Tod im Jahr 1999 bleiben), achtet sie darauf, daß ihr immer und überall das ausgesuchteste Personal zur Seite steht.

Im fünften Jahr ihrer Ehe beziehen die Kálmáns eine palaisartige Villa im Wiener Nobelbezirk Währing. Der Besitz in der Hasenauerstraße umfaßt dreißig Räume mit nicht weniger als sechs Konzertflügeln; zu den Bediensteten zählen zwölf Hausangestellte und zwei Chauffeure. Seitdem Gattin Vera das Regiment übernommen hat, kommt es unter dem Personal allerdings zu häufigem Wechsel: Nicht jeder mag sich von der zu Herrschsucht neigenden Frau des Hauses herumkommandieren lassen. Auch Köchin Toni, die unter anderem wegen ihres legendären Milchrahmstrudels Gourmet Emmerich Kálmán ans Herz gewachsen ist, ist unter denjenigen, die den Dienst quittieren. Alle Versuche, eine ebenbürtige Nachfolgerin für Toni zu finden, schlagen fehl: Jede „Neue“ wird über kurz oder lang als unzulänglich aus dem Haus gejagt. Feinschmecker Kálmán droht seiner Angetrauten, die Mahlzeiten künftig im Restaurant einzunehmen.

Die Rettung kommt aus Budapest: Kálmáns in der ungarischen Hauptstadt lebende Schwester Ilonka, über die Vakanz im Wiener Haushalt unterrichtet, vermittelt ihrem Bruder eine Spitzenkraft, die sich als Chefköchin im Budapester Magnaten-Casino einen Namen gemacht und dort vor kurzem ihre Kündigung eingereicht hat. Maria Pervich – so ihr Name – schwankt zwischen dem Wunsch, ein eigenes Lokal zu eröffnen, und der Versuchung, das Angebot von Reichsverweser Nikolaus von Horthy anzunehmen, in dessen Dienste zu treten. Auch Verteidigungsminister Gömbös ist hinter ihr her.

Da nimmt Ilonka Kálmán die Sache in die Hand. Leicht wird es allerdings nicht werden, die begehrte Person nach Wien zu locken: Maria Pervich, Ende vierzig, spricht kein Wort Deutsch. Außerdem ist sie sich ihres Wertes bewußt: Sie verlangt fünf Mal so viel Gehalt wie ihre Vorgängerin.

Immerhin gelingt es, die Kandidatin zu einem vierwöchigen Probekochen zu überreden – mit dem Resultat, daß die Gäste des eilends organisierten Test-Diners von dem kaviargekrönten Plattensee-Fogosch, der gebratenen Gans und dem Schokolade-Rehrücken, die ihnen Maria Pervich auftischt, nicht genug bekommen können. Und was das Wichtigste ist: Kaloriengigant Emmerich Kálmán ist voll des Lobes über „die Neue“, und auch Hausfrau Vera, obwohl angesichts der exzessiven Einkäufe ihrer „Perle“ außer sich geratend, stimmt notgedrungen zu: Maria Pervich wird engagiert.

Als Vera Kálmán Jahrzehnte später in ihren Memoiren über das vierzigjährige Wirken ihrer Köchin Bilanz ziehen wird, tut sie dies – ungeachtet der zahllosen Auseinandersetzungen mit der keinerlei Widerspruch Duldenden – in den höchsten Tönen. Sie schreibt: *„Sie ging selber zum Fleischer und wußte genau, welches Stück sie aus einem Rind oder einem Schwein haben wollte. Sie buk unser Brot und unsere Semmeln. Sie fuhr in die entlegensten Gegenden Wiens, um das frischeste Gemüse zu bekommen, das aufzutreiben war. Sie wußte von allen erdenklichen Ingredienzien. Unser Haushalt kostete das Zehnfache von dem, was er bisher gekostet hatte. Aber ich war innerhalb weniger Wochen die beliebteste Gastgeberin von Wien.“*

Auch über die *Person* der Maria Pervich gibt Vera Kálmán Auskunft: *„Sie war klein, stämmig, blond und* *hatte blaue Augen. Sie wirkte eher wie eine Bäuerin. Sie war einmalig, und sie wußte es. Sie war bereit, alles zu tun. Es war ihr gleichgültig, ob sie für fünf oder für fünfzig Personen kochen sollte. Sie sprach ungarisch und hat nie eine andere Sprache richtig gelernt – gleichgültig, ob wir in Paris lebten, in Wien oder in Hollywood. Auch, als wir nach Amerika emigrierten, war Frau Pervich natürlich dabei, und dank ihrer einzigartigen Kochkunst machte sie mich zur berühmtesten Gastgeberin bei den großen Partys, die wir gaben. Allerdings war sie auch eine absolute Herrscherin: Sie ließ sich nichts sagen. Als ich ihr einmal andeutete, ihr Essen sei zu gut, mein Mann habe sechs Kilo zugenommen und ich zwei, war sie so gekränkt, daß sie auf der Stelle gehen wollte.“*

Daß sie dennoch bleibt und auch allen noch so hochdotierten Abwerbeversuchen widersteht, führt Topsy Küppers in ihrer Romanbiographie „Alle Träume führen nach Wien“ auf Maria Pervichs tiefe Verehrung für Emmerich Kálmán zurück, die auch nicht durch ihre ebenso vehemente Abneigung gegen dessen Gattin Vera zu erschüttern ist: *„Veras Anordnungen führte sie aus oder auch nicht. Wenn ihr eine Speisenfolge nicht paßte, änderte sie sie eigenmächtig und ließ Veras Donnerwetter stumm über sich ergehen. Da jede Einladung zum Abendessen mit Ovationen für Vera endete, trug die Pervich immer den Sieg davon.“*

Berühmt sind auch ihre Backhendln. Dem amerikanischen Jazzdirigenten Paul Whiteman, der auf seiner Europa-Tournee in Wien Halt macht und nach seinem dortigen Konzert bei den Kálmáns zum Nachtmahl eingeladen ist, munden sie so gut, daß ihm Köchin Pervich, als er zwei Tage später die Weiterreise antritt, einen ganzen Korb voller Backhendln zum Westbahnhof schickt.

Wer sich gegenüber Geflügel *mehr* zurückhält, ist der Hausherr. Als ihm die Köchin eines Abends eine gebratene Gans vorsetzt, die noch am Tag zuvor quietschvergnügt durch den Kálmán'schen Garten spaziert ist, weist Kálmán den Hauptgang empört zu-rück: „Nein, danke – ich esse prinzipiell keine persönlich Bekannten!"

Was die Kálmán-Kinder – es sind deren drei: Charles, Lily und Yvonne – betrifft, so verbindet diese mit Maria Pervich mehr als nur das tägliche „Futter": Da Mutter Vera ihrer vielen gesellschaftlichen Verpflichtungen wegen zeitweise ihren Nachwuchs vernachlässigt, ist die Köchin für die Heranwachsenden Mutter- und Großmutterersatz. Außerdem lernen sie bei ihr Ungarisch.

Wie sehr die Pervich zur Familie gehört, erweist sich besonders in den Tagen, als nach der Machtergreifung der Nationalsozialisten auch im Hause Kálmán Überlegungen darüber angestellt werden, wie man der braunen Gefahr entrinnen kann. Wäre Paris der rechte Ort zur Emigration? Dreimal fährt das Ehepaar Kálmán in die französische Hauptstadt, um sich – unterstützt von den Freunden Oscar Straus und Erich Maria Remarque – die nötigen Aufenthaltspapiere zu beschaffen. Beim dritten Mal klappt es endlich. Damit auch Maria Pervich bei ihren Dienstgebern bleiben kann, folgt man dem Rat Eingeweihter, sie nicht als Köchin, sondern als enge Verwandte auszugeben: Ausländisches Personal zu engagieren oder gar einreisen zu lassen, unterliegt einem strengen Verbot. Die unscheinbare und normalerweise nachlässig gekleidete Pervich wird also als Grande Dame herausgeputzt, und die Sache geht anstandslos durch.

Auch an der nächsten Station – es ist New York, wohin man 1940 übersiedelt ist – nimmt Maria Pervich ihren angestammten Platz im Kálmán-Haushalt ein. Probleme gibt's nur mit den Tauben, die die an das Arbeitszimmer des Meisters angrenzende Veranda belagern. Maria Pervich füttert die hungrigen Vögel mit ihrem selbstgebackenen Brot – mit der Folge, daß ihrer immer mehr werden und der dabei entstehende Lärm den ruhebedürftigen Komponisten bei der Arbeit stört. Was tun gegen die unerträgliche Belästigung? Als die Köchin zum Einkaufen außer Haus weilt, schreitet Vera Kálmán zur Tat: Sie lockt die Viecher mit einer Sonderration Futter an, das sie auf dem Boden eines großen Korbes ausgebreitet hat, und als sich die hungrigen Gäste über den Köder hermachen, klappt sie den Deckel zu, verstaut die geflügelte Fracht im Kofferraum ihres Autos, fährt damit nach Long Island und gibt ihnen dort ihre Freiheit wieder. Gleichzeitig wird eine Reinigungsanstalt damit betraut, die total verschmutzte Veranda zu säubern. Doch es hilft alles nichts: Die Tauben kehren wieder, und Maria Pervich muß mit aller Schärfe in ihre Schranken gewiesen werden. Daß sie mit ihrer Tierliebe den verehrten Meister um einen neuen Einfall, vielleicht gar um eine erfolgsträchtige neue Melodie bringen könnte – nein, das will auch sie nicht, und so gibt sie schweren Herzens klein bei.

Inzwischen hat Vera Kálmán auch in New York – man residiert an der noblen Adresse Park Avenue 417 – ihren Partybetrieb wiederaufgenommen, die Prominenz strömt zu ihren Festen. Einmal sind es an die zweihundert Gäste, die sie einlädt – da wird man nicht ohne die Assistenz einer Catering-Firma auskommen. Als Maria Pervich davon erfährt, wehrt sie sich mit Händen und Füßen gegen die „Eindringlinge" und besorgt alles selbst. Ob Gulasch oder Bohnensuppe, Tarhonya oder Somlauer Nockerln – sämtliche Köstlichkeiten der ungarischen Küche bereitet sie eigenhändig zu; sogar die Beschaffung der Getränke gibt sie nicht aus der Hand. Überflüssig zu erwähnen, daß die treue „Perle" auch standhaft bleibt, als am folgenden Tag einer der begeisterten Gäste sie mit dem Versprechen des doppelten Gehaltes und eines eigenen Hauses mit Swimmingpool abzuwerben versucht: Maria Pervich bleibt bei den Kálmáns. Es genügt ihr, wenn sie – wie etwa bei dem Hochzeitsdiner für die ältere Kálmán-Tochter Lily, an dem so illustre Leute wie der Schriftsteller André Maurois und die Kosmetikköniginnen Elizabeth Arden und Helena Rubinstein teilnehmen – nach absolviertem Mahl aus der Küche geholt und vor versammelter Gästeschaft wie ein Star gefeiert wird.

Weniger erfreulich verläuft ein Hochzeitsessen von Maria Pervichs Hand, das der Hollywood-Krösus Louis B. Mayer bei den Kálmáns „in Auftrag" gibt. Der allmächtige MGM-Chef hat soeben den 100 000-Dollar-Vertrag zur Verfilmung der Kálmán-Operette „Gräfin Mariza" unterzeichnet, da steht die Vermählung der Mayer-Tochter Irene mit dem Filmproduzenten David Selznik ins Haus, und Mutter Margret Mayer faßt den Entschluß, sich für das vorgesehene Festmahl, zu dem die komplette Hollywood-Prominenz von Clark Gable bis Greta Garbo erwartet wird, die renommierte Frau Pervich auszuborgen. Vera Kálmán gibt ihren Sanctus; jetzt geht es nur noch darum, auch die Köchin „weichzuklopfen". Ihre Bedingung: Sie muß für die Vorbereitung des zehngängigen Menüs eine volle Woche vom normalen Dienst freigestellt werden, und die Hilfskräfte, um die in diesem Fall wohl nicht herumzukommen ist, müssen unter allen Umständen nach ihrer Pfeife tanzen.

Es wird ein rauschendes Fest; für die Entgegennahme des Beifalls hat sich Maria Pervich eigens ein elegantes schwarzes Kleid mit vorgebundener weißer Schürze schneidern lassen. Unter den über hundert Gästen, die sie nach getaner Arbeit stürmisch feiern, sind die Vanderbilts, die Woolworth-Erbin Barbara Hutton, der Dirigent Leopold Stokowsky, der Jazzmusiker Duke Ellington, die Hollywood-Klatschbasen Hedda Hopper, Louelle Pearson und Elsa Maxwell, der Regisseur Fritz Lang, der Schriftsteller Erich Maria Remarque, die Filmstars Norma Shearer und Conrad Veidt. Am glücklichsten von allen ist Brautmutter Margret Mayer; sie fragt ihre Freundin Vera Kálmán, ob die Köchin wohl beleidigt wäre, wenn sie sich ihr mit einem Geldbetrag für das Geleistete erkenntlich zeigen würde. Maria Pervichs knappe Anwort in ihrem urwüchsigen Ungarn-Deutsch: „Ich nur beleidigt, wenn *kein* Geld.“

Und wieviel rückt die Gattin des Vielfach-Millionärs Louis B. Mayer heraus? Hundert Dollar. Soll das ein Witz sein? Hundert Dollar für ein Galadiner für die Crème de la Crème von Hollywood, an dem Meisterköchin Maria Pervich eine volle Woche gewerkt, bei dem sie sich selber übertroffen, für das sie sich mindestens das Zehnfache verdient hat?

Vera Kálmán schämt sich für die krankhaft geizige Person in Grund und Boden, weiht ihren Mann in den Skandal ein. Emmerich Kálmán, nicht minder entrüstet, rettet die Situation auf seine Weise: Er bezahlt die schwer brüskierte Köchin aus seiner eigenen Tasche und nimmt im übrigen Gattin Vera das feierliche Versprechen ab: „Unsere Pervich wird nie wieder verborgt – niemals wieder!“

1951, Kuraufenthalt in Baden-Baden. Emmerich Kálmáns Herzleiden verschlimmert sich, der berühmte Dr. Niemeyer nimmt sich des gefährdeten Patienten an. Auch die anderen Familienmitglieder nehmen laufend ärztliche Hilfe in Anspruch – und sei es wegen der kleinsten Wehwehchen. Nur *eine* meidet jede Arztpraxis – wie der Teufel das Weihwasser. Dabei ist sie vor kurzem siebzig geworden: Maria Pervich. Außerdem arbeitet sie von frühmorgens bis spätabends – sollte sich da der gute Dr. Niemeyer nicht auch mal die alte Köchin vornehmen? „Ich ganz gesund!“ wehrt diese schroff alle diesbezüglichen Überlegungen ab. „Ich sowieso werde hundert, habe eigene Diät."

Die Familie läßt nicht locker, redet ihr gut zu, die überfälligen Untersuchungen unbedingt über sich ergehen zu lassen, und so kommt es nach vielem Hin und Her tatsächlich zu einem Termin in Dr. Niemeyers Ordination. Die Patientin wird aufgefordert, sich über ihre Ernährungsgewohnheiten zu äußern.

Einen solchen Sündenkatalog hat Dr. Niemeyer wohl noch nie zu hören bekommen: Maria Pervich nimmt zum Frühstück einen starken, mit Eigelb, Zucker, Schlagobers und Cognac angereicherten Kaffee sowie Guglhupf mit Butter und Honig zu sich; zum Gabelfrühstück schnabuliert sie Salamibrot und Schnaps; beim dreigängigen Mittagessen dürfen unter keinen Umständen ein paar Gläschen Wein fehlen; die Nachmittagsjause besteht aus Kaffee, Kuchen und Schlagobers; zum Nachtmahl gibt es Gansleberpastete und Braten und zum Einschlafen Whisky oder den von ihr besonders geschätzten Kirschschnaps.

Der Doktor ist entsetzt: „Frau Pervich, Sie essen viel zu viel. Sie rauchen doch nicht etwa auch?" „Ach, nicht besonders", gibt sie zur Antwort. „Eine Schachtel am Tag, manchmal auch mehr. Aber ich zähle nicht."

Zwei Tage später liegen die Befunde vor. Dr. Niemeyer traut seinen Augen nicht: Sie sind alle völlig normal, der Schlemmerin Maria Pervich fehlt nichts, absolut nichts. Bleibt dem Herrn Doktor nichts weiter zu tun, als seiner Patientin zu ihrer schier unglaublichen Gesundheit zu gratulieren und der Beibehaltung ihres Lebensstils zuzustimmen. So viel zum Phänomen Maria Pervich.

Wen kann es da wundern, daß sich die resolute Person auch standhaft weigert, den Magen ihres Dienstgebers zu schonen? Obwohl Emmerich Kálmán – es ist

Oktober 1953 in Paris – schon sterbenskrank ist, wartet ihm die Köchin alle seine Leibspeisen auf: Würstelsuppe, Stubenküken mit Gänseleber, Fruchtreis mit Schokoladesauce, Champagner.

Der Meister dankt es ihr auf seine Weise: Als er wenige Wochen später stirbt und kurz darauf sein Testament eröffnet wird, stellt sich heraus, daß auch die heißgeliebte Köchin unter den Erben ist. Er hat verfügt, daß Maria Pervich bis an ihr Lebensende zu versorgen ist.

Yvonne, ihr erklärter Liebling unter den drei Kálmán-Kindern, ist es, die dafür sorgt, daß Vaters letzter Wille erfüllt wird: Sie nimmt, als der Pariser Haushalt aufgelöst wird, Maria Pervich mit nach Amerika, wo sie sich für ihr weiteres Leben niederläßt, und erst, als die alte Köchin das 90. Lebensjahr erreicht, kommt bei dieser so etwas wie Heimweh auf: Sie äußert den Wunsch, zum Sterben in ihr Geburtsland Ungarn zurückzukehren.

Yvonne bietet sich ihr als Begleitung an und nimmt dafür sogar in Kauf, daß ihr unter Umständen die Rückreise in die USA verwehrt wird. Es ist zu der Zeit, da Amerikaner, die sich auf einen der kommunistischen Staaten einlassen, auf die „watch list" gesetzt werden. Dank bester Beziehungen mit den zuständigen Behörden gelingt es Yvonne Kálmán jedoch, eine Ausnahmegenehmigung zu erwirken, und so steht der geplanten Reise in Maria Pervichs Heimatgemeinde Vichny nichts im Wege.

Ein Jahr später wiederholt sich das Spiel: Maria Pervich teilt Yvonne Kálmán brieflich mit, sie halte es mit ihren ungarischen Verwandten nicht länger aus, sie komme um vor Sehnsucht, man möge sie so rasch wie möglich aus Vichny wieder herausholen.

Yvonne steigt also ein weiteres Mal ins Flugzeug, reist von Los Angeles nach Budapest und bringt die alte Frau nach Amerika zurück. Dort bleibt sie bis zu ihrem

100. Geburtstag, und erst, als sie zwei Jahre darauf die Gewißheit verspürt, daß es mit ihr zu Ende geht, bittet sie ihre geliebte „Yvonka“ ein allerletztes Mal um ein Flugticket. Diesmal ist die Heimkehr in ihr Geburtsland Ungarn endgültig: Ohne in ihrem biblischen Alter jemals krank und ärztlichen Beistandes bedürftig geworden zu sein, stirbt sie in Vichny – betrauert von ihren Verwandten, vor allem aber von den Kálmáns, die in allen ihren Memoirenwerken der Unvergleichlichen ein Denkmal setzen werden.

„To Gustl with best wishes …"

Maria Jeritza und August Prossinger

Im Sommer 1993 erschien mein Salzkammergut-Buch „Nachsommertraum". Abgesehen von seinem beträchtlichen Verkaufserfolg brachte es dem Autor auch einen Haufen Zuschriften ein. Besonders auf das Kapitel über die Primadonna Maria Jeritza und ihren Sommersitz in der Attersee-Gemeinde Unterach reagierten zahlreiche Leserinnen und Leser – sei es, daß sie meine Ausführungen zum Anlaß nahmen, ihre eigenen Erinnerungen an die legendäre Elsa, Tosca und Salome der Wiener Staatsoper zu Papier zu bringen, sei es, daß ihnen Ergänzendes zu meinen Recherchen einfiel.

Unter letzteren war es vor allem ein Brief aus Salzburg, der mir naheging. Ein gewisser August Prossinger, fünfundsiebzig Jahre alt, gab sich in seinem zwar von Tippfehlern strotzenden, doch inhaltlich bewegenden Schreiben als der letzte noch lebende Jeritza-Bedienstete zu erkennen, und wer eine ungefähre Vorstellung von dem „Hofstaat" hat, mit dem sich die exzentrische Diva in ihrer großen Zeit zwischen 1910 und 1950 zu umgeben pflegte, durfte hinter den interessanten Andeutungen des Briefschreibers einen veritablen Schatz vermuten. Doch mein Buch war erschienen, ich saß längst über der Arbeit am nächsten, August Prossingers Wortmeldung blieb liegen.

Erst jetzt, als ich – für das vorliegende Projekt – das Thema „dienstbare Geister" aufgriff, holte ich den mittlerweile fünfzehn Jahre alten Brief wieder hervor. Meine Hoffnung, auf das seinerzeitige Interviewangebot mit derart großer Verspätung eingehen zu können, war allerdings gering: Sollte er überhaupt noch am Leben sein, steuerte dieser August Prossinger unterdessen auf den

Neunziger zu. Doch das Glück war mir hold: Der durch meine Nachlässigkeit verzögerte Kontakt kam tatsächlich zustande. Der redefreudige alte Herr lud mich ein, ihn in seiner Wohnung in der Salzburger Hauspergstraße zu besuchen. Trotz seines inzwischen durchlässig gewordenen Gedächtnisses werde er sich alle Mühe geben, meine Fragen zu beantworten. Auch versprach er, die Fotos von einst hervorzukramen – dies würde es vermutlich leichter machen, bestimmte Erinnerungslükken zu schließen. So nahmen die Dinge – wenn auch mit beträchtlicher Verspätung – ihren Lauf ...

12. August 1935, Santa Barbara, das renommierte Seebad an der südkalifornischen Pazifikküste. Maria Jeritza geht ihre dritte Ehe ein, heiratet den amerikanischen Filmproduzenten Winfield Sheehan. Die Siebenundvierzigjährige, seit achtzehn Jahren Kammersängerin und seit zwölf Jahren Ehrenmitglied der Wiener Staatsoper, nunmehr in den USA ansässig, hat sich auf den großen Bühnen rar gemacht, dafür aber neuerdings im Filmgeschäft Fuß gefaßt: Für den Streifen „Großfürstin Alexandra", in dem Paul Hartmann, Johannes Riemann, Szöke Szakall und Leo Slezak ihre Partner sind, hat Franz Lehár die Musik geschrieben. Ihr letzter Auftritt an der „Met" – als Elisabeth in Richard Wagners „Tannhäuser" – liegt drei Jahre zurück, ihr Abschied als Ensemblemitglied der Wiener Staatsoper (mit ihrer Glanzpartie Tosca) wird in einigen Wochen über die Bühne gehen. Wie wär's, wenn sie bei dieser Gelegenheit ihrem frisch Angetrauten, dem Hollywood-Mogul Sheehan, ihr 1925 erworbenes Sommerhaus am Attersee zeigen würde, das nach wie vor in ihrem Besitz ist?

Man reist also in großem Stil aus Los Angeles an. Die Unteracher sind selig, wieder einmal für ein paar Wochen ihre berühmte Ehrenbürgerin um sich zu haben, der kleine Ort steht kopf. Was sie *nicht* wissen können: Maria

Jeritza hat sich in den Kopf gesetzt, sich im Salzkammergut mit Personal für ihre und die Besitzungen ihres Mannes einzudecken. Da ist einmal die feudale Residenz in der Prominentensiedlung Beverly Hills, die einen ganzen Trupp Hilfskräfte verlangt; außerdem braucht man für Mister Sheehans Ranch „Thousand Oaks" im nahegelegenen Hidden Valley Männer, die etwas von Pferdezucht und Reitstallbetrieb verstehen.

Das Ehepaar Sheehan kauft also gleich en gros ein: Johanna Speigner, Köchin aus Unterach, soll in Beverly Hills die Führung des Haushalts übernehmen, Maria Prossinger aus der Mondsee-Gemeinde Oberaschau wird als Kammerzofe engagiert, ein gewisser Viktor Haberl als Chauffeur. Und da Maria Jeritza, einige Monate später wieder in Kalifornien, mit den Leistungen „ihrer" Österreicher hochzufrieden ist, stimmt sie dem Vorschlag ihrer Kammerzofe Maria Prossinger zu, deren Brüder Josef und August in die USA nachkommen zu lassen – ersteren als Betreuer der sechs Lipizzaner, die Mister Sheehans ganzer Stolz sind, letzteren als Hausdiener und Gärtner bei der „gnädigen Frau".

Für die beiden jungen Männer kommt das Angebot aus Kalifornien wie gerufen. Einer ärmlichen Acht-Kinder-Familie entstammend, finden sie in Oberaschau und Umgebung keine Arbeit. Gustl, 19 Jahre alt, würde gern Mechaniker werden, doch die Lehrstellen sind rar. Auch können beide Brüder nur acht Klassen Volksschule vorweisen.

Maria Jeritza, ihre künftige Dienstgeberin, schaltet sich persönlich ein, um für die beiden Österreicher die Einreisevisa zu beschaffen. Sie selber nutzen die Wartezeit dazu, unterdessen Englisch zu lernen. Als sie schließlich das Schiff nach Amerika besteigen, sind sie zu viert: Die Jeritza hat ihnen aufgetragen, aus Europa auch zwei Hunde für sie mitzubringen. Es wird das erste

Abenteuer ihrer langen Reise sein: Die New Yorker Einwanderungsbehörde verdonnert Josef und Gustl samt ihrer vierbeinigen Fracht zu mehrtägiger Quarantäne auf Ellis Island. Die Weiterfahrt in Richtung Los Angeles erfolgt per Bahn und dauert – mit Umsteigen in Chikago – drei Tage und vier Nächte.

August Prossinger erinnert sich: *„Es war alles für unsere Ankunft bestens vorbereitet. Wir bezogen unser Quartier im Personalhaus, und da wir von daheim gewohnt waren, bei jeder anfallenden Arbeit beherzt zuzupacken, stellten wir auch in Amerika vom ersten Tag an unseren Mann. Unser Lohn betrug 45 Dollar im Monat.“*

Gustl ist ein Verwandlungskünstler: Aus dem Gärtner, dessen besondere Liebe der Pflege der aus Österreich importierten Rosenstöcke gilt, wird im Handumdrehn ein Stallknecht, der – wie übrigens auch die „pferdenarrische“ Jeritza höchstpersönlich! – beim Ausmisten mithilft, und damit er die gnädige Frau zu ihren Ausfahrten herumkutschieren und vor allem zu ihren Konzertauftritten bringen kann, macht er in aller Eile den Führerschein. Sogar als Butler ist er einsetzbar: Wenn Gäste zu bewirten sind, ist es er, der die Drinks serviert (Whisky sour ist die bevorzugte Marke, während Wein zu dieser Zeit in Amerika noch weitgehend unüblich ist).

Rasch lernt unser Tausendsassa sich auf die Eigenarten der Freunde des Hauses einzustellen: Für Kinderstar Shirley Temple ist stets ein zusätzliches Sitzkissen bereitzuhalten. Auch in seiner Freizeit arbeitet Gustl an seiner weiteren „Vervollkommnung“: Maria Jeritza hat ihm einen Englischkurs in der Abendschule verordnet. Da er ohnehin vorhat, in Amerika zu bleiben, und die US-Citizenship anstrebt, legt er sich beim Vokabelpauken mit doppeltem Eifer ins Zeug.

Was den künftigen Neubürger allerdings zunehmend bedrückt, sind die Nachrichten aus der alten Heimat Österreich: In Europa tobt der Krieg. Als 1941 auch die USA in die Kampfhandlungen gegen Hitler-Deutschland eingreifen, müssen sich sogar Staatsbürgerschaftsanwärter wie August Prossinger der Einberufungsbehörde der US-Army stellen. Der Vorladung in die City Hall von Beverly Hills folgt die Abkommandierung zur Grundausbildung: Der Dreiundzwanzigjährige landet im Truppenlager Fort Knox im Bundesstaat Kentucky.

Obwohl Maria Jeritza von nun an auf die treuen Dienste ihres Faktotums verzichten muß, hält sie weiterhin ihre schützende Hand über ihn: Sie setzt sich dafür ein, daß Gustl seine freien Wochenenden in Kalifornien verbringen darf, wo ihm seine vormaligen Dienstgeber längst zum Familienersatz geworden sind.

Viel ließe sich noch berichten über den Kleinbauernsohn aus dem Salzkammergut, den sein Job in Kalifornien zum Amerikaner gemacht hat – also etwa über seine Militärzeit in der neuen Heimat, über seine Kontakte zum „Austrian Batallion“, das 1942/43 auf Anregung von Präsident Roosevelt und unter Mitwirkung der Brüder Otto und Robert von Habsburg vom Bundesstaat Indiana aus den Nukleus einer möglichen österreichischen Exilregierung bilden soll, über die Verlegung seiner Truppe nach Europa (wo August Prossinger zum Glück der Frontdienst mit der Waffe erspart bleibt), über seine vorübergehende Heimkehr nach Österreich (wo er nach Kriegsende – nun als Besatzungssoldat – seine nach wie vor am Mondsee lebende Mutter in die Arme schließen kann), über seinen Abschied von der US-Army und seine weitere Verwendung im Zivilleben sowie über die nachgeholte Abendmatura und den Job im Bankfach, der ihn (und die ihm inzwischen angetraute Frau) auch nach der endgültigen Rückkehr nach Österreich ernähren wird.

Es ist ein buntes, ein ereignisreiches Leben, in dem *eine* Person, auch nachdem er längst aus deren Diensten geschieden ist, für immer ein wichtiger Bezugspunkt bleiben wird: die Jeritza. Als sie am 14. September 1953 zum letzten Mal die Bühne der Wiener Staatsoper betritt, ist es August Prossinger, der sie zu ihrem Auftritt chauffiert, und auch in ihrem neuen Domizil in New Jersey, wo sie – nun an der Seite ihres vierten Ehemannes, des Schirmfabrikanten Irving Seery – ihren Lebensabend verbringt, stattet ihr der alte Diener einen letzten Besuch ab. Die Jeritza-Bilder mit der handschriftlichen Widmung *„To Gustl with best wishes"* behalten in August Prossingers Fotoalbum für alle Zeiten ihren Ehrenplatz.

Die Stimme seines Herrn

Herbert von Karajan und André Mattoni

Eigentlich hätte er *selber* einen Privatsekretär haben müssen. Ein Weltmann von so souveränem Auftreten wie Karajans Adlatus André Mattoni – kann der zum Dienen geboren sein?

Ich denke, es hängt vom Rang des Dienstgebers ab. Und „Maestrissimo" Herbert von Karajan war in seiner großen Zeit eine Ausnahmeerscheinung von solchem Glanz, daß sich einiges von diesem Glanz auch auf seine unmittelbare Umgebung übertrug. So gesehen, war André Mattoni genau die richtige Besetzung im „Zirkus Karajani" (wie Spötter das Imperium des großen Dirigenten gern genannt haben). Da fiel nicht einmal ins Gewicht, daß der Herr Sekretär kein jugendlicher Springinsfeld, sondern acht Jahre älter als sein Dienstgeber war. Weitere Belege für seinen besonderen Rang: Selbstverständlich hat ein Mann wie Mattoni nichts mit dem Wagenpark seines Chefs zu tun, sondern verfügt über einen eigenen Chauffeur. Und im Autographenhandel wird nicht nur Karajans Autogramm feilgeboten, sondern auch das seines Adlatus. Bloß bei den Preisen merkt man den Unterschied.

Keine Karajan-Biographie, in der nicht auch die Verdienste des Privatsekretärs gewürdigt würden. John Culshaw, Schallplattenproduzent bei Decca, nannte Mattoni „den einzigen aus Karajans Gefolgschaft, für den wir sowohl Respekt als auch Zuneigung empfanden", und beschrieb ihn als „ausnehmend gutaussehenden, kultivierten Herrn von aristokratischem Wesen", der „ohne die kleinste Unsicherheit und ohne Akzent" mehrere Sprachen beherrschte: *„Die Engländer hielten ihn für einen Engländer, die Franzosen akzeptierten ihn als Fran-*

zosen, und die Italiener hielten ihn schon auf Grund seines Namens für einen der ihren. Tatsächlich war er Wiener.“

Karajan-Biograph Roger Vaughan rühmte Mattoni als *„ein Prachtstück von einem Mann“*, als *„einen von der alten Garde“*, dessen *„tiefliegende Augen immer einen Anflug von Leidenschaft ausstrahlten, die Stimme fest und zugleich zerbrechlich wie feines altes Glas.“* Und Burgtheaterdirektor Ernst Haeusserman sah keinen Widerspruch darin, daß Mattoni „immer ein Herr“ gewesen ist und gleichzeitig „immer die *Stimme* seines Herrn“.

Als er am 23. Februar 1900 – im selben Jahr wie der Komponist Ernst Krenek und die Schauspielerin und Brecht-Gattin Helene Weigel – in Karlsbad zur Welt kommt, steht die österreichisch-ungarische Doppelmonarchie noch auf festem Fundament. Die Mattonis, vom Kaiser geadelt, gehören zu den großen Unternehmerdynastien des Vielvölkerstaates: Der Großvater hat im führenden Kurbad des alten Österreich die Mineralwasserquellen „Gießhübler Sauerbrunn“ erschlossen und es als k.k. Hoflieferant zu einem der reichsten Bürger Westböhmens gebracht; die Mutter, eine geborene Pupp, führt die Geschäfte des gleichnamigen Karlsbader Luxushotels.

André, schon in jungen Jahren aus der Reihe tanzend, erlernt – nach seiner Schulausbildung am Wiener Theresianum – bei Burgschauspieler Franz Herterich das Theaterhandwerk. Mit zweiundzwanzig kommt er ans Burgtheater; Gastspielreisen an der Seite der berühmten Else Wohlgemuth führen ihn nach Ungarn, in die Tschechoslowakei und in die Schweiz. Es folgen Bühnenengagements in Berlin und bald auch die ersten Filmangebote, darunter etliche aus Hollywood. Am Ende werden es über dreißig Nebenrollen sein, für die er vor der Kamera agiert.

Mattonis Filmographie verzeichnet Titel wie „Abenteuer im Grandhotel“, „Hoheit tanzt Walzer“, „Hütet euch vor leichten Frauen“ und „Fräulein vom Amt“. In einer englischen Verfilmung des „Sommernachtstraums“ spielt er den Lysander, in „Spione am Werk“ ist Superstar Brigitte Helm eine seiner Partnerinnen, und 1949 (nach seinen Jahren am Wiener Theater in der Josefstadt und am Salzburger Stadttheater) verpflichtet ihn Willy Forst für eine der Bonvivantrollen in „Wiener Mädeln“. Mit Filmpartnerin Magda Schneider verbindet ihn auch eine enge persönliche Freundschaft. Apropos Freundschaft: Während eines seiner US-Aufenthalte wird der junge Mattoni Vater eines Sohnes. Es ist die Frucht eines flüchtigen Abenteuers mit einer amerikanischen Soubrette (der er übrigens gegen Ende ihres Lebens ein Domizil in seinem Salzburger Haus anbieten wird).

Zu André Mattonis erstem Zusammentreffen mit dem zu dieser Zeit vierzigjährigen Herbert von Karajan kommt es im Frühjahr 1948 in Rom, als Ernst Marischka im Auftrag der Paramount eine Verfilmung der Matthäus-Passion vorbereitet. Mattoni als dessen rechte Hand obliegt es, die für das Projekt vorgesehenen Sängerinnen und Sänger zu engagieren. Marischka schwebt eine Art Collage vor, in der die berühmtesten Gemälde der Passionsgeschichte mit der Erzählerstimme von Burgschauspieler Raoul Aslan und der Musik von Johann Sebastian Bach unterlegt werden. Herbert von Karajan, der für Marischka der bedeutendste Dirigent Europas ist, soll – so lautet der Auftrag an Mattoni – für die musikalische Leitung gewonnen werden.

Karajan zeigt sich interessiert, es kommt zum Vertragsabschluß, jetzt geht es nur noch um die Details. Zwölf Tage sind für die Aufnahme vorgesehen: vormittags die Chöre, nachmittags die Solisten mit den Rezitativen und Arien. Mattoni, der Schwierigkeit seiner Aufgabe voll bewußt, bekniet die Mitwirkenden, auf äußerste Pünktlichkeit bedacht zu sein, sorgfältig vorbereitet zu den Aufnahmen zu erscheinen, jegliches störende Reden zu unterlassen, sich hundertprozentig auf die Arbeit zu konzentrieren.

Die Organisation klappt so vorzüglich, daß Karajan einen Tag früher als geplant den Dirigierstab aus der Hand legen kann – mit der Folge, daß er den dafür Verantwortlichen nicht nur mit Lob überschüttet, sondern ihm auch gleich ein Angebot macht: „Mattoni, Sie sind mein Mann. Sie hören mit dem Filmgeschäft auf und steigen bei mir ein. Es wird zwar hart sein, aber niemals langweilig."

Ein Jahr später ist es so weit: André Mattoni tritt seine Lebensstellung im Dienst Herbert von Karajans an, wird für vierzehn Jahre dessen Privatsekretär. Als er mit Mitte sechzig in den Ruhestand tritt, kann er auf ein stolzes Lebenswerk zurückblicken: auf eine perfekte künstlerisch-geschäftliche Symbiose mit einem der Weltgrößten des internationalen Musikbetriebs.

Karajans „Hofstaat" umfaßt – vor allem in den späteren Jahren – eine stattliche Brigade von Helfern; André Mattoni ist ihre zentrale Figur. Ebenso stilvoll wie bestimmt, ebenso gewandt wie amüsant bildet er den Puffer zwischen dem Maestro und den Musikern, den Sängern, den Regisseuren, dem Bühnenpersonal, den Schallplattenproduzenten, den Film- und Fernsehleuten, und er tut dies mit einer Nonchalance wie keiner vor und keiner nach ihm. Schon in seiner eleganten äußeren Erscheinung erinnert er an die hochrangigen Höflinge vergangener kaiserlicher Zeiten. Berühmt wird er für sein respektgebietendes „Der Chef kommt!" sowie für das von gesundem Selbstbewußtsein zeugende Wörtchen „wir", mit dem er die von Karajan getroffenen Entscheidungen an Dritte weitergibt.

Die Außenwelt lernt Mattoni vor allem als jenen Zerberus kennen, der jegliche Belästigung vom „Chef" fernzuhalten hat. Einer der Schallplattenproduzenten, die eng mit dem Maestro zusammenarbeiten, plaudert aus der Schule: *„Nicht einmal in Fort Knox hätte sich Karajan sicherer fühlen können. Niemand kam an Mattoni vorbei. Mit der linken Hand wehrte er alle Bälle ab, während er mit der rechten das für ihn typische Requisit – eine ungewöhnlich lange Zigarettenspitze – handhabte."*

Sein besonderes Augenmerk gilt den Zeitungsreportern, die sich bei Proben einzuschleichen versuchen: Nur Hausphotograph Siegfried Lauterwasser, Spezialist fürs „Gottähnliche", hat freien Zutritt. Auch die Wiener Porträtzeichnerin Winnie Jakob weiß ein Lied davon zu singen, was es heißt, den Maestro überrumpeln zu wollen: „Herr von Karajan wünscht nicht karikiert zu werden!" weist Mattoni die Verschreckte empört ab.

Für ein Multigenie wie Karajan ist jede Minute kostbar. Sogar sein Adlatus muß um Termine raufen: *„Sie wissen ja, wie es bei uns zugeht. Oft schaffe ich es nicht einmal, ihn die wichtigsten Briefe unterschreiben zu lassen. Dann heißt es, nächste Woche in Berlin oder übernächste in Mailand. Aber dort ist es dann genau dasselbe ..."*

Ist es das eine Mal ein mühselig auszuhandelnder Vertrag, der Mattoni äußerstes Geschick abfordert, so kann es ein andermal – etwa während eines New-York-Gastspiels – ein bestimmter Pullover sein, den Karajan am anderen Ende der Stadt liegengelassen hat: Mattoni muß sich durch den Schneesturm kämpfen, um das vermißte Objekt herbeizuschaffen. Auch in gefährlichen Situationen stellt der Privatsekretär seinen Mann: Es ist ebenfalls in New York, Karajan und Mattoni werden auf einem gemeinsamen Entspannungsspaziergang durch den Central Park von Straßenräubern bedroht. Mattoni stellt sich ihnen entgegen, gibt jedem einen Dollar und scheucht die Meute davon.

Besonders heikel geht es zu, wenn Karajans Leibfriseur ins Haus kommt: Mit den Worten „Kaiser Josef ist beim Chef!“ werden ausnahmslos alle Besucher abgewimmelt. Wieso diese hochtrabenden Töne? Ganz einfach: Der auserwählte Figaro heißt Josef Kaiser.

An sein früheres Leben als Schauspieler wird André Mattoni erinnert, wenn ihm Karajan in einer seiner Opernproduktionen – etwa in der auf Bildplatte festgehaltenen „Fledermaus“ – eine kleine Statistenrolle anträgt oder wenn er in einer Notsituation wie der folgenden vor den Vorhang tritt: Alarmstufe eins in der Wiener Oper, Joseph Keilberth hat in letzter Minute sein Dirigat bei einer Aufführung der „Meistersinger“ abgesagt, Kollege Karajan, mit dem eigenen Jet herbeieilend, springt für ihn ein. Mattoni muß auf die Bühne, um die „Programmänderung“ anzusagen. Das Publikum ist selig und feiert den Verkünder mit einer Beifallssalve, wie er sie in dieser Lautstärke kaum je in seiner Theaterkarriere erlebt hat.

Eine von Mattonis besonderen Tugenden ist seine Diskretion. Ganz im Sinne des Maestros ist er äußerst sparsam mit Auskünften über dessen Wohl und Wehe. Nur einmal zeigt er sich gesprächig – es ist nach der Rückkehr von einer Orchestertournee durch Asien, das Flugzeug hat sich durch einen fürchterlichen Taifun kämpfen müssen. Originalton Mattoni: *„Es war entsetzlich. Das Dessert flog gegen die Toilettentür, und sogar dem Chef standen die Haare zu Berge!“*

Apropos Fliegen. Es ist der einzige Punkt, in dem der Maestro und sein Privatsekretär nicht übereinstimmen. Karajan ist ein leidenschaftlicher Pilot, Mattoni hingegen leidet unter Flugangst. Es ist in den späten Sechzigerjahren, man muß Hals über Kopf nach München. Doch die vorgesehene Maschine hat einen Defekt. Mattoni atmet auf: „Was für ein Glück, wir können nicht fliegen!“ Karajan, gewohnt, seinen Willen durchzusetzen, fordert kurzerhand eine Ersatzmaschine an. Doch die verfügt nur über *einen* Propeller. Mattonis Reaktion: „Danke –

aber ohne mich!“ Karajans barsche Antwort: „Lächerlich! Auch mit nur *einem* Propeller lande ich auf jedem Acker.“ Der Flug findet statt – der total verängstigte Mattoni mit an Bord.

Zu Mattonis Agenden zählt nicht zuletzt der Umgang mit den Medien. Karajan selber ist viel zu abgehoben, um sich auf so etwas wie Zeitungslektüre einzulassen. „Die Kritiken“, sagt er, „lese ich sowieso am nächsten Tag im Gesicht meines Sekretärs.“ Auch eine für seine weitere Karriere hochwichtige Nachricht erfährt Karajan aus einer Zeitung, die ihm ein atemloser Mattoni zum Nachtmahl vorlegt. Es ist der 30. November 1954, man ist soeben in Rom eingetroffen, Mattoni deckt sich am Zeitungsstand des Regency Hotels mit Lesestoff ein. Schlagzeile auf Seite 1: *„Furtwängler gestorben!“* Noch am selben Abend trifft ein anonymes Telegramm aus Wien ein, und wieder ist Mattoni der unverhohlen glückliche Überbringer: *„Le roi est mort, vive le roi!“*

Daß André Mattoni weit mehr ist als nur der willige Vollstrecker der Wünsche seines Herrn, sondern mitunter auch kreativ ins Geschehen eingreift, zeigt das Beispiel Schneider-Siemssen. Es ist während der Saison 1957/58, eine der Stationen von Karajans Deutschland-Tournee ist die Hansestadt Bremen. An seinem freien Abend besucht Mattoni eine Theatervorstellung; vor allem von den Bühnenbildern des dortigen Chefausstatters ist er angetan. Er macht Karajan auf diesen Günther Schneider-Siemssen aufmerksam. Der einunddreißigjährige Augsburger hat sich seine ersten Sporen am Salzburger Landestheater und am Salzburger Marionettentheater verdient. Karajan läßt sich Schneider-Siemssens „Figaro“-Entwürfe zeigen, reagiert aber weiter nicht.

Zwei Jahre darauf vermittelt Mattoni einen Vorstellungstermin, und wiederum geschieht nichts. Bis

Schneider-Siemssen ein paar Tage später eine Zeitung in die Hand bekommt, aus der er erfährt, daß Karajan auf einer Pressekonferenz bekanntgegeben hat, er bereite an der von ihm geleiteten Wiener Staatsoper eine Aufführung des Theodor-Berger-Balletts „Jahreszeiten“ vor, zu der Günther Schneider-Siemssen die Bühnenbilder beisteuern werde. Es ist der Beginn einer ungewöhnlich fruchtbaren, dreißig Jahre währenden Zusammenarbeit: Schneider-Siemssen wird sowohl in Wien wie in Salzburg Karajans Chefausstatter, mit dessen Namen vor allem die legendären Wagner-Inszenierungen verbunden sind (und bleiben). André Mattoni ist es, der den Bund geschmiedet hat.

Natürlich hat ein solch gewichtiger Mann wie er auch Feinde. Bringt es schon so manchen aus der Wiener Theaterbürokratie aus der Fassung, daß der Privatsekretär des künstlerischen Leiters der Wiener Staatsoper (Karajan tritt sein Amt am 1. Jänner 1957 an) auch offiziell in die Direktion des Hauses berufen und also von der öffentlichen Hand bezahlt wird, so erwächst ihm vor allem in der Person des vormaligen Intendanten der Wiener Festwochen, Egon Hilbert, ein mächtiger Gegner, der noch dazu die örtliche Presse geschlossen hinter sich weiß.

Es ist im verflixten siebenten Jahr von Karajans Operndirektion, jenem krisenreichen Frühsommer 1963, da sich auf Grund bestimmter Vorkommnisse die Notwendigkeit abzeichnet, den überbeanspruchten Maestro durch einen versierten Co-Direktor zu entlasten. Die Wahl fällt auf Hilbert. Aber natürlich soll das letzte Wort weiterhin Karajan haben: „Der wird schon tun, was wir wollen!“ beschwichtigt Mattoni alle, die in dem bekannt machtgierigen und intriganten Hilbert eine Gefahr wittern. Mattoni ist es übrigens auch, der die Sache einfädelt: Die entscheidende Unterredung zwischen Primus und künftigem Vize findet in *seiner* Privatwohnung am Kärntnerring statt. Hilberts Berufung erweist sich in der Tat als schwerer Fehler: Der „Neue" arbeitet mit allen Mitteln gegen den „Alten", schließlich verkehren die beiden nur noch brieflich miteinander, und da auch Mattoni vorgehalten wird, hinsichtlich Terminen und Sängerengagements allzu eigenmächtig vorzugehen, verlangt Hilbert brüsk dessen Demission. Die Situation ist am Ende so verfahren und die Atmosphäre in der Direktion der Wiener Staatsoper so vergiftet, daß Karajan am 8. Mai 1964 sein Amt niederlegt und seinen Rückzug aus Wien verkündet.

Daß sich im Spätjahr 1964 André Mattonis Zeit an der Seite Herbert von Karajans dem Ende zuzuneigen beginnt, hat ausschließlich Altersgründe: Am 23. Februar 1965 wird er fünfundsechzig und geht in die wohlverdiente Pension. Was ihm bleibt, ist die Erinnerung an einen zwar aufreibenden, aber in summa beglückenden Job, der ihn mit allen Musikgrößen dieser Welt in enge Tuchfühlung gebracht hat. Eine der berühmtesten unter ihnen, die schwedische Primadonna Birgit Nilsson, ist unter jenen, die dem scheidenden Karajan-Adlatus in ihren Memoiren Rosen streuen. Sie schreibt: *„Ich mochte André sehr gern, er war fröhlich und unterhaltsam, und er verstand es, seine Chancen zu nutzen. Überdies war er sehr gastfreundlich: Mein Mann und ich wurden nicht nur in seine schöne Wiener Wohnung, sondern im Zusammenhang mit meinen Schallplattenaufnahmen in Rom sogar in seine dortige Sommervilla eingeladen. André war loyal bis zur Selbstaufgabe und identifizierte sich hundertprozentig mit seinem Chef. Wenn er von Karajan sprach, gebrauchte er immer das Wort ‚wir'. Eines Tages kam er vor einer Vorstellung in meine Garderobe, und ohne, wie es seine Gewohnheit war, zunächst einen bewundernden Blick in meinen großen Spiegel zu werfen, platzte er strah-*

lend heraus: ‚Birgitchen, wir haben gerade geheiratet und sind heute zurück von unserer Hochzeitsreise.‘“

Damit ist natürlich Karajans dritte Eheschließung gemeint, an deren Zustandekommen André Mattoni wesentlichen Anteil hat. Die beiden, der in zweiter Ehe mit der Gütermann-Erbin Anita verheiratete Maestro und das ehemalige Dior-Mannequin Eliette Mouret, kennen einander seit 1950. Nun, am 6. Oktober 1958, wird in dem französischen Wintersportort Megève geheiratet. Mattoni besorgt Eheringe und Brautbukett und fungiert zusammen mit Eliettes Skilehrer als Trauzeuge.

Auch an ein weniger erfreuliches Ereignis, bei dem André Mattoni seine Hände im Spiel hat, erinnert sich Birgit Nilsson in ihrer Autobiographie. Es dreht sich um Karajans schärfsten Konkurrenten, Leonard Bernstein. Mattoni ist es, der die beiden bei einem zufälligen Zusammentreffen in einem Mailänder Luxusrestaurant miteinander bekannt macht. Karajan, ein versierter Skiläufer, gibt sich Mühe, den Kollegen aus Amerika für seinen Lieblingssport zu begeistern, und bringt ihm anderntags persönlich die dafür nötige Ausrüstung aufs Hotelzimmer. Zum Dank für die noble Geste verspricht Bernstein seinem Gegenüber, er werde ihm, der bis dato noch nie in den USA aufgetreten ist, ein Konzert in der New Yorker Carnegie Hall vermitteln.

Der Termin kommt zustande, endet jedoch mit einem Fiasko: Der ehemalige NS-Parteigenosse wird von einem Teil des Publikums ausgepfiffen. Bernstein, über den Vorfall entsetzt, will dem Kollegen in dessen Garderobe Trost zusprechen und reiht sich in die Schlange der wartenden Autogrammjäger ein. Doch als er schließlich an der Reihe ist, vorgelassen zu werden, stellt sich ihm Mattoni entgegen und weist Bernstein brüsk zurück: Der Maestro sei zu müde, um noch weitere Besucher zu empfangen. Karajan ist der festen (und irrigen) Meinung, niemand anderer als Bernstein selber stecke hinter der demütigenden Demonstration gegen den Konkurrenten ...

Diese und unzählige andere Geschichten aus den 15 Jahren an der Seite Karajans könnte André Mattoni natürlich auch selber für die Nachwelt niederschreiben: Die Memoiren des Karajan-Intimus wären mit Sicherheit bestsellerverdächtig. Doch nichts dergleichen käme einem so sehr der Diskretion verpflichteten Mann wie ihm in den Sinn. Mattoni zieht sich ins Privatleben zurück und schweigt. Er stirbt kurz vor seinem 85. Geburtstag und wird im Familiengrab auf dem Salzburger Kommunalfriedhof beigesetzt.

Zarahs Zofe

Zarah Leander und Brigitte Anhöck

Daß Zarah Leander sie lange Zeit als „die Verrückte“ abtut, stört Brigitte Anhöck nicht im geringsten. Es genügt ihr, von ihrem Idol wahrgenommen zu werden, und das, bei Gott, *wird* sie. Wie könnte selbst einer so umschwärmten Diva entgehen, daß an jedem ihrer Gastspielorte dieser riesige Blumenstrauß auf sie wartet – sei es in ihrem Hotelappartement, sei es in der Künstlergarderobe? Auch andere Fans überraschen Zarah Leander mit Willkommensgeschenken. Die von Brigitte Anhöck sind daran zu erkennen, daß sie immer mit einem Spitzendeckchen versehen sind – und natürlich einem Spitzendeckchen von *ihrer* Hand. Das ist ihr Markenzeichen.

Huldigungen an vergötterte Künstler unterliegen der Tendenz, sich zu steigern, und so macht Zarah Leander eines Tages die Entdeckung, daß sie auf manchen ihrer Überlandfahrten von Auftrittsort zu Auftrittsort von einem Kleinwagen „verfolgt“ wird, der alle Mühe hat, mit ihrem um einiges größeren, von ihrem Privatchauffeur gesteuerten „Schlitten“ Schritt zu halten. Natürlich sitzt Brigitte Anhöck hinterm Lenkrad – sie wird später, als man einander schon persönlich kennt, verschämt lächelnd eingestehen, daß sie sich mit diesen Gewalttouren ganz schön übernommen und ihr Vehikel systematisch ruiniert hat.

Fragt sich nur, wo sie ihr Wissen her hat: Wie kommt die kleine Angestellte aus Duisburg zu all den Konzertdaten und Hoteladressen? In den späten Fünfzigerjahren kennt man noch kein Internet, andererseits aber auch keinen gesetzlich gesicherten Datenschutz. Es ist also zugleich schwerer und leichter als in späteren Jahren, einem Star hinterherzureisen.

Brigitte Anhöck geht dabei sachte vor: Noch weit davon entfernt, den direkten Kontakt mit ihrem Idol zu suchen, macht sie sich zunächst an Zarah Leanders Manager Otto Hofner heran und entlockt dem ebenso freundlichen wie arglosen Mann den Tourneeplan seines prominenten Schützlings. Sie weiß also über nahezu jeden Schritt der knapp dreißig Jahre Älteren Bescheid. Otto Hofner braucht sich allerdings wegen seiner Redseligkeit keinerlei Vorwürfe zu machen: Die „Verrückte", wie auch er sie kopfschüttelnd nennt, überschreitet niemals ihre Grenzen: Es genügt ihr, den Reiseweg der Verehrten mit Blumenstöcken und Spitzendeckchen zu „markieren". Eine wunderliche, aber harmlose Person.

Daß aus dieser Wunderlichkeit eines Tages mehr werden wird, strebt sie weder an noch widersetzt sie sich ihm: In die Rolle von „Zarahs Zofe" schlittert sie buchstäblich hinein, und Zarah Leander selber ist es, die dabei Regie führt. Es hat also alles seine Ordnung.

Für die schöne Schwedin mit der berühmt tiefen Stimme zu schwärmen, die auf der Bühne mit Stücken wie „Axel an der Himmelstür" und „Madame Scandaleuse", im Kino mit Filmen wie „La Habanera", „Zu neuen Ufern" und „Es war eine rauschende Ballnacht" und auf Schallplatte mit Schlagern wie „Gebundene Hände", „Yes Sir" und „Kann denn Liebe Sünde sein?" brilliert hat, ist auch im Nachkriegs-Deutschland nichts Außergewöhnliches. Überall singen tausende und abertausende Fans ihre Lieder nach: „Ich weiß, es wird einmal ein Wunder geschehn", „Ich steh im Regen", „Davon geht die Welt nicht unter", „Der Wind hat mir ein Lied erzählt". Sie lieben die alten Schmachtfetzen, und sie dürsten nach neuen. Man hört von Fan-Klubs, die sich gegenseitig zu übertrumpfen versuchen: Hat es bei einer

Vorstellung in Wien hundertdreißig Vorhänge gegeben, erzwingen die Berliner Zarah-Anhänger hundertfünfzig.

Brigitte Anhöck gehört keinem dieser Fanklubs an, obwohl es derlei sicherlich auch im Ruhrgebiet, wo sie daheim ist, gibt. Nein, sie geht ihren eigenen Weg. Die 1936 in Erfurt Geborene hat sich an der Seite ihrer Eltern aus der DDR abgesetzt und lebt nun in Duisburg, arbeitet als kleine Angestellte in einer Autofirma im nahen Düsseldorf. Ihr Zarah-Leander-Fieber entzündet sich an einem der frühen Filme, die jetzt, nach dem Krieg, der Reihe nach wiederaufgeführt werden. Es ist der 1938 gedrehte Streifen „Heimat", in dem die dreißigjährige Zarah eine gefeierte Sängerin verkörpert, die um der Familienehre willen ihren Beruf aufgeben und einen ungeliebten Mann heiraten soll.

In der hochdramatischen Verfilmung des 1893 in Berlin uraufgeführten Schauspiels von Hermann Sudermann ist Heinrich George einer ihrer Partner, Carl Froelich führt Regie, „Eine Frau wird erst schön durch die Liebe" ist der Hauptsong. Vor Zarah Leander haben schon Stars wie Eleonora Duse, Greta Garbo und Marlene Dietrich in der Rolle der preußischen Offizierstochter Magda Schwartze alias Maddalena dell'Orto brilliert – es wird nach 1945 der einzige ihrer insgesamt zehn UFA-Filme sein, zu dem sie ohne Einschränkung steht.

Für Brigitte Anhöck ist „Heimat" ein derart aufwühlendes Kinoerlebnis, daß sie nicht nur beginnt, alles zu sammeln, was ihr von der Hauptdarstellerin Zarah Leander in die Hände kommt: Standfotos, Autogramme und Schallplatten, sondern sie reist auch – koste es, was es wolle – zu ihren Konzerten und Theatervorstellungen, und da sie beim Nachsingen der Leander-Songs ihr eigenes Gesangstalent entdeckt, meldet sie sich sogar am Duisburger Konservatorium zum Unterricht im Koloraturfach an, gewinnt zwei Gesangswettbewerbe und nimmt über Vermittlung eines von ihr beeindruckten Talentsuchers Kontakt zu einer Plattenfirma auf. Daß sie die Sängerinnenlaufbahn dennoch aufgibt, hängt bereits mit ihrer späteren Beziehung zu Zarah Leander zusammen: Die allzu Bescheidene will unter keinen Umständen den Eindruck erwecken, sie suche nur deshalb die Nähe zu ihrem Idol, um von diesem gefördert zu werden.

Als es 1956 – da ist Zarah Leander neunundvierzig und Brigitte Anhöck einundzwanzig – am Rande eines Konzertabends in Berlin zu einer ersten persönlichen Begegnung der beiden kommt, ist denn auch mit keinem Wort von den eigenen künstlerischen Ambitionen der achtundzwanzig Jahre Jüngeren die Rede: Für Fan Brigitte Anhöck ist es Befriedigung genug, ja die vollkommene Glückseligkeit, ihr Idol einfach anhimmeln zu können. Und Zarah Leander, tief gerührt (und gleichzeitig praktisch-resolut) macht ihrer Besucherin spontan einen handfesten Vorschlag: „Du könntest mir bei der Fanpost helfen, was hältst du davon?“ Es ist der erste Schritt auf dem Weg in eine Beziehung, die fünfunddreißig Jahre lang anhalten wird: bis zu Zarah Leanders Tod, ja weit über ihren Tod hinaus ...

Zarah ist seit einigen Monaten frisch verheiratet: Der Pianist Arne Hülphers, den sie ihren „großen friedlichen Finnen“ nennt, ist ihr zweiter Mann. Keinen besseren Berater in allen Fragen der Musik könnte sie sich wünschen. Für die Koordinierung ihrer Termine und deren Abwicklung ist Tourneemanager Otto Hofner zuständig. Und für die Bewirtschaftung ihres Besitzes, des mittelschwedischen Landgutes Lönö, das seit 1939 ihr Heim ist, steht ausreichend Personal zur Verfügung: Zum eigentlichen Herrenhaus mit seinen zweiundzwanzig Zimmern gehören 59 600 Quadratmeter Grund, die sich auf Wiesen und Wälder, Äcker und Fischgewässer, ja sogar eine Reihe von Inseln und Schären aufteilen.

Für Brigitte Anhöck wird, als sie mit Schreibmaschine und Stenoblock anrückt, um für ihre Dienstgeberin die Sekretariatsarbeiten zu übernehmen, ein Raum neben deren Schlafzimmer hergerichtet, direkt unter der Turmuhr. Im übrigen ist sie Mädchen für alles: sorgt für frischen Blumenschmuck im Haus, macht das Frühstück, bereitet – nach Maßgabe der auf dem Küchentisch plazierten Wunschzettel – die einzelnen Mahlzeiten, begleitet die „Chefin" auf deren Einkaufsfahrten in die Stadt und springt sogar ein, wenn Zarah Leander sie mitten in der Nacht weckt, weil sie einen schlechten Schlaf hat und einen Spielpartner für eine Partie „Mensch ärgere dich nicht" braucht.

Damit sie auch auf den Konzerttourneen voll einsatzfähig ist, wird „Brigittchen", wie sie schon bald gerufen wird, mit einer schriftlichen Vollmacht ausgestattet, die sie dazu ermächtigt, in Zarah Leanders Namen Zimmerreservierungen vorzunehmen, dem Hotelpersonal Anweisungen zu erteilen, den Gepäcktransport zu überwachen, die Haushaltskasse zu führen und die Tasche mit den in der Regel bar ausbezahlten Gagen zu hüten. Auch in so manches streng gehütete Geheimnis der „Chefin" wird die junge Deutsche eingeweiht: Zarah Leander leidet unter einer besonders hartnäckigen Spielart der Schuppenflechte, ihr Schminktisch geht über vor Spezialsalben, Konzertauftritte in fremden Städten sind mit Inkognito-Visiten in einschlägigen Hautkliniken zu koordinieren.

Es gehört zu Zarah Leanders Lebensstil und Temperament, daß ihr Umgang mit den dienstbaren Geistern frei von Formalismen, fast amikal angelegt ist. Das gilt in besonderem Maße für Zofe „Brigittchen", die für sie – trotz der zwei Kinder, die sie zur Welt gebracht hat – eine Art Tochterersatz ist. Wen kann es da wundern, daß sie auch bei „Brigittchens" *privatem* Glück ihre Hände im Spiel hat? Als sie bemerkt, daß die inzwischen Zweiunddreißigjährige an ihrem Hausgärtner Tore Pettersson Gefallen gefunden hat, trägt Zarah ihr Teil dazu bei, daß die beiden im Sommer 1973 heiraten. Der daraufhin folgende Auszug aus Gut Lönö bereitet keinerlei Probleme: Norrköping, wo das junge Paar seine eigene Wohnung bezieht, ist nur eine halbe Autostunde von Lönö entfernt.

1971 zieht sich Zarah Leander von der Bühne zurück, „Brigittchens" Rolle an ihrer Seite ist jetzt mehr und mehr die einer Gesellschafterin, einer guten Freundin, schließlich – seit dem Tod von Arne Hülphers 1978 – einer Krankenpflegerin. Ein Schlaganfall der zunehmend Lebensmüderen kettet die vormals strahlende Diva an den Rollstuhl. Drei Monate nach ihrem 74. Geburtstag stirbt Zarah an einer Gehirnblutung. Auf dem Friedhof der nur wenige Kilometer von Lönö entfernten Gemeinde Härradshammar wird sie bestattet, beim Requiem in der Stockholmer Oscarskirche singt ihre elf Jahre jüngere, nicht minder berühmte Landsmännin, die mit ihr eng befreundete Opernprimadonna Birgit Nilsson, Beethovens „Die Himmel rühmen des Ewigen Ehre" und Schuberts „An die Musik".

Brigitte Petterssons Dienst an und für Zarah Leander reißt mit deren Tod keineswegs ab. Zwar wechselt Gut Lönö den Besitzer, doch behält „Zarahs Zofe", wie sie in manchen der Nachrufe genannt wird, ein Zutrittsrecht, wenn es darum geht, alte und neue Leander-Fans herumzuführen, an die Grabstätte zu geleiten, an ihren Erinnerungen teilhaben zu lassen.

Fünf Monate nach dem Begräbnis stoßen die Familienangehörigen bei einer von ihnen organisierten Auktion Zarah Leanders Habseligkeiten an die Meistbietenden ab: Bühnengarderoben, Pelze, Perücken. Brigitte Pettersson darf einige der Möbelstücke als Andenken behalten: das Sofa aus dem Musikzimmer, den Marmortisch aus der Bibliothek, die Porzellanteller von der Eßzimmerwand. Da und dort hält sie, wenn sie darum gebeten wird, kleine Vorträge über ihr Idol, beim Aufbau eines Zarah-Museums in der Nachbargemeinde Härradshammar hilft sie kräftig mit, und wenn Biographen bei ihr anklopfen, erteilt sie bereitwillig Auskunft. Nur das Fernsehinterview, zu dem man sie überredet hat, zieht sie entrüstet zurück, als sie erfährt, daß es Teil einer Dokumentation unter dem Titel „Hitlers Frauen“ sein soll. Daß Zarah Leander einen Teil ihrer Karriere den Nazis zu verdanken haben soll, bestreitet sie ebenso hartnäckig wie das später aufkommende Gerücht, sie habe gleichzeitig für die Sowjets spioniert. Brigitte Pettersson duldet es nicht, daß das Bild der von ihr Vergötterten auch nur den kleinsten Kratzer erhält.

Kinderfrau ohne Kinder

Maria Cebotari und Hedwig Cattarius

Wenn man am rechten Donauufer Wien in Richtung Norden verläßt, bildet das Kahlenbergerdorf die offizielle Stadtgrenze. Der an den Südostabhang des Leopoldsberges geschmiegte hübsche kleine Ort mit dem malerischen Kirchturm und den gemütlichen Weinschenken ist gegen die vorüberfließende Donau von dem schmalen Kuchelauer Hafen gesäumt, der heute nur noch den Yachtbesitzern als Ankerplatz und den Ruderern, Paddlern und Kanuten als Treffpunkt dient. An dem schmalen Uferweg vor der Eisenbahntrasse und der langgestreckten Badehüttenkolonie haben sie ihre Vereinshäuser. Dazwischen trifft der Spaziergänger, dem ab und zu ein einsamer Angler oder Hundehalter begegnet, höchstens noch auf eine etwas verwitterte Jausenstation, eine Anlegestelle der städtischen Feuerwehr oder ein verrostetes Verbotsschild, das „Verunreinigung des Wassers und Einwerfen von Abfällen" unter Strafe stellt. Im Hafenbecken, das der um 1902 errichtete Damm vom Donaubett trennt, tummeln sich Möwen und Enten, ein Schwanenpaar füttert seine Jungen.

Die in bestimmten Abständen in die Böschung eingelassenen steinernen Treppen dienen den wenigen Schwimmern, denen das Flußwasser nicht zu schmutzig ist, als Absprungbasis. Die zirka fünfzig Jahre alte Frau, die sich am Abend des 20. Juli 1953 an einer dieser Stellen in die Fluten stürzt, tut dies allerdings nicht, um sich mit einem kühlenden Bad zu erfrischen, sondern um ihrem Leben ein Ende zu machen. Am folgenden Morgen fischen die Männer vom polizeilichen Suchtrupp den Leichnam aus dem Wasser: Es ist eine gewisse Hedwig Cattarius, ihrem Beruf nach Kinderfrau in einem der noblen Villenhaushalte des Bezirks Währing. Adresse: Weimarer Straße 65.

Seit zwölf Jahren steht die gebürtige Ostpreußin im Dienste einer Künstlerin von Weltruf: der Opernprimadonna Maria Cebotari, die, aus dem bessarabischen Kischinew stammend und mehrere Jahre in Berlin ansässig, 1947 nach Wien übersiedelt ist und hier zu den Stars der zu dieser Zeit noch in den Ausweichquartieren Volksoper und Theater an der Wien untergebrachten Staatsoper zählt.

Der Haushalt in der Weimarer Straße, dem Hedwig Cattarius vorsteht, ist seit vier Jahren empfindlich dezimiert: Am 16. Juni 1949 wird Maria Cebotari, durch ein schweres Krebsleiden nur neununddreißigjährig aus dem Leben gerissen, auf dem Döblinger Friedhof zu Grabe getragen. Ihr Mann, der Schauspieler Gustav Diessl, ist schon vierzehn Monate vor ihr gestorben: Die beiden Kinder des Künstlerpaares, der zwölfjährige Peter und der knapp siebenjährige Fritz, sind somit seit vier Jahren Vollwaisen. Hedwig Cattarius, seit beider Geburt ihre Erzieherin, muß ihnen nun in vollem Umfang die Mutter ersetzen. Daß sie damit scheitert und aus diesem Scheitern keinen anderen Ausweg sieht, als sich durch einen Sprung in die Donau das Leben zu nehmen, ist eine Tragödie, die fortan – und über viele Jahre – die Schlagzeilen der Presse beherrschen wird: Das ungewisse Schicksal der Cebotari-Waisen rührt nicht nur das Opernpublikum in aller Welt zu Tränen.

1953 – das ist noch Nachkriegszeit. Gerade erst ist die Ära der Lebensmittelkarten zu Ende gegangen, nur seit wenigen Monaten befindet sich die Pummerin wieder an ihrem alten Platz im Stephansdom, die Elektrifizierung der Westbahn reicht einstweilen bloß von Wien bis Amstetten, bis zum Abschluß des österreichischen Staatsvertrages wird es noch knapp zwei Jahre dauern.

Auf dem Döblinger Friedhof, zu dessen Entlastung seit Jahren der Grinzinger Friedhof herangezogen wird, ist kein Platz für neue Grabstellen: Maria Cebotari wird im Familiengrab ihrer Schwiegereltern beigesetzt, desgleichen Ehegatte Gustav Diessl. Und auch Hedwig Cattarius, die wie keine zweite zur Familie gehört, findet hier – Gruppe 28, Reihe 1 Nummer 6 – ihre letzte Ruhe. Auf dem Grabstein sind auch ihr Name und ihre Lebensdaten (17.2.1904 bis 20.7.1953) eingraviert. Als Selbstmörderin muß sie froh sein, in einen katholischen Friedhof aufgenommen zu werden: Rechtsanwalt Dr. Hugo Zörnlaib, der gerichtlich bestellte Vormund der Cebotari-Söhne, hat das Problem souverän gelöst.

Um Hedwig Cattarius' Verzweiflungstat zu begreifen, ist eine Rückblende in das Leben ihrer Dienstgeberin Maria Cebotari geboten. Über Wirken ihres ersten Mannes, des Exilrussen Alexander Wiruboff, gelangt die noch Minderjährige mit der überragenden Gesangsstimme auf vielerlei Umwegen nach Berlin, erhält hier, noch kaum ein Wort Deutsch sprechend, einen Studienplatz an der Musikhochschule und reift in Rekordzeit zu einem solchen Talent heran, daß sie mit einundzwanzig, von dem berühmten Dirigenten Fritz Busch entdeckt, an der Dresdner Oper als Mimi in „La Bohème" debütieren kann. Ihr Erfolg ist so durchschlagend, daß Bruno Walter sie zu den Salzburger Festspielen holt, denen sie binnen kurzem als eine der gefeiertsten Mozart- und Richard-Strauss-Interpretinnen unentbehrlich werden wird.

Mit vierundzwanzig zur Kammersängerin ernannt, ist sie nun auch „reif" für Berlin: Von 1935 bis Kriegsende singt sie an der Berliner Staatsoper alle Partien ihres umfangreichen Repertoires. Gastspielverpflichtungen in London, Paris und Wien haben zur Folge, daß Maria Cebotari eine der ersten Sängerinnen ist, die sich des Flugzeugs als Verkehrsmittel bedienen – bis zu fünfmal pro Woche steht sie auf der Bühne. Da sie außerdem eine exzellente Schauspielerin und eine reizvolle Bühnenerscheinung ist, wird auch der Film auf sie aufmerksam: In Streifen wie „Mutterlied“ und „Melodie der Liebe“ ist der italienische Spitzentenor Benjamino Gigli ihr Partner.

Im Filmstudio werden zugleich die Weichen für ihr künftiges Privatleben neu gestellt: Bei den Aufnahmen für den Streifen „Starke Herzen“ in Berlin-Babelsberg verliebt sich Maria Cebotari in ihren Partner Gustav Diessl – und umgekehrt. Der zehn Jahre Ältere, aus Wien stammend, ursprünglich Maler, nun bei der UFA als Typ des eleganten Kavaliers unter Vertrag, hat sich gerade von seiner Kollegin Camilla Horn getrennt, und auch Maria Cebotari, des chaotischen Lebens an der Seite ihres Entdeckers Alexander von Wiruboff müde, ist wieder frei. Am 19. August 1938 treten sie und Gustav Diessl in Berlin-Charlottenburg vor den Standesbeamten. Die Braut hat alle Mühe, den Bräutigam zu erkennen: Diessl kommt geradewegs von den Dreharbeiten für den Film „Kautschuk“ und ist noch als spanischer Grande geschminkt ...

Drei Jahre später, am 1. Juli 1941, kommt Sohn Peter zur Welt. Beide Elternteile sind vielbeschäftigte Künstler mit intensiver Reisetätigkeit. Die sich täglich verschlimmernde Kriegssituation läßt es außerdem geraten erscheinen, den Familiennachwuchs im Hinterland Berlins in Sicherheit zu bringen: Peter landet bei Freunden auf einem Gut in der Nähe von Magdeburg, später für eine Weile auch in einem Nobelhotel in Kitzbühel. Immer an seiner Seite: Hedwig Cattarius, die von den Eheleuten Diessl in Dienst genommene Kinderfrau. Sechs Jahre älter als Maria Cebotari, wird sie zur Ersatzmutter des Buben, und das gilt erst recht für seinen fünf Jahre jüngeren Bruder Fritz, der am 13. Oktober 1946 zur Welt kommt.

Während Maria Cebotaris Karriere auch durch Krieg und Nachkrieg keinerlei Knick erfährt (Karl Böhm holt die Diva, die nicht nur eine unvergleichliche Mimi, Butterfly, Konstanze, Gilda, Arabella, Daphne und Sophie ist, sondern auch Partien wie die Salome, die Turandot und die Carmen beherrscht, sowohl nach Salzburg wie nach Wien, wo sie ab Jänner 1947 dem Ensemble der Staatsoper angehört), geht es mit Gustav Diessl, ihrem Mann rapid bergab: Schon früher nicht der Gesündeste, strecken ihn nun mehrere Schlaganfälle vollends nieder, zu den Lähmungserscheinungen gesellen sich schwere Depressionen. Am 20. März 1948, einen Tag nach der Premiere seines letzten Films, „Der Prozeß", tritt der Tod ein.

Maria Cebotari, mit achtunddreißig Witwe, möchte den Halbwaisen Peter und Fritz in ihrer neuen Heimat Wien wenigstens eine angemessene Bleibe schaffen: Auf einem Ruinengrundstück im Bezirk Währing läßt sie eine Villa errichten, in der es den Kindern an nichts fehlen soll. Doch da schlägt ein weiteres Mal das Schicksal zu: Kaum hat die um den Gatten und Vater dezimierte Familie das neue Quartier in der Weimarer Straße 65 bezogen, da erkrankt auch Maria Cebotari: Die Eurydike in Glucks „Orpheus und Eurydike", die sie im Sommer 1948 in der Salzburger Felsenreitschule kreiert, ist die letzte Partie, die sie neu einstudiert, die Laura in Millöckers „Bettelstudent", die sie am 31. März 1949 in der Wiener Volksoper, dem zweiten Ausweichquartier der Staatsoper, singt, ihr überhaupt letzter Auftritt. Die Ärzte, die ein Gallenblasenleiden als Ursache ihres rapiden Kräfteschwunds vermuten, ordnen für 4. April eine Operation an. Der Eingriff schafft statt Besserung Klarheit: Maria Cebotari ist nicht zu retten, sie leidet an einem Pankreas-Leberkarzinom im Endstadium, am 9. Juni tritt der Tod ein.

Was um Himmels willen soll nun aus den beiden unmündigen Kindern werden? Noch auf dem Sterbebett verfügt Maria Cebotari, daß Peter und Fritz unter der Obhut ihrer Erzieherin bleiben mögen. Sollte sich jedoch eine Adoption als unumgänglich erweisen, so nur unter zwei Bedingungen: Peter und Fritz dürften nicht voneinander getrennt werden, und Frau Cattarius müsse „mitübernommen" werden.

Eine Zeitlang scheint's tatsächlich halbwegs zu klappen: Die Kinderfrau und ihre verwaisten Zöglinge ziehen sich in die Mansardenwohnung der Cebotari-Villa zurück, der gemeinsame Lebensunterhalt wird aus den Zinseinnahmen bestritten, die die Vermietung der übrigen Räume abwirft. Doch das kann keine Lösung auf Dauer sein: Sämtliches Barvermögen ist durch die kostspielige Behandlung von Gustav Diessl und Maria Cebotari aufgebraucht, auch Krieg und Nachkrieg sowie laufende Zuwendungen an Marias Elternhaus in der alten Heimat Bessarabien haben ihrem Besitzstand empfindliche Lücken zugefügt, den Rest hat der aufwendige Villenbau verschlungen. Hinzu kommt, daß die Liegenschaft nicht – wie geplant – in Maria Cebotaris Eigentum übergegangen ist, also in absehbarer Zeit geräumt werden muß.

Die Bemühungen der Bundestheaterverwaltung, den Cebotari-Kindern bis zu ihrer Großjährigkeit eine Art Gnadenpension zu erwirken, scheitern am Widerstand des Fiskus. Die Erträge der von mitfühlenden Künstlerkollegen veranstalteten Wohltätigkeitskonzerte bleiben der berühmte Tropfen auf den heißen Stein. Und so rührend es auch sein mag: Was hilft es den beiden Knirpsen, wenn sich der Friedhofsgärtner bereit erklärt, sich unentgeltlich um die Grabpflege zu kümmern?

Es bleibt also Vormund Dr. Zörnlaib keine andere Wahl, als sich schleunigst um Adoptiveltern für die Cebotari-Waisen umzusehen. An Interessenten fehlt es nicht:

Zwölf Bewerber melden sich im Lauf der Zeit – darunter Burgschauspieler Albin Skoda (dem allerdings *zwei* Buben zu viel wären) und das Ehepaar Curt Goetz-Valerie von Martens (die im Hinblick auf ihre starke Reisetätigkeit ihr Offert wieder zurückziehen).

Wer sich mit aller Macht gegen jedes der Adoptionsbegehren aufbäumt, ist Hedwig Cattarius: In panischer Angst, die beiden Kinder, die sie wohl längst als ihr eigen ansieht, zu verlieren, fängt sie die einschlägige Post ab, läßt sie unbeantwortet und unternimmt alles, Peter und Fritz auf ihre Seite zu ziehen, damit auch sie gegen jede Änderung des Status quo rebellieren. Als es im Sommer 1951 ernst zu werden droht und in der Person des englischen Konzertpianisten Clifford Curzon und dessen Gattin Lucille zwei Kandidaten auf den Plan treten, die beste Chancen haben, die Cebotari-Kinder vom Vormundschaftsgericht zugesprochen zu erhalten, dreht Hedwig Cattarius durch ...

Clifford Curzon, in späteren Jahren von Königin Elizabeth II. zum Sir geadelt, ist zu dieser Zeit ein Mann von dreiundvierzig und auf der Höhe seines Ruhms. Seit zwanzig Jahren ist er mit Lucille Wallace verheiratet. Die zehn Jahre Ältere, die ihm keinen Nachwuchs schenken kann, stammt aus Chicago, ihr Vater ist ein reicher amerikanischer Arzneimittelfabrikant. Sie selbst fühlt sich zur Musik hingezogen, das Cembalo ist das Instrument ihrer Wahl. Ein Stipendium führt sie 1923 nach Wien, für weitere Studien wechselt sie nach Paris und Berlin. Ein Sommeraufenthalt am Attersee öffnet ihr die Augen für die Schönheit der Salzkammergutlandschaft, und so wird aus dem „paying guest“ schon bald eine stolze Villenbesitzerin. In Litzlberg erwirbt sie ein Ackergrundstück in Seenähe, engagiert einen vorzüglichen Architekten, arbeitet selber an dessen Entwürfen mit und kann im Sommer 1929 in ihrem luxuriösen Retiro Einzug halten.

Als sie zwei Jahre darauf Mrs. Curzon wird (und schon bald, ihrem Mann zuliebe, auf die eigene Karriere verzichtet), fehlt zum vollkommenen Glück auf dem Prachtbesitz, den man von nun an Sommer für Sommer bezieht, nur eines: eigene Kinder. 36 000 Quadratmeter mißt der Grund, um die eigentliche Villa sind Gärtnerhaus, Treibhaus und Bootshaus gruppiert, dem weitläufigen Park mit dem herrlichen alten Föhrenbestand werden nach und nach erlesenste exotische Gewächse einverleibt, die man von den diversen Konzertreisen mitbringt. Im Blockhaus, weitab von den Wohnräumen, steht der Flügel, an dem der Meister übt – „Tobzelle" werden es die Nachbarn später scherzhaft nennen.

Auch Curzons Hauptwohnsitz in London kann sich sehen lassen: Das „White House" im Nobelbezirk Highgate – zum unmittelbaren Nachbarn hat man einen anderen Großen der Musik: den Geiger Sir Yehudi Menuhin – ist eine Prachtvilla. An den Wänden Originale von Canaletto, Bruegel, Degas, Monet. Hier wie dort eine Menge Personal: Köchin, Stubenmädchen, Gärtner, Butler. Dazu der tadellose Leumund der Curzons, ihr künstlerisches Renommee – würdigere Kandidaten kann sich kein Vormundschaftsgericht wünschen, das Adoptionsverfahren kommt in Gang.

Wieso aber dann dennoch immer wieder diese Verzögerungen? Mrs. Curzon ist nun schon seit drei Wochen in Wien und wartet in ihrem Hotelzimmer darauf, endlich mit den beiden Buben zusammengebracht zu werden: Noch kennt sie Peter und Fritz nur von Fotos, hat mit ihnen kein Wort wechseln können. Hedwig Cattarius, die Kinderfrau, ist es, die jedes Zusammentreffen zu hintertreiben weiß.

Mrs. Curzon ruft verzweifelt in Vöcklabruck an, schildert der Frau ihres dortigen Rechtsanwalts das Groteske ihrer Situation und bittet die ebenso patente wie resolute Person um Rat. Frau A., den Curzons auch als Verwalterin des Litzlberger Besitzes unentbehrlich, reist nach Wien und heckt folgenden Plan aus: Man werde versuchen, die Kinder während der Unterrichtszeit in der Schule zu kontaktieren, damit Mrs. Curzon sie endlich kennenlernen kann. Der Direktor gibt seine Einwilligung, läßt Peter und Fritz Diessl ins Konferenzzimmer rufen.

Hier also stehen sie einander erstmals von Angesicht zu Angesicht gegenüber: mit sichtlichem Entzükken die künftige Mutter, total verschreckt der Zwölfjährige und der Siebenjährige, die in Bälde den Namen Curzon tragen sollen ...

Der 20. Juli 1953 ist ein Samstag. Hedwig Cattarius ist zusammen mit Fritzl zu Besuch im Haus eines befreundeten Bildhauers in der Sternwartestraße. Peter, der Ältere, ist daheim geblieben. Gegen 18.30 Uhr bittet Frau Cattarius ihre Gastgeber, sie für eine Weile zu entschuldigen, sie habe eine dringende Angelegenheit zu erledigen, man möge sich inzwischen um den Buben kümmern, in längstens einer Stunde werde sie zurück sein und ihn abholen. Doch Frau Cattarius kehrt nicht zurück.

Am nächsten Morgen fischt die Polizei ihren Leichnam aus der Donau. Im Kuchelauer Hafen nächst dem Kahlenbergerdorf hat Peters und Fritzls Ersatzmutter Selbstmord verübt. An ihrem Tatmotiv gibt's keinen Zweifel: Da die Eheleute Curzon auf strikter Trennung bestehen, also begreiflicherweise nicht bereit sind, Frau Cattarius „mitzuadoptieren“, hat für die Neunundvierzigjährige, die selber ohne Familie ist, das Leben seinen Sinn verloren.

Das plötzliche Verschwinden der „Teta“ (wie die Buben ihre Kinderfrau rufen) löst bei beiden schwerste Irritationen aus. Daß sie, einem dringenden Telegramm folgend, überstürzt nach Deutschland gereist sei, um ihrer lebensgefährlich erkrankten Mutter beizustehen, können sie nicht glauben: „Sie hätte sich von uns verabschiedet." Schließlich rückt man mit der vollen Wahrheit heraus. Und noch in derselben Woche – die Schulferien haben schon begonnen – treten Peter und Fritz Diessl in Begleitung ihres Wiener Vormunds Dr. Zörnlaib die Reise an den Attersee an und werden in die Obhut ihrer künftigen Adoptiveltern überstellt. Hier, auf dem Prachtbesitz der Curzons, sollen sie versuchen, all die Schrecknisse ihrer Kindheit zu verkraften, zu verarbeiten, zu vergessen.

„Widerspenstig, zudringlich und grob …"

Johann Wolfgang von Goethe und Charlotte Hoyer

Goethe kann von Glück sagen, daß es zu seiner Zeit noch keine Gewerkschaftsbewegung gibt: Bei so zahlreichem Gesinde, das für ihn Lohnarbeit verrichtet, ginge es aus heutiger Sicht schwerlich ohne eigenen Betriebsrat ab. Und dieser Betriebsrat wüßte mit Sicherheit zu ahnden, daß der hohe Herr seine Köchin Charlotte Hoyer nicht nur vor die Tür setzt, sondern überdies bei der Polizei anzeigt. Ganz zu schweigen von dem vernichtenden Dienstzeugnis, das er der verhaßten Person ausstellt: Er müßte es auf der Stelle widerrufen. Auch ein Warnstreik der Kollegenschaft läge in der Luft, vielleicht sogar die Schließung des Betriebes.

Der Betrieb – das ist das Haus am Weimarer Frauenplan, in dem der Dichterfürst seit dem 2. Juni 1782 residiert. Die ersten neun Jahre ist er Mieter, dann macht ihm der Herzog das stattliche Anwesen im Stadtzentrum zum Geschenk, und damit die Familie darin auch ein standesgemäßes Leben führen kann, verfügt Goethe eine Reihe von Um- und Zubauten, die eine weitere Aufstockung des Personals nötig machen. Diener und Sekretär, Hausknecht und Zofe, Gärtner und Kutscher und dazu die dienstbaren Geister an Küchentisch und Herd: Die Familie Goethe führt, was man „ein großes Haus" nennt.

Da man Wert legt auf erlesene Mahlzeiten, ist für Goethe und seine Gäste nur das Beste aus Küche und Keller gut genug. Die begehrten Leckerbissen werden von den umliegenden Märkten herbeigeschafft, Gemüse und Kräuter kommen aus dem eigenen Garten hinterm Haus, im wohlgefüllten Weinkeller lagern berühmte Jahrgänge, die zum Teil noch aus dem Nachlaß des im Weinhandel tätigen Großvaters stammen.

Goethe ist ein anspruchsvoller Gastgeber: Die aufgetragenen Delikatessen verlangen eine ausgesuchte Tischdekoration; bei besonderen Anlässen ist sogar für dezente Tafelmusik gesorgt. Aber auch an „normalen" Tagen hat die Küche alle Hände voll zu tun; die einzelnen Mahlzeiten folgen einem streng einzuhaltenden Stundenplan. Da der Hausherr Frühaufsteher ist, werden ihm Punkt sechs Uhr Kaffee, Schokolade oder Fleischbrühe serviert; die Vormittagsarbeit wird von einem zweiten Frühstück unterbrochen, das Mittagessen kommt zwischen zwei und drei auf den Tisch, am Nachmittag gibt's Brötchen, am Abend kaltes Büffet und Wein.

Das Küchenpersonal muß immer wieder ausgetauscht werden. Schon Gattin Christiane klagt am 21. November 1798 in einem Brief an ihren zur Zeit in Jena weilenden Mann, sie habe mit der alten Köchin „ihre liebe Not": *„Sie nimmt mir alles unter den Händen weg, und ich muß den ganzen Tag die Augen auf alles haben. Sie macht lauter dumme Streiche, die ich Dir erzählen will, wenn Du wiederkömmst. Auf Weihnachten muß sie fort."*

Zum Glück ist es leicht, Ersatz zu finden. Frau Christiane kann also ihren Mann fürs erste beruhigen: Die neue Köchin, Marie mit Namen, werde *„alle Tage braver, und wenn ich die nicht hätte, ginge es mir schlecht"*.

Doch schon im folgenden Jahr geht der Ärger von neuem los: Wegen ihres „doppelten Vermietens" habe man die untreue Person „der Polizei übergeben" müssen. Marie scheint also einen Nebenjob angenommen zu haben, den sie der angestammten Herrschaft verheimlichen will. Im kleinen Weimar, das für seine Schwatzsucht bekannt ist, kann so etwas freilich nur schiefgehen. Frau Christianes Konsequenz: *„Ich habe itzo zwei*

Mädchen im Hause, die will ich recht gut hinrichten, daß alles gut geht, wenn Du widerkömmst."

Zu einem veritablen „Fall" artet die Auseinandersetzung aus, die Goethe im Frühjahr 1811 mit seiner Köchin Charlotte Hoyer hat. Es ist zu der Zeit, da der Einundsechzigjährige „seiner" Herzogin die ersten Kapitel aus „Dichtung und Wahrheit" vorliest, seine nächste Kurreise nach Karlsbad vorbereitet und auf dem Rückweg in Jena Station macht, um dem Maler Caspar David Friedrich einen Besuch abzustatten. Auch gehen ihm die ersten Gedanken zu seiner „Farbenlehre" durch den Kopf.

Da die „Causa Hoyer" mangels gütlicher Einigung bei der Behörde landet, ist sie in allen Einzelheiten dokumentiert und geht somit in die Weltliteratur ein. Daß es zu der leidigen Affäre kommt, hängt mit der am 26. Februar 1811 in Kraft gesetzten Polizeiverordnung zusammen, „welche den Herrschaften zur Pflicht macht, die Dienstboten nicht blos mit allgemeinen und unbedeutenden Attesten zu entlassen, sondern darin gewissenhaft ihr Gutes und ihre Mängel auseinanderzusetzen".

Auch Goethe muß sich, ob er will oder nicht, diesem „Kündigungsschutz" beugen. Allerdings nimmt er sich, als er das verlangte Dienstzeugnis ausstellt, kein Blatt vor den Mund. Er schreibt: „*Charlotte Hoyer hat zwei Jahre in meinem Hause gedient. Für eine Köchin kann sie gelten und ist zuzeiten folgsam, höflich, sogar einschmeichelnd. Allein durch die Ungleichheit ihres Betragens hat sie sich zuletzt ganz unerträglich gemacht. Gewöhnlich beliebt es ihr, nur nach eigenem Willen zu handeln und zu kochen; sie zeigt sich widerspenstig, zudringlich, grob, und sucht diejenigen, die ihr zu befehlen haben, auf alle Weise zu ermüden. Unruhig und tückisch verhetzt sie ihre Mitdienenden und macht ihnen, wenn sie nicht mit ihr halten, das Leben sauer. Außer andern verwandten Untugenden hat sie noch die, daß sie an den Türen horcht.*"

Das alles wäre, für sich genommen, schlimm genug – überhaupt in den Augen eines Dienstgebers wie Goethe, der daran gewöhnt ist, daß die ihm Untergebenen parieren. Doch Charlotte Hoyer geht noch einen entscheidenden Schritt weiter: Statt das ihr ausgehändigte – zugegebenermaßen deftig formulierte – Zeugnis devot entgegenzunehmen und sich vielleicht gar mit einem artigen Knicks zu verabschieden, zerreißt sie zornbebend das Blatt in tausend Fetzen und verstreut diese im Hause ihres Kündigers. Das soll sich ein Goethe gefallen lassen?

Nein, er erstattet Anzeige. Unter dem Titel *„Ganz gehorsamstes Promemoria an das Polizeicollegium in Weimar“* berichtet er der Behörde von dem *„gegen die Gesetze wie gegen die Herrschaften gleich respectwidrigen Benehmen“* und stellt deren *„einsichtsvollem Ermessen“* die *„Ahndung einer solchen Verwegenheit“* anheim.

Ja, Goethe ist wegen der *„Bosheit und Tücke“* seiner Exköchin dermaßen außer sich, daß er sich sogar zu einem Racheakt hinreißen läßt und seine Eingabe an die Polizei mit dem nicht zu übersehenden Hinweis beschließt, *„daß es die Absicht gedachter Hoyer war, in die Dienste des hiesigen Hofschauspielers Wolff zu treten“*. Er legt es also offen darauf an, seiner Widersacherin ihre nächste Bewerbung zu vermasseln.

Ob ihm das gelingt, wissen wir nicht. Was wir wissen, ist dies: Der große Goethe kann auch sehr klein sein – unnachsichtig, schäbig, ja richtig hundsgemein. Nur, wo es zu seinem persönlichen Vorteil ist, verteilt er an seine Untergebenen gute Noten. So wird man aus seinem Mund kein schlechtes Wort über jene wißbegierige „Perle“ hören, die gegenüber Goethes Gattin Christiane den Wunsch äußert, eines der Stücke ihres Herrn auf der Bühne zu sehen: Ate bekommt selbstverständlich ihre Freikarte für die Lauchstädter Aufführung des „Egmont“. Und ganz und gar voll des Lobes ist er über jene Küchenmagd, die ihn aus einer Notlage bei den Vorarbeiten zur „Farbenlehre“ rettet.

Goethe nimmt im Gefolge des Herzogs von Sachsen-Weimar-Eisenach an der Kanonade von Valmy teil. Auf dem Rückzug der zum Scheitern verurteilten preußischen Truppen kommt ihm ein wichtiges, ja unentbehrliches Werk abhanden, das er in seiner Equipage mitgeführt hat: Fischers physikalisches Lexikon. Nach langwierigem Nachforschen trifft er in einem zum Lazarett umfunktionierten Kloster auf eine während der Kampfhandlungen verwundete Magd aus dem herzoglichen Gefolge, die das vermißte Buch gefunden, im Küchenwagen mitgeschleppt und nun an ihrem Krankenlager in Sicherheit gebracht hat. Unter ihrem Kopfkissen zieht sie den Folianten hervor und überreicht ihn dem Dichter „so reinlich und wohlerhalten, als ich ihn überliefert hatte“. Goethe ist gerührt über die Aufmerksamkeit der klugen Person, deren Gesundheitszustand so angeschlagen ist, daß sie bei dem Vorgang nicht ein einziges Wort über die Lippen bringt. Zum Dank für ihre Dienste legt er bei den Krankenwärtern ein gutes Wort für die Patientin ein. Seine Schilderung des Vorfalls beschließt er mit den Worten: „Ich hoffe, die Sorgfalt, der ich sie empfahl, wird ihr zugute gekommen sein.“

Höchstes Lob

Fjodor Dostojewski und Elise Schmidt

Dostojewski ist zweiundfünfzig Jahre alt, zum zweiten Mal verheiratet und Vater zweier Kinder, als er am 26. Juni 1874 zur Kur in Bad Ems eintrifft. Drei große Europareisen liegen bereits hinter ihm, die jetzige soll der Linderung seiner Leiden dienen: Der gebürtige Moskauer hat epileptische Anfälle und laboriert an einem Lungenemphysem. Die Spielleidenschaft der früheren Jahre scheint überwunden, der Dichter ist finanziell ausgezehrt und daher außerstande, seine Familie nach Deutschland nachkommen zu lassen. Seine Hauptwerke „Schuld und Sühne", „Der Spieler", „Der Idiot" und „Die Dämonen" sind seit Jahren auf dem Markt. Jetzt sitzt er über dem „Tagebuch eines Schriftstellers" und über dem Roman „Der Jüngling", bald werden „Die Brüder Karamasow" folgen.

Damit der Kettenraucher, der unter ständiger Atemnot und schweren Hustenanfällen leidet, seine Arbeit fortführen kann, ist ihm geraten worden, die Mineralquellen des im Kurfürstentum Hessen-Nassau nahe Koblenz gelegenen Weltbades an der Lahn zu nutzen; die Heilerfolge der Emser Kurärzte sind auch im fernen Rußland legendär. Sanitätsrat Dr. Orth zählt Kaiser und Könige zu seinen Patienten. Auch der schwer angeschlagene Fjodor Dostojewski erhofft sich von der Behandlung mit dem Emser Heilwasser eine Verlängerung seines Lebens.

Der Dichter reist von St. Petersburg an. In Berlin macht er Zwischenstation, das letzte Stück der 2500 Kilometer langen Strecke wird mit dem Nachtzug zurückgelegt. Zweiundsiebzig Stunden ist er insgesamt unterwegs. Die mehrwöchige Trennung von Gattin Anna Grigorjewna und den Kindern Ljubow und Fjodor macht ihm zu schaffen, auch das hochnäsige Auftreten der vorwiegend dem europäischen Geldadel angehörenden Kurgäste verdrießt den zu Schwermut Neigenden. Was ihn am ärgsten trifft, ist die Weisung der behandelnden Ärzte, mit dem Schreiben auszusetzen: Geistige Tätigkeit stelle den Heilerfolg in Frage. Dostojewski setzt sich allerdings über derlei Einschränkungen hinweg, und auch von den starken russischen Zigaretten, die er in großen Mengen im Gepäck mit sich führt, mag er nicht lassen.

Im Gegensatz zu den begüterten Nobelpatienten, die in den diversen Luxushotels des Modebades absteigen, ist Dostojewski auf eines der preiswerten Pensionszimmer angewiesen, und selbstverständlich reist er ohne eigene Dienerschaft an, muß also in punkto Betreuung mit dem einfachen Personal auskommen, das in seiner Billigunterkunft nach dem Rechten sieht.

Das gegenüber dem Bahnhof gelegene Hotel de Flandre, das er zunächst ins Auge gefaßt hat, verläßt er allerdings fluchtartig: Auf seine Beschwerde, die ihm zugewiesene 25-Groschen-Kammer verfüge nicht einmal über Schrank und Kommode, deutet der Wirt kaltschnäuzig auf die drei Nägel an der Wand, an denen der Gast seine Kleider aufhängen könne. Auch im Hotel Fürst Blücher, das für die nächsten drei Wochen sein Logis ist, wird der Dichter nicht glücklich. Erst die Pension Ville d'Alger, Lahnstraße 23, in der er die restliche Zeit des insgesamt fünfwöchigen Aufenthaltes verbringt (und in die er auch in den Jahren 1875, 1876 und 1879 wiederkehren wird), ist einigermaßen nach seinem Geschmack, und das hat nicht zuletzt mit dem dort beschäftigten Dienstmädchen zu tun, das sich in einzigartiger Weise für die Gäste abrackert.

Elise Schmidt ist eine aus dem Heer jener jungen Saisonkräfte, die während der Sommermonate in der Bad

Emser Hotellerie Dienst tun. Sie kommen in der Regel aus den bäuerlichen Gemeinden des Westerwaldes und des Taunus, manche sogar von jenseits des Rheins, haben gerade die Schule verlassen und verdingen sich, bevor sie Jahre später vielleicht in den Ehestand treten, in Bad Ems als Zimmermädchen, Wäscherinnen, Büglerinnen, Näherinnen oder Servierfräulein. Um ihren zumeist ärmlichen Eltern nicht auf der Tasche zu liegen, nehmen sie jede noch so miserabel bezahlte Arbeit an; manche von ihnen begnügen sich mit Kost und Logis. Die Stellenangebote im Emser Amtsblatt übertreffen einander, was die verlangten Qualifikationen betrifft, mit schmükkenden Adjektiven: Der eine Dienstgeber verlangt nach einem „tüchtigen Mädchen", der andere nach einer „starken Kraft", und alle miteinander sollen sie „zuverlässig", „fleißig", „anständig", „gesetzt", „gewandt", „reinlich", „ordentlich", „solid" und „brav" sein.

Elise Schmidt von der Ville d'Alger ist mehr als all das. Dostojewski, der zu jenen dankbaren Kurgästen zählt, die von ihr umsorgt werden, kommt nicht aus dem Staunen über das enorme Arbeitspensum der Neunzehnjährigen heraus. Er widmet ihr in seinem Erinnerungswerk „Tagebuch eines Schriftstellers" unter dem Zwischentitel „Die Deutschen und die Arbeit" ein eigenes Kapitel:

„In meinem Hotel gab es zwölf Wohnungen, und alle waren besetzt, einige sogar von ganzen Familien. Ein jeder läutet, ein jeder will etwas haben. Man muß alle bedienen, allen servieren, den ganzen Tag die Treppe hinauf- und herunterlaufen, und dafür gab es in dem ganzen Hotel nur ein einziges Mädchen. Auch muß sie für alle sowie für die Wirtin Besorgungen machen, dem einen Wein zum Mittagessen holen, für den anderen in die Apotheke laufen, für den dritten zur Wäscherin und für die Wirtin in den Kaufladen. Die Wirtin ist Witwe und hat drei kleine Kinder. Auf diese Kinder muß sie aufpassen, sie bedienen

und morgens, bevor sie zur Schule gehen, anziehen. Jeden Sonnabend muß sie im ganzen Haus die Fußböden scheuern, tagtäglich jedes Zimmer aufräumen, jedem Mieter die Bett- und Tischwäsche wechseln und, sobald einer auszieht, sofort die freigewordene Wohnung putzen. Das Mädchen kommt erst um halb zwölf Uhr nachts ins Bett, und die Wirtin weckt sie um punkt fünf mit einer Schelle. Es ist buchstäblich so, wie ich sage, ich übertreibe nicht ein bißchen. Man bedenke noch, daß sie einen sehr bescheidenen Lohn bekommt, wie er bei uns in Petersburg undenkbar wäre, und daß von ihr überdies stets saubere Kleidung verlangt wird."

Was Dostojewski an dieser wahren „Perle" am meisten erstaunt, ist der Gleichmut, mit dem sie ihren harten Beruf ausübt: *„Man beachte, daß an ihr nichts Gedrücktes, nichts Erniedrigtes ist: Sie ist lustig, keck, gesund, sieht sehr zufrieden aus und zeigt eine unerschütterliche Ruhe."*

Unwillkürlich stellt der Dichter Vergleiche mit den Verhältnissen in seiner Heimat Rußland an: *„Nein, bei uns arbeitet man nicht so. Bei uns wird sich keine Dienstmagd und für kein Geld zu einem solchen Galeerendienst hergeben. Außerdem wird die alles falsch machen, hundertmal vergessen, verschütten, zerschlagen, sich irren, außer sich geraten, grob werden. Hier aber konnte ich mich den ganzen Monat über nichts beklagen. Als Russe weiß ich gar nicht, ob ich es loben oder tadeln soll. Ich will wagen, es zu loben."*

Auch in seiner Korrespondenz mit Gattin Anna Grigorjewna, der Dostojewski alle paar Tage beteuert, wie sehr er unter der wochenlangen Trennung von ihr leidet, beschreibt er wortreich seinen Aufenthalt in der Pension Ville d'Alger, die einer Witwe von Anfang vierzig gehört: Madame Bach ist eine aus Algerien stammende Französin mit drei Kindern; Dienstmädchen Else Schmidt ist ihre einzige Stütze.

Auch die „Brunnenmädchen“ von Bad Ems, die die Kurgäste mit Heilwasser versorgen, nötigen Dostojewski höchste Bewunderung ab. Er schreibt: *„Man reicht ihnen sein Glas, und sie füllen es auf der Stelle. Während der zwei Stunden, die für die Morgenkur vorgesehen sind, kommen Tausende Kranke vorbei, und jeder von ihnen trinkt in dieser Zeit mehrere Glas – zwei, drei oder vier, so viel ihm eben verordnet sind. Das Gleiche wiederholt sich bei der Abendkur. So muß jedes der drei Mädchen während dieser zwei Stunden eine große Menge von Gläsern füllen und verteilen. Dies geschieht nicht nur in vollkommener Ordnung – ohne Hast, ruhig, methodisch, so daß man keinen Augenblick aufgehalten wird. Das Wunderbarste ist, daß jedes dieser Mädchen ein übernatürliches Gedächtnis haben muß. Man braucht ihr nur einmal, gleich nach der Ankunft, zu sagen: ‚Das ist mein Glas, ich bekomme soundso viel, und sie wird sich während der ganzen, einen Monat dauernden Kur kein einziges Mal irren. Außerdem kennt sie jeden Gast ganz genau und unterscheidet ihn in der Menge. Das Publikum drängt sich in mehreren Reihen, alle halten ihre Gläser hin, und das Mädchen ergreift sechs oder sieben zugleich, füllt sie in einer Viertelminute, ohne zu verschütten, und gibt jedem das richtige zurück. Dabei sind es einige tausend Kurgäste.“*

Ja, die dienstbaren Geister von Bad Ems haben es dem Dichter aus Rußland angetan. Wo stieße er in seiner Heimat, in der es von „hochmütigen, bösen und gereizten“ Beamten wimmele, auf einen Staatsdiener vom Schlage des Emser Postmeisters, der ihm aus eigenem Antrieb eine „postlagernd“ adressierte Sendung frei Haus zustellt? Ungeduldig wartet Dostojewski gleich nach seiner Ankunft auf einen wichtigen Brief. Jeden Vormittag spricht er am Postschalter vor und fragt nach, ob die Sendung eingetroffen ist. Der Beamte kennt ihn schon, muß den Petenten wieder und wieder enttäuschen: Tut mir leid, es ist noch immer nichts da. Und was passiert daraufhin?

Dostojewski schildert es voll Rührung: *„Wie ich eines Morgens vom Brunnen heimkomme, finde ich den Brief auf meinem Tisch liegen. Er war soeben eingelaufen, und der Beamte, der sich meinen Namen gemerkt hatte, aber nicht wußte, wo ich wohnte, hatte eigens für mich die Kurliste durchgesehen, in der die Fremden samt ihren Absteigquartieren verzeichnet sind, und hatte mir den Brief ins Haus geschickt, obwohl er postlagernd adressiert war. Dies tat er einzig deshalb, weil er tags zuvor, als ich mich nach der Sendung erkundigte, meine große Unruhe bemerkt hatte. Wer von unseren Beamten würde das tun?"*

Natürlich ereignen sich während seiner Kuraufenthalte in Bad Ems auch Dinge, die Dostojewski verdrießen. Aber es sind niemals Leute vom Personal, die seinen Zorn erregen, sondern durchwegs Gäste, denen er entweder vorhält, daß sie mit ihm nicht in seiner Muttersprache verkehren, oder die er verflucht, weil sie auf ihren Zimmern derart lärmen, daß er weder zum Nachdenken noch zum Schlafen oder gar zum Schreiben kommt. Auch *„das Gedränge und Gestoße der Menschenmassen, das Hämmern der Schlosserwerkstatt im Nachbarhaus und die Kurkonzerte mit der ‚Ems-Pastillen-Polka'"* bringen den Ruhebedürftigen zur Verzweiflung.

Ein eigenes Kapitel sind die in großer Zahl in Bad Ems kurenden Landsleute – und darunter besonders die Kirchgänger. Vor kurzem ist am gegenüberliegenden Lahn-Ufer der Neubau der russisch-orthodoxen Kirche eingeweiht worden, für den auch Dostojewski Geld gespendet hat. Was dem Dichter den Gottesdienst so sehr vergällt, sind die affektierten Damen, die während der Messe reihenweise in Ohnmacht fallen. Daß sie ihr theatralisch inszeniertes Unwohlsein auf den Weihrauch beziehungsweise auf die stickige Luft im Kircheninneren zurückführen, nimmt ihnen Dostojewski nicht ab, handelt es sich bei den zickigen Gestalten doch um dieselben, *„die auf dem Ball die ganze Nacht durchtanzen und die sich bei den Mahlzeiten derart viel auf den Teller häufen, daß davon zwei Bauern satt werden“*.

Was Dostojewskis Gesundheitszustand betrifft, so können auch die Künste der Bad Emser Kurärzte seinen weiteren Verfall leider nicht aufhalten: Von 9. August bis 10. September 1879 hält er sich zum vierten und letzten Mal in dem Modebad an der Lahn auf. Anderthalb Jahre darauf, neun Monate vor seinem 60. Geburtstag, stirbt er.

Bad Ems, reich an Kurgästen mit berühmten Namen, darunter Nikolaj Gogol, die Komponisten Richard Wagner, Franz Liszt und Jacques Offenbach, die Musiker Paganini und Clara Schumann, erweist Dostojewski auch über dessen Tod hinaus seine Reverenz: An zwei der seinerzeit von ihm bewohnten Hotels finden sich bis heute Gedenktafeln, zur Feier seines 150. Geburtstages reisen aus aller Welt russische Emigranten an, und ein Kollegium orthodoxer Bischöfe ehrt den Dichter mit einem Requiem in der Russenkirche.

Müßig wäre es dagegen, nach Spuren jener Dienstmagd Elise Schmidt suchen zu wollen, deren mustergültiges Wirken Dostojewski so sehr beeindruckt hat, daß er ihrer sowohl in seinen Briefen wie in einem seiner Bücher liebevoll gedenkt. Nicht einmal ihr Name ist hundertprozentig gesichert: Elise ist nur eine von Tausenden und Abertausenden, die sich im Lauf der Zeit der Kurgäste von Bad Ems annehmen.

Stellvertretend für sie alle hat man in einem der Winkel des Städtischen Museums eine einschlägige Szene nachgestellt: Die lebensgroße und mit aus dem Antiquitätenhandel erworbenen Originalrequisiten ausstaffierte Dienstmädchenpuppe gibt auf Knopfdruck Tonband-Auskunft über ihre Lebensumstände und ihren

Arbeitsalltag, und wenn im heutigen Bad Ems eines der großen Stadtfeste ansteht, streifen sich regelmäßig Museumsleiter Dr. Sarholz und die frühere Bademeisterin Annegret Werner-Scholz die historischen Trachten über und laden die Touristen zu einer ihrer „Erlebnisführungen" ein, um ihnen – als Hausbursche Hannes und Dienstmädchen Grete – ein Bild von jenen alten Zeiten zu vermitteln, als ihr inzwischen ein wenig glanzlos gewordenes Städtchen ein Weltzentrum mondänen Müßiggangs gewesen ist. Wem dies nicht genügt, werfe einen Blick in die Produktionsstätte der nach wie vor in alle Welt exportierten *Emser Pastillen* oder melde sich zu einer Besichtigung der am selben Ort ansässigen Keramikwerkstatt Ebinger an, die durch die Herstellung von Bauteilen für die spektakulären *Hundertwasser-Häuser* Berühmtheit erlangt hat.

Auf Augenhöhe

Gerhart Hauptmann und Erhart Kästner

Als ich 1958 meine erste größere Auslandsreise unternahm und dafür die nordgriechische Mönchsrepublik Athos auswählte, war unter den Büchern, die ich in den Koffer packte, vor allem Erhart Kästners „Stundentrommel vom heiligen Berg“ mein Leitfaden. Vom geschichtlichen Wissen des Autors ebenso angetan wie von seiner eleganten Sprache und der sensiblen Aufbereitung seiner Erfahrungen, vertiefte ich mich nach meiner Rückkehr Zug um Zug auch in die anderen Werke aus Kästners Feder: in sein Griechenlandbuch „Ölberge, Weinberge“ und seine Kriegsgefangenschaftsbilanz „Zeltbuch von Tumilad“.

Da auch Nordafrika eines meiner baldigen Reiseziele sein sollte, interessierte mich besonders, was der 1904 in Schweinfurt geborene Absolvent der Philosophischen Fakultät der Universität Leipzig und spätere Leiter der Bibliophilen-Sammlung der Dresdner Staatsbibliothek zwischen 1944 und 1947 in seinem Gefangenencamp zwischen Kairo und Suez erlebt hatte, und ich war nicht wenig überrascht, auf diese Weise zu erfahren, daß Kästner vor seiner Einberufung zur Deutschen Wehrmacht zweieinhalb Jahre lang dem Dichter Gerhart Hauptmann als Sekretär gedient hatte: von 1936 bis 1938. Als Begründung für dieses zwanzigseitige Einsprengsel, das sich inmitten all der turbulenten Überlebensschilderungen wie ein nostalgischer Fremdkörper ausnahm, gab der Autor an, gerade das Erlebnis der Wüsteneinsamkeit, das *„ausgemacht Öde“* jener Jahre sei es gewesen, was seine Erinnerungen *„an früher“* zum Erwachen gebracht habe: *„Längst Getilgtes, verloren geglaubt, trat wieder hervor.“*

Was mich an Erhart Kästners Reminiszenzen an den Schöpfer solcher Meisterwerke wie „Die Weber“, „Der Biberpelz“, „Rose Bernd“, „Vor Sonnenaufgang“ und „Hanneles Himmelfahrt“ besonders fesselte, war das Faktum, daß hier nicht einfach ein großer, ein nobelpreisgekrönter Sprachkünstler für einige Zeit mit einer zwar ebenfalls hochgebildeten, aber insgesamt doch weit unter ihm stehenden Hilfskraft zusammengespannt war, sondern zwei Männer des Wortes aufeinandertrafen, die durchaus auf Augenhöhe miteinander verkehren konnten. Welch ein Unterschied zu den „Mitarbeitern“, die Hauptmann in früheren Jahren zum Diktat eingespannt hatte – etwa den beschäftigungslosen alten Turnlehrer, der dem Zwanzigjährigen sein Frühwerk „Germanen und Römer“ ins Reine schrieb. Später gingen ihm seine Ehefrauen Marie Thienemann und Margarete Marschalk zur Hand, wenn er im Arbeitszimmer, die Hände auf dem Rücken verschränkt, seine Runden drehte und die entstehenden Dialoge vor sich hin sprach. Bisweilen bediente er sich dabei auch der zu Besuch weilenden Freunde, denen es in aller Regel eine Ehre war, die erlauchten Worte und Wortfolgen niederzuschreiben und so für die Nachwelt festzuhalten.

Eine Ausnahme bildete die zwischen 1922 und 1933 auf Gerhart Hauptmanns Dichtersitz, dem berühmten „Haus Wiesenstein“ im schlesischen Luftkurort Agnetendorf, werkende Elisabeth Jungmann: Da war – bis zu ihrer Vertreibung durch die Nationalsozialisten – ein Vollprofi am Werk, der nicht nur für sämtliche Sekretariatsarbeiten zur Verfügung stand, sondern auch den weitläufigen Haushalt verwaltete und die Familie Hauptmann auf ihren Reisen begleitete. Wie vollkommen diese kluge Person, die als blutjunges Mädchen ins Haus gekommen war, in ihrem Dienstgeber aufging, läßt sich an einem Ausspruch ermessen, der einem der vielen

Gäste des Hauses zugeschrieben wird und der damals die Runde machte: *„Stimmt's, Fräulein Jungmann – die kleineren Dramen schreiben Sie doch schon allein?"*

Mit ihrem Weggang klafft also in Gerhart Hauptmanns Dichterwerkstatt eine Lücke, die nicht leicht zu schließen sein wird. Da erinnert sich der Vierundsiebzigjährige an eine Begegnung, die schon einige Jahre zurückliegt: Es ist in Dresden, Hauptmann stattet der Sächsischen Landesbibliothek einen Besuch ab. Dr. Erhart Kästner, dem eine der Abteilungen in dem am Elbufer gelegenen Barockpalais unterstellt ist, führt den Meister durch die einzelnen Säle. Als man vor David d'Angers' überlebensgroßem Marmorbildnis Goethes innehält, kommt es zwischen dem Betrachter und dessen Begleiter zu einem Disput: Kästner, jung und keck, stößt sich an dem ihm unangenehmen Pathos der Büste, findet sie geradezu „phrasenhaft". Hauptmann hingegen, von ihrem Anblick beglückt und wohl auch wieder einmal der Versuchung erliegend, sich und sein Werk an dem des großen Weimarers zu messen, läßt sich zu einer scharfen Replik hinreißen: „Sehen Sie, junger Mann, so gehen Freundschaften auseinander: *Ich* liebe das Bild!"

Was sich in diesem scheinbar kritischen Augenblick anbahnt, ist indessen das gerade Gegenteil: Es ist der Beginn einer Freundschaft, die 1936, drei Jahre nach Elisabeth Jungmanns Abgang, in Erhart Kästners Engagement als Sekretär Gerhart Hauptmanns mündet. Der zweiundvierzig Jahre Jüngere hält in Agnetendorf Einzug, und auch, wenn der Hausherr für längere Zeit das Quartier wechselt – im Frühjahr seine Zelte in Rapallo und im Sommer auf der Ostseeinsel Hiddensee aufschlägt oder auch, dringender Berliner Termine wegen, seine Suite im Hotel Adlon bezieht –, ist der Adlatus an seiner Seite. Auch später, als der Krieg die beiden auseinanderreißt und man einander nur noch begegnet, wenn

Kästner auf Fronturlaub in Deutschland weilt, bleibt die alte Verbundenheit erhalten. Er schreibt: *„Es war in Berlin, Unter den Linden. Er fuhr ab, mit dem Wagen nach Haus ins Riesengebirg. Es war klar, daß ich ihn lange Zeit nicht mehr sehen würde, sehr lange Zeit, denn es war mitten im Krieg. Der Wagenschlag blieb noch offen, ich beugte mich in den Wagen hinein und küßte ihm die geliebte Hand. Er ließ es geschehen. Was konnte man tun? Ihn lieben. Es war das ganze Verdienst, das man sich erwerben konnte. Er spürte es, nahm es an.“*

Ja, Erhart Kästner, der nach dem Krieg selber in den Schriftstellerberuf einsteigen und später die Leitung der berühmten Wolfenbütteler Herzog-August-Bibliothek übernehmen wird, ist ein Dichtersekretär, der seinen Dienstgeber nicht nur perfekt betreut, sondern mit aller Hingabe verehrt. Entsprechend gut funktioniert sein Gedächtnis, wenn es darum geht, in seinem Erinnerungswerk „Zeltbuch von Tumilad“ all die markanten Episoden wiederaufleben zu lassen, die er an Gerhart Hauptmanns Seite erlebt hat. Da ist zum Beispiel der Traum von dem kleinen weißen Ceylon-Elefanten, den der Dichter ihm anderntags erzählt: Beim Rundgang über das Ausstellungsgelände einer der großen Mustermessen habe er den süßen Wicht kennengelernt und spontan in sein Haus eingeladen. Esel, Pferd und Hund werden seine Spielkameraden sein, am Tisch des Hausherrn werde er Platz nehmen und mitessen, und im übrigen werde er tun und lassen dürfen, was er wolle.

Der Elefant fragt zurück: *„Ist das ein Schloß, in dem Sie da wohnen?“*

„Nun, so halb und halb“, gibt der Dichter zurück.

„So groß wie Bernkastel?“ fragt das Tier.

„Nein, so groß allerdings nicht. Und es liege auch ganz wo anders: nicht an der Mosel, sondern in Schlesien.“

„Ist das sehr weit?“ fragt der Elefant.

„Nun, allerdings. Weit.“

Darauf deutet der Elefant an, daß es ihm wohl doch zu weit sein würde, und „die schöne Aussicht zerrinnt ...“

Auch einen unwirschen Gerhart Hauptmann lernt der Leser kennen – etwa, wenn Kästner an jenen großen Gesellschaftsabend im „Haus Wiesenstein“ erinnert, bei dem die allgemeine Ratlosigkeit zur Sprache kommt, mit der das Theaterpublikum auf die seinerzeitige Premiere des Traumspiels „Und Pippa tanzt“ reagiert habe. Einer der prominentesten Gäste der abendlichen Tischrunde, der Soziologe Werner Sombart, nimmt den Ball auf, indem er erkennen läßt, auch er würde allzu gern wissen, was Hauptmann mit diesem seinem Werk habe ausdrücken wollen. Zuerst stumm vor Zorn und schließlich mit beiden Händen wütend auf den Tisch schlagend, erwidert der Angesprochene: „Wenn ich das wüßte, hätte ich die ganze Geschichte doch nicht aufzuschreiben brauchen!“

Ebenso empfindlich reagiert Hauptmann auf die weitverbreitete – wohl durch den Riesenumfang seines Œuvres bedingte – Meinung, daß ihm das Schreiben offensichtlich besonders leicht falle. Seine empörte Antwort: „An meinen ersten Stücken bin ich beinah zugrunde gegangen!“

Den Naturmenschen Gerhart Hauptmann stellt Kästner am Beispiel einer Auseinandersetzung dar, die sich im Haus von Bekannten zugetragen hat. Der Dichter ist in einer Prachtvilla zu Gast, deren Hausherr der besseren Aussicht wegen eine große alte Birke gefällt hat. Eine volle Stunde geißelt Hauptmann den begangenen Frevel, außer sich vor Wut. Schließlich fragt er, ob denn wenigstens noch das Holz des gefällten Baumes da sei – man möge es für ihn aufheben, er wolle nach seinem Ableben unbedingt mit dem Holz dieser Birke verbrannt werden ...

Unter den vielen Vorlieben, die der Dichter mit seinem Sekretär teilt, ist das Faible für die griechische Kultur im allgemeinen und die griechische Landschaft im besonderen eine der ausgeprägtesten. Als Kästner von einer Reise auf die Hymettos-Berge zurückkehrt, fragt ihn Hauptmann bis ins kleinste Detail nach seinen Eindrücken aus. Bis weit über Mitternacht sitzt man beisammen, der Wein fließt in Strömen. Als sich Kästner schließlich verabschiedet und beide zur Nachtruhe aufbrechen, ruft ihn Hauptmann noch einmal aus seiner Schlafkammer zurück und bittet ihn um seine Assistenz: Er wolle das Wort „Chelmos", den geliebten Namen des höchsten der arkadischen Berge, mit dem Bleistift an die Wand schreiben – am Kopfende seines Bettes. Kästner möge ihm dabei mit dem Leuchter zur Hand gehen.

Es ist eine der Marotten des greisen Dichters: Seitdem er nachts nur noch schwer Schlaf findet, hat er es sich zur Angewohnheit gemacht, seine Einfälle und Traumvisionen auf die Tapete seines Schlafzimmers zu kritzeln, das übrigens mit seiner spartanischen Einrichtung – entgegen dem sonstigen Prunk des Hauses – eher einer Dienstbotenkammer gleicht.

Apropos Prunk: Die über zwei Stockwerke reichende Halle von „Haus Wiesenstein" wird von der lebensgroßen Figur eines knienden Engels beherrscht, von einem bronzenen Kandelaber erleuchtet und von einem gewaltigen Kamin beheizt. Im Salon steht Frau Margaretes Flügel, an einer der Wände hängt ihr von Lovis Corinth gemaltes Porträt mit der Stradivari im Arm, die ihr der Gatte in jungen Jahren geschenkt hat. In einem der Winkel huldigt der Meister von Agnetendorf dem Meister von Stratford mit einem Schilfrohr aus den Wassern des Avon; in der Bibliothek eine Kopie des Wagenlenkers von Delphi sowie die Totenmasken von Goethe, Napoleon und Josef Kainz; im getäfelten Eßzimmer die vom

Hausherrn angefertigte Wachsbüste des zwölfjährigen Sohnes Benvenuto. Das Turmzimmer mit dem überwältigenden Blick auf die Wiesen und Hänge des Riesengebirges dient Hauptmann zum Lesen und Meditieren. Fürs Diktieren bevorzugt er den von einem alten Stehpult dominierten Nebenraum. Erlaubt es das Wetter, verlegt er das Fabulieren in den Garten hinterm Haus. Auch davon zeichnet Erhart Kästner ein farbiges Bild:

„Hochaufgerichtet, den Blick weit fort auf den Silberhöhen des Riesenkamms, sprach er frei, gleichwie zu Baum und zu Fels. Er schritt weiter dabei und schlug diese und jene Strecke der Wildnis ein. Eines Morgens schlugen die Vögel in den Bäumen so laut, daß ich das Gesprochene kaum verstand. Die windbewegten Blätterlücken der Bäume ließen Kleckse von Licht auf mein Papier. Zettel, der Esel, der sich frei im Park umhertrieb, wälzte sich oftmals lukianisch im Sand mit um sich schlagenden Hufen. Mowgli und Balooh, die beiden wollverworrenen Dackel, trieben sich nebenher."

Die Tageseinteilung, deren Rituale Hauptmann rigoros einhält, ist in vieler Hinsicht ungewöhnlich. Gegen fünf Uhr früh steht er (als erster) auf, mit wenigen Schritten durch den Park erreicht er den Teich, um ein Bad zu nehmen. Zur Morgengymnastik zählen Speerwerfen und Holzhacken. Bei Schlechtwetter ergeht er sich in der eigens dafür erbauten strohgedeckten Wandelhalle. Gegen neun werden – stets zusammen mit seiner Frau – das Frühstück eingenommen, die Post durchgesehen, anstehende Probleme erörtert. Auf dem mehrstündigen „Produktivspazier- gang", von dem ihn weder Regen noch Sturm abhalten können, begleiten ihn die Hunde, und selbstverständlich ist auch das Notizbuch mit dabei.

Die eigentliche Schreibarbeit setzt für gewöhnlich nach der Siesta ein, von der sich Hauptmann mit einem selbstgebrauten Kaffee aus dem alten Spirituskocher erfrischt. Gegen zwanzig Uhr beginnt die „stille Zeit" im Haus – häufig in Gesellschaft guter Freunde, denen bei dieser Gelegenheit das Beste aus Küche und Keller kredenzt wird. Was seinen eigenen Weinkonsum betrifft, findet der Hausherr zwei Bouteillen am Tag ein durchaus „mäßiges" Quantum. Verschwenderisch ist er auch in punkto Licht und Wärme. Erhart Kästner schildert die unwirtlichen Novemberabende des Jahres 1937:

„Die Stürme donnerten oft so laut, daß man in den Zimmern einen gesprochenen Satz nicht verstand. Hell erleuchtet und überheizt mußte es im Haus sein, auch in der Halle. In den Zimmern brannten die Kachelöfen, im Turmzimmer der offene Kamin. Im tiefen Sessel davor, zum Feuer gewandt, saß er, vom Haar wie von Eisluft umweht. In sich gekehrt. In den Stunden, in denen es galt, dem Tag seinen Wert abzuringen, war er fast zu demütiger Milde erweicht. So saß er, dunkel gekleidet, und Terzine um Terzine ward aneinandergelegt, langsam, unfehlbar, im Ton beruhigten Gesprächs. Indessen im Feuer die Scheiter zersprangen und der Sturm mit der Faust aufs Hausdach schlug: Terzinen vom Traumwandel im Vaterhaus, vom Schlagen der alten vertrauten Uhr, vom rotbärtigen Brudergesicht und vom schwarzbleichen Antlitz der Frau."

Im Sommer 1937 hat es auf dem Frankfurter Römerberg eine Freilichtaufführung des „Florian Geyer" gegeben, jetzt kommen zwei seiner Dramenverfilmungen in die Kinos: „Der Herrscher" mit Emil Jannings in der Titelrolle und „Der Biberpelz". Breiten Raum nehmen die Ehrungen zum 75. Geburtstag ein. Daß in jüngster Zeit so viele Kollegen Deutschland verlassen haben, macht Gerhart Hauptmann nicht nur einsamer, sondern weckt auch Gewissensbisse wegen des eigenen Dableibens. Besonders bedrückt ihn, was man über die Judenverfolgung hört: Antisemitismus ist seinem Wesen fremd. Auf den Tod des jüdischen Kaufmanns Max Pinkus, mit dem ihn eine Lebensfreundschaft verbindet, reagiert Hauptmann mit der Niederschrift des Requiems „Die Finsternisse". Das Manuskript bleibt in der Schreibtischschublade, an eine Veröffentlichung ist unter den gegebenen Umständen nicht zu denken. Da auch Hauptmann bei dem stetig zunehmenden Gesinnungsterror mit Hausdurchsuchungen durch die Gestapo rechnen muß, wird er den Text, in dem er sich unmißverständlich gegen das Dritte Reich stellt, Anfang 1945 vorsichtshalber den Flammen übergeben. Hätte nicht Sekretär Kästner einen Durchschlag davon angefertigt und verwahrt, wären „Die Finsternisse" verlorengegangen. Erst 1947, also ein Jahr nach Hauptmanns Tod, erscheint das bedeutsame kleine Werk im Druck.

Der Krieg ist es, der die Zusammenarbeit der beiden beendet: Erhart Kästner, fünfunddreißig Jahre alt, wird zur Deutschen Wehrmacht einberufen, landet in Griechenland und Kreta, kommt nach dem Zusammenbruch des Hitler-Regimes für zwei Jahre in nordafrikanische Gefangenschaft. Im „Zeltbuch von Tumilad", das 1949 erscheinen wird, legt er Rechenschaft ab über die Tage im Wüstencamp. Und an so manchem dieser Tage kreisen seine Gedanken auch um jenen Mann, dem er zwischen 1936 und 1938 Helfer gewesen ist, Adlatus, Assistent. Wann mag es gewesen sein, daß er „das große Haupt" zum letzten Mal gesehen hat? War es jenes Zusammentreffen im Altstädter Bahnhof von Dresden – damals gegen Kriegsende, als die Schnellzüge nicht mehr verkehrten, *„nur noch solche, die überall hielten und übervoll waren"*? Kästner versucht sich zu erinnern:

„Mit dem Zug mußte er fahren. Niemand erkannte seine Gestalt. Er hatte den schwarzen Paletot an mit dem weißen seidenen Tuch um den Hals, den steifen grauen Hut auf dem Haupt. So saß er, beengt, und hatte ein Buch aus der Tasche geholt, das er zu jener Zeit las, den Herodot

in der alten, kurzdicken Schülerausgabe, dazu Brille und Rotstift. Noch während der Zug im Bahnhof stand, begann er zu lesen. Noch während wir warteten, vertiefte er sich.“

Oder war Erhart Kästners letzte Begegnung mit Gerhart Hauptmann jener Spaziergang im Riesengebirge, als der Frontsoldat für ein paar Tage auf Heimaturlaub weilt und dem vier Jahrzehnte Älteren, der sich schon mit dem Bücken sehr schwertut, aus dem Wiesenbach das frische Quellwasser schöpft und über die greisen Hände rinnen läßt?

Kästners Reminiszenzen an den Verehrten enden mit dem Anblick der Totenmaske. In eine Franziskanerkutte gehüllt, wie es sein Wunsch gewesen ist, hat man den Leichnam am 28. Juli 1946 auf dem Klosterfriedhof von Hiddensee ins Erdreich versenkt. Erst nach seiner Rückkehr aus der Gefangenschaft kann Erhart Kästner den versäumten Abschied nachholen – es ist der Abschied „von einem, der herzutritt, wenn die Pforten des Himmels aufspringen. Es war wie die Seligsprechung seines geliebten Gesichts.“

„Besuch“ in der Cottagegasse
Felix Salten und Pepi Wlk

Es sind zwar nur kleine Nebenrollen, die ihnen in dem Schauerdrama Judenvertreibung zugeteilt sind, und häufig genug machen sie dabei miserable Figur: die Dienstboten, die im Zuge des „Anschlusses“ Österreichs an Hitler-Deutschland anno 1938 miterleben müssen, wie mit den jüdischen Familien, in deren Häusern sie arbeiten, umgesprungen wird, wie die plötzlich Verfemten nicht nur ihre Heimat, sondern meist auch ihr ganzes Hab und Gut aufgeben, ja ihr nacktes Leben retten müssen.

Ist es widerwärtig genug, wie die Schwächlinge unter ihnen sich feig auf die Seite des Unrechts schlagen und offen zu den NS-Bütteln „überlaufen“, so dreht es jedem anständigen Menschen vollends den Magen um, wenn er von jenen Verrätern erfahren muß, die ihre Herrschaft denunzieren und so den Prozeß der Verfolgung überhaupt in Gang setzen. Opportunismus spielt dabei ebenso eine Rolle wie in verschiedenen Fällen Rache für vermeintlich erlittene ungerechte Behandlung.

Doch es gibt auch die anderen: die Anständigen, Loyalen und Solidarischen, die Mutigen und Beherzten, die den Verfolgten treu zur Seite stehen, ihnen auf eigene Gefahr helfen, das Ärgste abzuwenden, ja sogar zu dem gewiß nicht leichten Entschluß bereit sind, ihnen in ihre unsichere Zukunft zu folgen und mit ihnen zusammen den Weg in die Emigration anzutreten.

Eine von diesen zahlreichen Namenlosen ist Felix Saltens Haushälterin Pepi Wlk. Auch wenn wir nur von dieser einen Episode wüßten, die die Enkelin des Dichters in ihrem Rückblick auf jene Schreckenstage vom Frühjahr 1938 zu Protokoll gegeben hat, verdiente es diese wahre Perle, auf einer Ehrentafel der tapferen Dienstboten verewigt zu werden ...

Die Saltens gehören jenem intellektuellen Großbürgertum an, das es im Wien der ersten Hälfte des 20. Jahrhunderts zu Ansehen und Wohlstand gebracht hat. Der Verfasser erfolgreicher Bücher und Bühnenstücke, ungezählter Theaterkritiken, Essays und Zeitungsfeuilletons ist spätestens seit seinem Welterfolg mit dem Tierroman „Bambi" ein gemachter Mann, der seiner Familie, der ehemaligen Burgschauspielerin Ottilie Metzl und den Kindern Paul und Katharina, ein auskömmliches Leben bieten kann. Man bewohnt eine Mietvilla im sogenannten Cottage, den Sommer verbringt man auf dem Berghof in der Attersee-Gemeinde Unterach, für das Freizeithobby des Hausherrn steht im Raum Stockerau ein eigenes Jagdrevier zur Verfügung.

Beide, der im Frühjahr 1938 achtundsechzigjährige Felix Salten und seine anderthalb Jahre ältere Frau Ottilie, sind jüdischen Glaubens: Die Salzmanns (so der ursprüngliche Name des Dichters) entstammen einem Budapester, die Metzeles einem Prager Rabbinerhaus. Sie sind also zwangsläufig mit unter den ersten, für die sich die Gestapo „interessiert", als nach dem Einmarsch der Hitler-Truppen in Österreich die Verfolgung der „Fremdrassigen" einsetzt.

Daß sie nicht auf der Stelle festgenommen und deportiert werden, ist wohl Felix Saltens internationaler Reputation als Schriftsteller und ehemaliger PEN-Club-Präsident zu verdanken. Vor allem der amerikanische Generalkonsul in Wien, Leland Morris, und Saltens US-Verleger Bobbs-Merrill sind es, denen es eine Zeitlang gelingt, ihre Hand schützend über den hochgradig Gefährdeten zu halten. Erst am 3. März 1939 verlassen Felix Salten und die Seinen Österreich und suchen Zuflucht in der Schweiz: Zürich ist der Ort ihrer Wahl.

Die ersten „Einschnitte“ erfährt ihr gewohntes Wiener Leben allerdings sofort: Noch am 1. Mai 1938 ist Felix Salten seinen Posten als Redakteur der „Neuen Freien Presse“ los, und da sich die Auszahlung der ihm zustehenden Abfertigung mehrere Monate hinauszögert, muß man die laufenden finanziellen Verpflichtungen aus den Einkünften der AKM bestreiten. Um den „Arisierern“ das nötige „Material“ an die Hand zu geben, wird ihm am 14. Juli 1938 eine Vermögensaufstellung abverlangt. Sie verzeichnet neben Besitztümern wie Familienschmuck und einer Reihe von Kunstgegenständen vor allem Saltens wertvolle Bibliothek. Unter den Passiva schlagen die von seinen Stammverlagen Zsolnay und Felix Bloch gewährten Tantiemenvorschüsse sowie ein Darlehen seiner in der Schweiz lebenden Tochter Katharina negativ zu Buche.

Wie im Fall des Kollegen Richard Beer-Hofmann erfolgt auch Felix Saltens Kaltstellung in Etappen: Muß jener seine Villa in der Hasenauerstraße 59 gegen ein einfaches Domizil in der nahegelegenen Pension Bettina tauschen, so wird dieser aus der Cottagegasse 37 in die anspruchslosere Cottagegasse 26 „umquartiert“.

Daß sich Salten, was die Schilderung der „neuen Verhältnisse“ betrifft, sowohl in seinen Tagebuchaufzeichnungen wie in der Korrespondenz mit seinem amerikanischen Verleger auffällig zurückhält, hat plausible Gründe: Erstens weiß er um die Gefahr für sein eigenes Leben, und zweitens muß er auf seine Schwester Rücksicht nehmen, die ihm im Falle seines Wegganges aus Wien nicht ins Ausland folgen, sondern dableiben will, also Repressalien ausgesetzt wäre.

Daß mit den „neuen Herren“, die – wie Salten am 16. März 1938 in sein Notizbuch einträgt – die Juden „ohne Unterschied des Alters zum Straßenwaschen“ abkommandieren, nicht zu spaßen ist, hat er schon in den Tagen vor dem „Anschluß“ zu spüren bekommen, als die ersten Nazispitzel ausschwärmen, um „Erkundigungen“ über die Besitztümer der wohlhabenderen jüdischen Mitbürger anzustellen. In der Cottagegasse 37 läutet es an der Tür, Dienstmädchen Pepi macht auf. Das erste, was sie erblickt, sind zwei Paar schwarze Stiefel. Die beiden „Besucher“ kommen sogleich zur Sache: sie verlangen, Herrn Salten zu sprechen.

Pepi Wlk, die blitzartig die Situation erfaßt, stellt sich den beiden Männern in den Weg und läßt sie mit den (durch die Salten-Enkelin Lea Wyler bezeugten) Worten abblitzen: *„Das Haus gehört nicht uns, wir sind hier nur zur Miete. Im übrigen ist der Herr Doktor gerade am Schreiben, da darf er unter keinen Umständen gestört werden.“*

Eine solche Unverfrorenheit ist den Nazi-Lümmeln noch nirgendwo untergekommen: Halb beeindruckt, halb belustigt ziehen sie ab, und die Familie Salten kann die Frist bis zum nächsten „Besuch“ nutzen, um die ersten Vorkehrungen für den unfreiwillig-freiwilligen Weggang aus Österreich zu treffen.

Daß man ihnen dafür fast ein volles Jahr Zeit läßt, hat Salten unter Umständen seiner Verschwendungssucht zu verdanken, deretwegen der von seiner sparsameren Frau laufend „gemaßregelte“ Gesellschaftsmensch und Käufer teurer Luxusartikel tatsächlich noch immer nicht Besitzer, sondern nur Mieter der Villa in der Cottagegasse ist: Er liebt Maßanzüge, silbernes Schreibgerät und Spazierstöcke mit Elfenbeinknauf, tafelt in Nobelrestaurants, zieht Taxi und Fiaker den öffentlichen Verkehrsmitteln vor und überhäuft seine „Otti“ mit erlesenem Schmuck. Sein aus edlem Nußholz gefertigter Schreibtisch ist mit wunderschönen Intarsien verziert, die eine Szene aus dem „Sommernachtstraum“ wiedergeben. Die Bibliothek umfaßt 5000 Bände, darunter kostbare Erstausgaben.

Um von den zunehmenden Bedrängnissen, denen die jüdische Bevölkerung Österreichs seit dem März 1938 ausgesetzt ist (Salten nennt es in seinen Tagebuchnotizen vorsichtig „Unwürdigkeiten“), abgelenkt zu werden, vertieft er sich in seine Arbeit, schreibt an einer historischen Novelle und an dem (unveröffentlicht bleibenden) Roman „Ein Gott erwacht“. Daß seine Existenz nur mehr an einem dünnen Faden hängt, wird ihm schlagartig klar, als die Gestapo die soeben fertiggestellte Erstauflage seines Tierromans „Perri“ beschlagnahmt und einstampfen läßt.

Unterdessen bleibt Saltens Tochter Katharina, die mit dem Schauspieler Hans Rehmann verheiratet ist und in Zürich lebt, nicht müßig: Zug um Zug bereitet sie die Ausreise ihrer Eltern in die Schweiz vor. Am 6. Februar 1939 kann sie bei der Zürcher Fremdenpolizei die Aufenthaltsgenehmigung für den knapp siebzigjährigen Vater und die anderthalb Jahre ältere Mutter abholen. Die Bewilligung der „Wohnsitznahme“ im Nachbarland ist allerdings an eine Reihe strenger Bedingungen geknüpft: Dr. Felix Salten, „deutscher Reichsangehöriger“, muß sich verpflichten, auf jegliche Mitarbeit an schweizerischen Zeitungen, Zeitschriften und Rundfunksendern zu verzichten. Auch darf er keinerlei Stelle als „Redaktör, Lektor oder Literator“ annehmen. Nur das Bücherschreiben bleibt ihm unbenommen.

Am 3. März 1939 verlassen Felix und Ottilie Salten Wien. Die Umstände der Übersiedlung grenzen an ein Wunder: Sie dürfen einen Großteil der Möbel mitnehmen, desgleichen Archiv und Bibliothek. Und vor allem: Auch Pepi Wlk, die einst als bildschöne Sechzehnjährige in ihre Dienste getreten ist und nun an vorderster Stelle beim Umzug mithilft, bleibt an ihrer Seite und begleitet ihre „Herrschaft“ ins Schweizer Exil. Felix Salten hat noch sechseinhalb Lebensjahre vor sich, die seit einiger Zeit kränkelnde Gattin Ottilie gar nur drei. Pepi Wlk nimmt ihnen in gewohnter Weise sämtliche Hausarbeit ab, und als die beiden Enkeltöchter auf die Welt kommen, wartet noch eine weitere Aufgabe auf die Unermüdliche: Sie bewährt sich als Kindermädchen und Ersatzoma.

„Fraudoktors“ rechte Hand

Eugenie Schwarzwald und Marie Stiasny

Ob an ihrer Gründungsadresse Franziskanerplatz 5 oder an ihren späteren Standorten Wallnerstraße 2 beziehungsweise Herrengasse 9: Die Schwarzwaldschule zählt zwischen 1901 und der durch die Nationalsozialisten verfügten Liquidierung im Frühjahr 1938 zu den renommiertesten Bildungsstätten Wiens. Die Frauenrechtlerin Käthe Leichter nennt sie „die Nobelschule der jüdischen Bourgeoisie“, und der Dichter Robert Musil zeigt sich von der Persönlichkeit der Direktrice, Dr. Eugenie Schwarzwald, so beeindruckt, daß er ihr unter dem Kunstnamen Ermelinda Tuzzi in seinem Roman „Der Mann ohne Eigenschaften“ gar ein Denkmal setzt.

Unter den Absolventen, die aus der Schwarzwaldschule hervorgehen, sind eine ganze Reihe späterer Berühmtheiten – so die Schriftstellerinnen Vicki Baum, Alice Herdan-Zuckmayer und Hilde Spiel, die Schauspielerinnen Elisabeth Neumann-Viertel und Helene Weigel-Brecht, die Psychoanalytikerin Sophie Freud und der Pianist Rudolf Serkin.

Noch imposanter liest sich die Liste der prominenten Künstler und Gelehrten, die die „Fraudoktor“ (wie Eugenie Schwarzwald von ihren Verehrern tituliert wird) für kürzer oder länger als Vortragende an ihr Institut zu binden weiß: die Komponisten Arnold Schönberg und Egon Wellesz, der Architekt Adolf Loos, die Tänzerin Grete Wiesenthal, der Staatsrechtler und Schöpfer der österreichischen Bundesverfassung Hans Kelsen oder der Maler Oskar Kokoschka, der vorübergehend den Zeichenunterricht übernimmt.

Auch der junge Elias Canetti wird zu einer Vorlesung in die Schwarzwaldschule eingeladen. Der Neunundzwanzigjährige, der vor drei Jahren die Buchfassung seines Dramas „Hochzeit" veröffentlicht hat und momentan an seinem Roman „Die Blendung" arbeitet, wird sich noch ein halbes Jahrhundert später – in seinem autobiographischen Werk „Das Augenspiel" – an jenen 17. April 1935 erinnern, da er vor die Gymnasiastinnen der Schwarzwaldschule tritt und sie in seine Arbeit einführt. Interessanterweise ist es jedoch nicht die Person der Schulleiterin, die auf den jungen Dichter den stärksten Eindruck macht, sondern deren rechte Hand: die Sekretärin Marie Stiasny. Während Canetti für die legendäre „Fraudoktor" nichts als Spott und Hohn übrig hat und die dreiunddreißig Jahre Ältere als „überaus redselige Pädagogin", ja als „Schwätzerin" abqualifiziert, fühlt er sich umso mehr zu der „wunderbaren Mariedl Stiasny" hingezogen, „die buchstäblich alles tat, was administrativ für Schule, Schülerinnen und Haushalt zu tun war". Er rühmt sie als „schöne, rasche und gescheite Frau", als „hellen Menschen, deren Lachen die Lebensluft aller war, die hier lebten oder nur aus und ein gingen".

Originalton Canetti: *„Wenn man zu Besuch kam, saß sie nicht da, denn sie war immer beschäftigt. Aber sie kam ein- oder zweimal herein, um einen raschen Blick auf die Situation zu werfen, und wen immer von den Königen des Geistes man eben kennengelernt hatte, ertappte man sich dabei, daß man auf das Erscheinen der Mariedl Stiasny wartete. Wenn die Tür aufging, war es jedermanns erster Wunsch, daß sie es sei, die erscheine, und man wäre, fürchte ich, selbst über den Besuch des Herrgotts ein wenig enttäuscht gewesen, da er nicht sie war."*

Canetti erinnert sich an ein Streitgespräch über den „guten Menschen", das er zu jener Zeit mit seinem Kollegen Hermann Broch geführt habe, und er bedauert, daß dabei versäumt worden sei, auf Marie Stiasny zu sprechen zu kommen: *„Mit der Erwähnung dieser Per-*

son wäre alles auf der Stelle entschieden und der Disput beendet gewesen.“

Wie kommt es dazu, daß – übrigens keineswegs nur in Elias Canettis Erinnerung – diese Frau aus der zweiten Reihe die größten Geister aussticht, wenn von Eugenie Schwarzwalds Freundeskreis die Rede ist?

Holen wir ein wenig weiter aus. Eugenie Nußbaum – so ihr Mädchenname – kommt am 4. Juli 1872 in Polupanowka, einer Ortschaft im äußersten Südosten der österreichischen Monarchie nahe der ukrainisch-russischen Grenze, zur Welt und wächst im multikulturellen Milieu der bukowinischen Hauptstadt Czernowitz auf (aus der unter anderem auch der achtundvierzig Jahre jüngere Paul Celan stammt). Mit zweiundzwanzig geht sie zum Germanistikstudium nach Zürich; die dortige Universität ist zu dieser Zeit die einzige, die auch weibliche Hörer aufnimmt.

Nach der Promotion übersiedelt sie nach Wien und übernimmt die Direktion des Lyzeums am Franziskanerplatz, das sie Zug um Zug nach ihren Vorstellungen umgestaltet: „Schöpferische Erziehung“ – so lautet das Programm. Die Lehrkräfte sollen keine Peiniger verängstigter Kinder, sondern deren Verbündete sein. Auch Turnen, gemeinsames Spazieren sowie Theater- und Konzertbesuche erhalten ihren festen Platz im Lehrplan.

Noch in ihrem ersten Wiener Jahr heiratet Eugenie: Dr. Hermann Schwarzwald, ebenso wie sie einem jüdischen Elternhaus entstammend, ist Jurist. Als Sektionschef im Finanzministerium steht ihm eine eigene Sekretärin zu – es ist Marie Stiasny aus Pötzleinsdorf, eine ebenso geistreiche wie elegante Person, deren patentes Wesen und selbständiges Denken sie sehr bald als die ideale Ergänzung von Schwarzwalds Gattin Eugenie in der Leitung der von ihr gegründeten Schule erscheinen lassen. Marie wechselt also aus der Amtsstube des Ministeriums in die Kanzlei der Schwarzwaldschule und wird „Fraudoktors“ rechte Hand.

Als die Schwarzwalds 1908 ihr neues Domizil im 8. Bezirk, einen geräumigen Pavillon im Gartenbereich des Hauses Josefstädter Straße 68, beziehen, schließt sich Marie Stiasny dem Ehepaar an – eine „ménage à trois“ mit klar verteilten Rollen: Marie wird die Geliebte des Hausherrn. „Fraudoktor“, eher dem eigenen Geschlecht zugeneigt, pflegt ihre diversen Frauenfreundschaften.

Auch hier, im privaten Umkreis, wachsen Marie Stiasny eine Fülle von Aufgaben zu – vor allem, seitdem der „Salon“ in der Josefstadt zu einem Zentrum geistig-künstlerischer Geselligkeit geworden ist, dessen Protagonisten umsorgt sein wollen. Adolf Loos, der sowohl die Schulräume in der Herrengasse wie die Wohnung in der Josefstädter Straße eingerichtet hat, erscheint an der Seite seiner Frau, der Tänzerin Elsie Altmann. Graf Richard Coudenhove-Kalergi und die Schauspielerin Ida Roland sind ein weiteres Paar, das bei den Schwarzwalds ein und aus geht. Auch die Schriftsteller Egon Friedell, Carl Zuckmayer und Jakob Wassermann tragen sich im Gästebuch ein. Der Umgang untereinander ist betont informell, man bildet eine Art urbaner Großfamilie, im Hintergrund werken Köchin und Dienstmädchen. Damit das „produktive Chaos“ im Salon Schwarzwald nicht total ausartet, sieht Hausdame Marie Stiasny unauffällig nach dem Rechten.

Der ruhende Pol ist sie auch, als sich Eugenie Schwarzwald zu Beginn des Ersten Weltkrieges neben ihrer Schultätigkeit einer weiteren kraftraubenden Aufgabe zuwendet: Sie gründet Gemeinschaftsküchen für Notleidende, organisiert Hilfsprogramme für Flüchtlinge und errichtet unter der Devise „Wiener Kinder aufs Land“ Erholungsheime in Niederösterreich und im

Salzkammergut, in Thüringen und im heutigen Slowenien. Die Schriftstellerin Alice Herdan-Zuckmayer, selber einst Zögling der Schwarzwaldschule, schildert in ihrem Erinnerungswerk „Genies sind im Lehrplan nicht vorgesehen“, wie Marie Stiasny einen dieser Kindertransporte anführt, und sie spart dabei nicht mit Bewunderung für Umsicht und Tatkraft der in jeder Hinsicht außergewöhnlichen Person.

Es ist im letzten Kriegsjahr, Zielort ist das kleine Kurbad Topolschitz im südösterreichischen Kronland Krain; die Bahnfahrt dauert drei Tage und zwei Nächte. Überall im Lande ist die Stimmung politisch angeheizt, der Widerstand der überwiegend slawischen Bevölkerung auf Schritt und Tritt spürbar, unwillige Beamte gilt es freundlich zu stimmen. Mit der ihr eigenen Mischung aus „energischer Distanziertheit und Liebenswürdigkeit“ setzt sich Marie Stiasny in jeder noch so schwierigen Situation durch:

„Zur frühen Morgenzeit wartete sie die erste größere Station ab, nahm uns mit hinaus und schlug uns vor, auf und ab zu spazieren, solange sie mit dem Stationsvorstand sprach. Durch ihr Aussehen und durch ihr unwiderstehliches Beharren erreichte sie immer alles, was sie wollte. Sie trug eine große blaue Ledertasche mit sich, und diese wurde auf den Morgen-, Mittag- und Abendstationen stets reichlich mit Brot, Käse, Obst, manchmal auch mit etwas Wurst gefüllt. Ihre spezielle Organisation bestand darin, am Morgen auf einem Bahnhof den Stationsvorstand zu bezirzen, der dann mit einem nächsten Stationsvorstand telefonierte, um ihm mitzuteilen, daß mit dem Zug zwischen 12 und 13 Uhr – je nach Verspätung – eine Dame mit sieben Kindern durchkäme. Er möge bitte dafür sorgen, daß für diese Personen Lebensmittel, auch bei Bauern, gekauft würden (was Überbezahlung zu Schleichhandelspreisen bedeutet). Die Kinder seien aus Wien, aber aus

keinem Waisenhaus, und die Dame sei fesch und wohlhabend. Auf diese Weise war das sonst unlösbare Verpflegungsproblem die ganze Fahrt über aufs erstaunlichste gelöst. Unsere Feldflaschen mit Aluminiumbecher, die in unseren Rucksäcken verstaut waren, wurden dreimal täglich mit Kräutertee, manchmal mit Milchkaffee, manchmal mit einem Malzgetränk gefüllt, so daß wir keinen Durst zu leiden hatten.“

„Mariedl“ denkt an alles: Für jeden aus der Gruppe hat sie ein Stück Seife mit, desgleichen Toilettenpapier, ja sogar Wattebäuschchen, die in ein „diskretes Erfrischungsparfum“ getunkt sind: *„Das streicht ihr euch über die Stirn, dann hinter die Ohren, und am Schluß wascht ihr euch damit die Hände.“*

Auch nach Kriegsende gehen Eugenie Schwarzwald, die sich von ihren Freunden *Genia* rufen lässt, die Ideen nicht aus: Das 1920 am Grundlsee installierte Ferienheim „Seeblick“ wird – auf Selbstkostenbasis – zu einem illustren Treffpunkt erholungsuchender Künstlerprominenz, und auch hier ist Marie Stiasny der gute Hausgeist. Sie umsorgt die Schriftsteller Felix Braun und Egon Friedell sowie den Komponisten Josef Mathias Hauer. Aus Deutschland reisen die Bildhauerin Käthe Kollwitz, der Pädagoge Gustav Wyneken und der Dichter Arno Holz an. Marie Stiasny organisiert Kostümfeste, Ausdruckstanz und hypnotische Seancen. An manchen Tagen herrscht eine solche Betriebsamkeit, daß ein übermütiger Carl Zuckmayer den Spottnamen „Erschöpfungsheim“ prägt. Auch der für fremdsprachige Gäste bestimmte, daher in Englisch abgefaßte und an ausgewählte Reisebüros verteilte Hausprospekt ist Marie Stiasnys Werk.

Haben sich die Schwarzwalds schon während der Ständestaatära mit mancherlei Widerständen herumzuschlagen, so beschert ihnen der Anschluß an Hitler-Deutschland im März 1938 vollends das unwiderrufliche Aus. Von einer Vortragsreise nach Dänemark, wo sie sich nebenbei einer Krebsoperation unterziehen muß, kehrt die inzwischen Fünfundsechzigjährige nicht mehr nach Wien zurück. Marie Stiasny versucht unterdessen, das Vermögen der über Nacht heimatlos Gewordenen zu retten, und beschafft die Ausreisepapiere für sich und den von ihr betreuten Hermann Schwarzwald. Das Domizil in der Josefstädter Straße hat man schon im Februar aufgegeben, bei Marie Stiasnys Verwandten in Pötzleinsdorf findet man fürs erste Unterschlupf.

Im September 1938 sind die Eheleute Schwarzwald und deren treue Gefährtin endlich wieder vereint – in Zürich. Die langjährige Freundin Dorothy Thompson, erfolgreiche US-Journalistin und Gattin des nobelpreisgekrönten Schriftstellers Sinclair Lewis, hilft mit Geldsendungen aus und rät im übrigen zur Emigration in die USA, wo sie Eugenie Schwarzwald eine Stelle als „Lecturer“ an der New Yorker School for Social Research verschaffen will (und Marie Stiasny einen Job als deren Sekretärin). Doch nichts davon kommt mehr zustande: Am 17. August 1939 stirbt Hermann Schwarzwald an Herzversagen, im Jahr darauf Eugenie, seine schon seit längerem schwerkranke Frau.

Marie Stiasny, die beide in deren letzten Lebensmonaten gepflegt hat, tritt allein die Reise ins amerikanische Exil an, übersiedelt später nach Buenos Aires, wo sie sich mit einem kleinen Laden durchbringt, in dem – welch reizvolle Kombination! – Bücher und Blumen feilgeboten werden, und stirbt 1958 nach einer Serie von Herzinfarkten. Der Letzte, der der schon Sterbenskranken in ihrem Spital einen Besuch abstattet, ist der berühmte Pianist Rudolf Serkin. Marie Stiasny kennt ihn aus Wien: Er hat in der von Eugenie Schwarzwald gegründeten Koedukationsschule am Franziskanerplatz vor beinah fünfzig Jahren die Volksschule besucht.

Renate, Anna, Leni

Alfred Polgar und das Personal

Es ist in jenen Jahren, da Alfred Polgar zwischen Berlin und seiner Geburtsstadt Wien pendelt. Ist es hier – nach den Worten seines Biographen Ulrich Weinzierl – „die Überlegenheit kakanischen Stils in Dingen des praktischen Lebens und der Sprache“, die er zu schätzen weiß, so ziehen ihn dort die künstlerische Dynamik der Stadt und der Witz ihrer Bewohner an. Nicht nur Theater und Film bieten dem Mittfünziger mancherlei Möglichkeiten: Auch sein Verleger Ernst Rowohlt residiert in Berlin. Kollege Franz Hessel, der große Flaneur unter den Berliner Feuilletonisten, zählt ebenso zu seinem Freundeskreis wie der Schriftsteller Stefan Großmann oder der Schauspieler Max Pallenberg. Und in der Bar des „Hotel Eden“ verkehren Erich Maria Remarque, Franz Molnár und Marlene Dietrich, zu deren ersten Bewunderern Polgar zählt.

In Wien sind es die Kollegen Egon Friedell und Franz Theodor Csokor, der Fabrikant Hans Heller und der Psychoanalytiker Adolf Storfer, deren Nähe ihm wichtig ist, und seitdem der scharfzüngige Anton Kuh ihm den witzig-ehrenvollen Titel „Marquis Prosa“ verliehen hat, sieht er dem eifersüchtigen Konkurrenten dessen sonstige Sticheleien nach. Im Café Herrenhof genießt Polgar den Ruf eines eleganten Lebenskünstlers. An seiner Wohnadresse Stallburggasse 2 hat er die Operndiva Maria Jeritza, den Dichter Hugo von Hofmannsthal und Bundeskanzler Engelbert Dollfuß zu Nachbarn.

Auch nach der Eheschließung mit seiner langjährigen Gefährtin Else Loewy am 23. Oktober 1929 behält er sein Junggesellendomizil im Bräunerhof bei. Es ist eine mit Büchern vollgestopfte Mansarde, die der sieben Jahre jüngere Robert Musil wie folgt beschreibt: *„Er wohnt in einem Atelier, sechs Treppen hoch, mit darangebauter Schlafgondel. Man sieht Dächer, Abstürze, Rückseiten, Himmel; eine Landschaft für Rauchfangkehrer, Katzen und Kubisten.“*

Einen Großteil seiner Arbeit bilden Zeitungsaufträge: Als Parlaments- und Gerichtsredakteur für die „Wiener Allgemeine Zeitung“ debütierend, sind es nun vor allem Blätter wie „Der Tag“, das Berliner und das Prager „Tagblatt“, die Alfred Polgar mit Theaterkritiken und Feuilletons bedient. Seitdem Ernst Rowohlt ihn verlegerisch betreut, kommt außerdem nahezu alljährlich ein neues Buch von ihm heraus – zuletzt die Sammelbände „An den Rand geschrieben“, „Orchester von oben“, „Stücke und Spieler“, „Stichproben“, „Ich bin Zeuge“, „Schwarz auf Weiß“ und „Hinterland“.

Es sind Perlen der Kleinkunst – voller Esprit und Sprachglanz. Auch der 1930 erscheinende Essayband „Bei dieser Gelegenheit“ ist wieder ein solcher „echter Polgar“ – ob es um Themen wie Sechstagerennen, Sexualreform und Varieté, um die „Aufzeichnungen eines Radiohörers“, ein „Gespräch über das Reh“ und „Unterricht in Schadenfreude“ oder um Porträts seiner Freunde Peter Altenberg und Grete Wiesenthal geht.

Eine besondere Überraschung erwartet den Leser auf Seite 275 – es ist die offensichtlich autobiographische Skizze „Die verlorene Handschrift“. In der nur vier Seiten langen Erzählung berichtet Polgar über eine Sekretärin namens Renate, die dem Autor seine Texte ins Reine schreibt und eines Tages in tiefste Schwermut verfällt, weil sie ihrem Dienstgeber mitteilen muß, daß ihr das Manuskript seines neuen Buches abhanden gekommen ist.

Das Telefonat, mit dem sie ihm die Katastrophe eingesteht, erreicht den Autor „im Familienkreise, zwischen gekochtem Ochsenfleisch und Tomatensauce". Man sitzt also zu Tisch und erfährt aus heiterem Himmel, daß alle Anstrengungen der vergangenen Wochen und Monate umsonst gewesen sind: „Fanden sich die Blätter nicht wieder, war vieles hin: Zeit, Mühe, Nervensaft, Geld – und die ganze Saat der Hoffnungen, eingesenkt in jene Papiere."

Und wie reagiert der geschädigte Autor auf das erlittene Mißgeschick? Jedenfalls ganz anders, als man es erwarten würde: Nicht der Verlust des Manuskripts ist es, der den Autor ins Unglück stürzt, sondern Ohnmacht und Verzweiflung derjenigen, die den Verlust verschuldet hat. Statt sich in Wehklagen über das Geschehene zu ergehen, spendet er der Unglücklichen Trost, redet sich sogar ein, was ihm durch das drohende Nichterscheinen seines Buches an möglicher Enttäuschung erspart bleiben werde: Ist es denn überhaupt ein gelungenes Werk? Würde es vielleicht von den Freunden verlacht und von den Kritikern verrissen werden? Jeglicher Zweifel am Wert des Verlorengegangenen ist dem Autor willkommen – nur, um die Verursacherin zu exkulpieren.

Originalton Polgar:

„Gelassen, fast heiter, kehrte er zum Mittagstisch zurück.

‚Das Essen ist schon ganz kalt. Wer hat angerufen?'

‚Renate.'

‚Etwas Unangenehmes?'

‚Etwas Gleichgültiges.'

Er sprach nichts von dem Vorfall. Denn was würde die Frau sagen? ‚Geschieht dir ganz recht. Wie oft habe ich dir gesagt, du sollst ...'"

Nein, Polgar bleibt dabei und schweigt. Und denkt sich nur: *„Größere Dinge gehen vor in der Welt, alles ist eitel, der Frühling naht mit Brausen."* Gewiß, merkwürdig ist es schon, *„wie dieser unübertrefflichen Sekretärin so etwas geschehen konnte. Aber wer weiß, wozu es gut war."*

Für Alfred Polgar ist es völlig klar, „wozu es gut war“: Es verhilft ihm zu der Erkenntnis, daß es Schlimmeres gibt als einen noch so empfindlichen Rückschlag im Beruflichen – nämlich die Seelenqualen einer schuldig-unschuldigen Frau.

Und wie geht die Sache aus? Zum Glück gut. Noch am selben Tag erreicht den Autor ein zweiter Anruf: Das Manuskript hat sich wiedergefunden ...

Zum Thema Sekretärin haben sich im Lauf der Jahrhunderte zahlreiche Schriftsteller geäußert, doch keiner hat es mit so viel Sensibilität getan wie Alfred Polgar, so nobel und human. Bleibt nur noch hinzuzufügen, daß er auch einer Reihe *weiterer* dienstbarer Geister aus seinem Umfeld liebevoll gehuldigt hat – etwa mit dem Kapitel „Anna“ im selben Buch sowie unter dem Titel „Die Leni“ in dem Sammelband „Fensterplatz“.

„Leni“ ist das Dienstmädchen seiner Großmutter; sie verkörpert den aussterbenden Typus „Perle“ vom alten Schlag: *„So was wie sie“*, schwärmt er, *„gab’s nur in grausilberner Vergangenheit, als Lemberg noch in unserem Besitz war.“* An jedem familiären Ereignis im Alltag ihrer „Herrschaft“ nimmt die gute Seele Anteil: Ob Hochzeit oder Geburt – Leni vergießt Tränen der Rührung. *„Sie weinte überhaupt gerne. Streit gab es niemals mit ihr. Wenn ihr was nicht recht war, setzte sie sich in die Küche und weinte. Dann gingen der Vater und die Mutter und die Kinder, eines nach dem andern, zu der Alten und streichelten sie und sagten: ‚Leni, sei gescheit!‘ Wenn sie zwölf Stunden geweint hatte, war sie wieder gut.“*

Zum Zeichen ihrer Anhänglichkeit ist sie mit allen, ausgenommen die Großmutter, per Du. *„Aber sie setzte hinzu: ‚gnädige Frau‘ oder ‚junger Herr‘ oder sonst eine geziemende Ansprache. So wie man in der österreichischen Armee sagte: ‚Du, Herr Hauptmann.‘“*

Auch alle großen Feste feierte sie mit der Familie, in deren Diensten sie stand. Zu Weihnachten erhielt sie „Stoff auf ein Kleid". Polgars Schlußwort: *„Ihr Dasein war Arbeit und Rührung. Als es mit der Arbeit nicht mehr ging, nur noch Rührung. Ja, die Leni! Wenn man die nicht hätte!"*

Auch die „Anna", deren Vorzüge er an anderer Stelle seines Werkes preist, ist solch eine „Perle". Seines „verletzend subalternen Beigeschmacks" wegen vermeidet Polgar allerdings die Berufsbezeichnung „Dienstmädchen" und ersetzt sie durch „Hausgehilfin". Noch lieber wäre es ihm, wenn man sie – wie „ihre englischen, französischen oder italienischen Kameradinnen" – mit „Missis", mit „Madame" oder mit „Signora" anredete.

Über ihren Tageslauf sagt er: *„Anna erhebt sich des Morgens zu früher Stunde, das heißt sie steht früh auf – ‚erhebt sich' ist nichts für eine Anna – und beginnt ihre Arbeit, wobei sie Schritte und Bewegungen dämpft, um niemanden im Schlaf zu stören. Dafür geht Anna aber auch viel früher zu Bett als die Herrschaft, die oft erst in den Morgenstunden nach Hause kommt und ihre Schritte und Reden nicht dämpft, obschon Anna im Schlaf gestört werden könnte."*

Bei dem Psychogramm, das Polgar von ihr entwirft, sind es vor allem die Zwischentöne, die das Wesen seines Textes ausmachen. Er schwankt zwischen Anerkennung und Mitgefühl: *„Anna ist Stubenmädchen, Köchin, Zofe, Wäscherin – und sie hat keinen Geliebten. Obschon fast dreißig Jahre alt, ist sie ein Kind, das sich auch mit Geringstem freut – zum Beispiel mit einer alten illustrierten Zeitung oder mit einem Leichenbegängnis in der Nachbarschaft oder mit einer Karte fürs Kino. Der Kern ihres Wesens ist Zufriedenheit. Anna ist der ideale Nebenmensch."*

Nur ganz vorsichtig, nur als Phantasiespiel erwägt Polgar die Möglichkeit eines Rollentausches: *„Ach, was wäre die Anna für eine Anna, wenn sie wie die Gnädige eine Anna hätte!“*

Alfred Polgar, der große Lebenskünstler, der sich auch als Schutzherr der kleinen Leute mustergültig bewährt.

„Nach dem Thee: Diktate an die Kahn“

Thomas Mann und Hilde Kahn

Welchen Eindruck auf mich die Untat an Österreich gemacht hat, mögen Sie daraus ersehen, daß ich beschlossen habe, von dieser Reise vorläufig nicht nach Europa zurückzukehren.“ So schreibt Thomas Mann am 21. Mai 1938 in einem Brief an eine unbekannte Adressatin. Der Zweiundsechzigjährige ist seit zwei Wochen in New York. Sein Abscheu vor dem Nationalsozialismus wächst von Stunde zu Stunde, Österreichs Anschluß an Hitler-Deutschland hat das Faß zum Überlaufen gebracht. Seit dem 19. November 1936 offiziell tschechischer Staatsbürger, will er zunächst eine „lecture tour“ durch fünfzehn Hauptstädte der USA antreten. Auch eine Gastprofessur an der Universität von Princeton ist vereinbart. Thomas und Katia Mann entschließen sich zur Übersiedlung nach Amerika.

Im Frühjahr 1940 läuft der Vertrag mit Princeton aus, man bricht seine Zelte in New Jersey ab und verbringt den folgenden Sommer in Kalifornien. Hier gefällt es ihnen so gut, daß sie sich spontan zum Bleiben entschließen: Noch im selben Jahr erwerben Thomas und Katia Mann auf den Hügeln von Santa Monica ein Grundstück zum Bau eines eigenen Hauses. Der Ort heißt Pacific Palisades und liegt dicht am Meer. Bis der geplante Neubau am San Remo Drive Nr. 1550 bezogen werden kann, läßt man sich in einem „netten, ländlich gelegenen und praktischen kleinen Haus“ am Amalfi Drive nieder.

Am 4. Juli 1941 ist Baubeginn an der neuen Adresse, wo es ihnen besonders der Blick aufs Meer und der Garten mit den Palmen und Zitronenbäumen angetan haben. Auch sonst scheinen die Umstände günstig: Der Kaufpreis ist niedrig, der Baumeister geht auf alle Wünsche seiner Klienten ein, und dem Innenarchitekten ist es Honorar genug, sich von nun an mit dem Ruhmestitel schmücken zu können, „das Haus von Thomas Mann eingerichtet zu haben“.

Als die Familie Mann Anfang Februar 1942 in das fertige Anwesen einzieht, läßt sich der im Gebrauch von Superlativen normalerweise zurückhaltende Dichter zu dem begeisterten Ausruf hinreißen: „Es ist das schönste Arbeitszimmer meines Lebens.“ Sogar einige Möbel aus der früheren Münchner Villa, darunter der altvertraute Chippendale-Schreibtisch, haben im „Seven Palms House“ Aufstellung gefunden. Auch das kalifornische Klima bekommt Thomas Mann gut. Den in nur zehn Autominuten erreichbaren Strand nützt vor allem Frau Katia zum Schwimmen, während der Dichter einsame Spaziergänge bevorzugt, auf denen er die Gedanken fürs jeweils nächste Schreibpensum sammelt und ordnet. Die freundlichen Autofahrer, die anhalten und ihm anbieten, ihn ein Stück Weges mitzunehmen, wimmelt er gerührt ab: Er möchte lieber für sich sein, thanks a lot.

Das Werk des vor dreizehn Jahren mit dem Nobelpreis Gekrönten macht auch im Exil gute Fortschritte: „Lotte in Weimar“ hat er noch in Princeton abschließen können, jetzt ist der vierte Band der Joseph-Romane im Entstehen, als nächstes ist „Doktor Faustus“ an der Reihe. Thomas Mann ist in der beneidenswerten Lage, beim Schreiben durch keinerlei Lästigkeiten des praktischen Lebens behindert zu sein: Im Gegensatz zu anderen Emigranten aus dem deutschsprachigen Raum ist er finanziell gut gestellt, und sämtlichen „Familienkram“, ja sogar einen Teil der Sekretariatsarbeit nimmt ihm Frau Katia ab.

Nur fürs maschinschriftliche Übertragen der Manuskripte ist man auf fremde Hilfe angewiesen. In den vergangenen zwei Jahren ist dafür Connie Kellen engagiert gewesen. Seit dessen Einberufung zum Militärdienst springt für einige Monate der aus Deutschland stammende Regisseur und Drehbuchautor Albrecht Joseph ein. In Hollywood nur als Cutter vermittelbar, ist er froh, sich mit Hilfsdiensten für Franz Werfel und Emil Ludwig über Wasser halten zu können. Jetzt macht er sich daran, die ersten Kapitel des „Faustus" ins Reine zu tippen. Doch die ideale Wahl ist Albrecht Joseph nicht: Was Thomas Mann braucht, ist eine Schreibkraft, die ihm ausschließlich zur Verfügung steht und voll auf seine Wünsche eingeht.

Am 7. Dezember 1943 tritt sie ihren Dienst an – und wird ihn ausüben bis zum Frühsommer 1952, wenn Thomas Mann Amerikas müde wird und nach Europa heimkehrt: Hilde Kahn.

Die Sechsundzwanzigjährige, 1917 als Hildegard Goldschmidt in Prag geboren, ist in Wuppertal aufgewachsen, die Mutter ist Pianistin, der Vater, Anwalt von Beruf, wird in den zwanziger Jahren zum Präsidenten des „Zentralvereins deutscher Staatsbürger jüdischen Glaubens für Rheinland-Westfalen" gewählt. Im Elternhaus werden „Die Weltbühne", die Londoner „Times" und die Bücher von Thomas Mann gelesen; Tochter Hilde hat es besonders der 1924 erschienene „Zauberberg" angetan. Als die begabte Gymnasiastin die Obersekunda erreicht, kommt Hitler an die Macht: Die Jüdin Hildegard Goldschmidt muß die Schule verlassen und kann nicht, dem Beispiel ihres Vaters folgend, Jus studieren. Als „Ausweichberuf" lernt sie Schreibmaschine und Stenographie. Eine Zeit lang arbeitet sie für die „Jüdische Winterhilfe", und da auch Heinz Kahn – der Mann, den sie heiratet – Jude ist, bleibt dem jungen Paar Ende 1937 nur der Weg in die Emigration. Zu dem wenigen Gepäck, das Hilde nach Amerika mitnehmen kann, zählt ein kleiner schwarzer Kasten, der ihr in der Fremde eine große Hilfe, ja ihr „Retter" sein wird: Es ist eine Reiseschreibmaschine der Marke Continental.

Bevor ihr das gute Stück allerdings dienlich sein kann, muß sich die Einundzwanzigjährige einige Zeit mit niedereren Arbeiten durchbringen: Als sie in Los Angeles ankommen, haben Hilde und Heinz Kahn gerade noch zweihundert Dollar in der Tasche, die junge Flüchtlingsfrau muß putzen gehen. Erst, als immer mehr Emigranten an der Westküste landen, sich in der neuen Heimat einrichten und dafür Sekretariatshilfe benötigen, kann Hilde Kahn da und dort einspringen und sich mit ihrer „Continental" ein paar Dollar dazuverdienen. Unter ihren „Kunden" sind Berühmtheiten wie der aus Wien stammende Filmregisseur Fritz Lang und die Romanautorin Vicki Baum.

Herbst 1943, Hilde Kahn hat sich von ihrem Mann getrennt. Da erfährt sie, daß Thomas Mann eine Schreibkraft sucht. Was ihre Bewerbung gegenüber denen ihrer zahlreichen Konkurrentinnen begünstigt, ist ihre Vielsprachigkeit: Hilde kann nicht nur in deutsch, sondern auch in englisch und französisch stenographieren und tippen. Weitere Vorzüge, mit denen sie punkten kann: Sie hat erstklassige Manieren, ist gebildet, zuverlässig, pünktlich und diskret. Und: sie kommt aus einem Milieu, in dem der Name Thomas Mann von jeher einen besonderen Klang hat. War es nicht schon im Wuppertaler Elternhaus eine Art ungeschriebenes Gesetz, für Geschenke im Verwandten- und Bekanntenkreis den jeweils neuesten Thomas Mann zu wählen? „Gib Buddenbrooks!" pflegte Vater Goldschmidt bei derlei Gelegenheiten anzuordnen ...

An einem Dezember-Nachmittag 1943 ist es so weit: Die Bewerberin ist im Hause Mann zum Probediktat bestellt. Hilde Kahn ist nervös wie nie: Wird sie es schaffen, den bekannt hohen Ansprüchen des Weltberühmten zu genügen?

Schon das Entree hat etwas Einschüchterndes: Katia Mann, die ihr als erste gegenübertritt, ist mit einem bodenlangen Gewand aus rötlichem Samt bekleidet, das der Sechzigjährigen zusammen mit dem markanten grauen Kopf und den lebhaften schwarzen Augen fast das Aussehen eines Kardinals verleiht. Noch ehrfurchtgebietender der Auftritt des Meisters: eine Kreuzung aus Gelehrtem und Diplomat. Überraschend die schlanke hohe Gestalt des Achtundsechzigjährigen und das trotz der grauen Schläfen noch dichte schwarze Haar.

Für ängstliche Aufgeregtheit bleibt in diesem Augenblick wenig Raum: Hilde Kahn wird nach der knapp-formellen Begrüßung ohne Verzug ins Arbeitszimmer gebeten. Den Stenogrammblock hat sie selber mitgebracht, den Bleistift drückt ihr der „Boss" (wie Thomas Mann sich von den Seinen rufen läßt) in die Hand. „Na, dann wollen wir mal sehen", eröffnet er das Ritual der „Aufnahmeprüfung" und beginnt, in seiner sorgfältig überlegenden Art einen Brief zu diktieren. Hilde Kahn tritt in Aktion, über das anfängliche Zittern ihrer Hände sieht der Hausherr souverän hinweg. Als das Diktat beendet ist, fordert er die Kandidatin auf, „den Text zurückzulesen". Sie schafft es ohne Mühe, und sie schafft es doppelt so schnell wie das Diktat. Thomas Mann zeigt sich zufrieden: „Na, das geht ja ausgezeichnet; alles Weitere besprechen Sie dann mit meiner Frau."

Es ist klar, was damit gemeint ist: das Finanzielle. Hilde Kahn denkt an einen Stundensatz von anderthalb Dollar, Frau Katia plädiert für einen Pauschallohn von 50 Dollar pro Monat. Es ist das höchste Einkommen, das die Bewerberin bisher als Schreibkraft verdient hat. Und es wird für die nächsten neun Jahre ihr Lebensunterhalt sein.

Hilde Kahns Arbeitszeit beschränkt sich auf die Stunden nach dem Nachmittagstee, den sie regelmäßig zusammen mit dem Ehepaar Mann einnimmt. Es wird Earl Grey serviert, dazu die vom Dichter bevorzugten Ingwerkekse. Thomas Mann hat zuvor im Obergeschoß des Hauses seinen Mittagsschlaf absolviert, an der Teetafel erscheint er als Letzter – sichtlich ausgeruht, formvollendet gekleidet, stets von einem Hauch Veilchenwasser umweht.

„Nach dem Thee: Diktate an die Kahn" – so lautet die Formel, unter der die täglichen Arbeitssitzungen mit der neuen Sekretärin in Thomas Manns Tagebücher Eingang finden werden. Zum schalldichten Arbeitszimmer hat in diesen Stunden höchster Konzentration keiner sonst Zutritt. Ist man mit dem Diktat fertig, gibt der Meister mit einem knappen Nicken das Zeichen zum Aufbruch: Hilde Kahn legt ihren Stenogrammblock zur Seite und befördert die unterschriftsreifen Briefe in die dafür bestimmte braune Mappe, die auf einem der Tische bereitliegt. Daß sie aus eigener Initiative Kopien auf gelblichem Durchschlagpapier anfertigt, ist für den sonst so sehr auf Ordnung bedachten Dichter etwas gänzlich Neues. Man wird es Hilde Kahn später zu danken wissen, daß sie die Zweitschriften mit nach Hause nimmt, dort eine Kartothek anlegt und den Schatz in ihrem Küchenschrank aufbewahrt.

Auch den zweiten (und wichtigeren) Teil ihrer Tätigkeit verrichtet Hilde Kahn in Heimarbeit: das Abtippen der handschriftlichen Originalmanuskripte. Der tägliche Dienst an der auf dem Küchentisch plazierten Reiseschreibmaschine ist mehr als nur ein mechanischer Vorgang: Hilde Kahn ist sich des Privilegs bewußt, regelmäßig die erste Leserin der Thomas-Mann-Texte zu sein. Und auch die Schwierigkeiten, die ihr diese mitunter bereiten, kann sie nicht leugnen. Sie wird darüber in späteren Jahren zu Protokoll geben: *„Diese mit gotischen Buchstaben eng beschriebenen und mit komplizierten Ausdrücken übersäten Seiten waren schwer zu entziffern – überhaupt für einen, der mit sechzehn von der Schule abgegangen ist.“*

Damit sie dennoch mit alledem zurechtkommt und auch die vielen schwierigen Ausdrücke und sonderbaren Namen richtig wiedergibt, legt sie sich einen kleinen Bestand an Wörterbüchern und Lexika zu, und da sie mitunter sogar für Übersetzungen herangezogen wird, zählen auch englische „Dictionaries“ zu ihrer ständigen Ausrüstung.

Thomas Mann weiß, was er an Hilde Kahn hat, und so kann sie wagen, was normalerweise höchstens seine Frau wagt: bei Textstellen, die ihr nicht geheuer erscheinen, Bedenken anzumelden. Dieser Fall tritt zum Beispiel bei dem Ausdruck „Fickfackerei“ ein, auf den sie beim Abtippen der Erzählung „Der Erwählte“ stößt. Sie findet, hier gehe der Autor einen Schritt zu weit. Doch Thomas Mann klärt sie auf: Es handele sich dabei um ein altes Luther-Wort, habe partout nichts mit Sexuellem zu tun, bedeute „sich etwas vormachen, sich anlügen“. Hilde Kahn gibt sich geschlagen, sie hat es nicht gewußt, die „Fickfackerei“ bleibt im Text.

Daß es überhaupt zu einem solchen Diskurs kommt, ist der beste Beweis dafür, daß zwischen Thomas Mann und seiner Sekretärin vollstes Einvernehmen herrscht, ohne daß es deswegen gleich zu allzu großer Vertraulichkeit käme. Nur Frau Katia hält zu Hilde Kahn Distanz. Erst nach zehn Jahren kommt ihr bisweilen ein freundschaftliches „Hilde“ über die Lippen, und selbst die Enkelkinder Frido und Tonio, die manchmal aus San Francisco zu Besuch nach Pacific Palisades kommen, haben für Großvaters Sekretärin keinen warmherzigeren Namen als „die Frau“. Dafür interessieren sich die beiden umso mehr für deren Äußeres, bewundern also zum Beispiel ihre – in krassem Gegensatz zu dem im Hause Mann üblichen Kurzhaarschnitt stehende – Lockenpracht. Und einer der Buben versteigt sich sogar zu der kühnen Bemerkung, „die Frau“ habe „schönere Beine als die Omi“ ...

Hilde Kahn ist unter den ersten, die – es ist ihr neuntes Berufsjahr an der Seite des Dichters – von Thomas Manns zunehmender Amerikamüdigkeit Wind bekommen, denn auch die Manuskripte seiner Rundfunksendungen für amerikanische und britische Radiostationen, in denen er diesbezügliche Andeutungen macht, gehen durch ihre Hände. Schon Präsident Roosevelts Tod im April 1945 hat den Dichter schwer getroffen. Jetzt, im Frühjahr 1952, ist es die durch die Hexenjagd der McCarthy-Leute vergiftete politische Atmosphäre in den USA, die den Sechsundsiebzigjährigen dazu bestimmt, für den Rest seines Lebens nach Europa zurückzukehren – und zwar endgültig. Die Arbeit am Felix-Krull-Roman wird unterbrochen, die meiste Briefpost bleibt unerledigt liegen, für den Verkauf des Hauses wird ein Makler engagiert. Am 5. Juni unterzieht sich Hilde Kahn ihrer letzten Aufgabe: Sie wird gebeten, Thomas Manns Tagebücher zu verpacken, zu versiegeln und ins Banksafe zu schaffen. Am 24. Juni verlassen Thomas und Katia Mann Kalifornien, fünf Tage darauf steigen sie in New York ins Flugzeug nach Zürich, die inzwischen fünfunddreißigjährige Hilde Kahn bleibt in Amerika zurück.

Was für sie nun beginnt, nennt sie selber in einem ihrer seltenen Interviews „ein anderes Leben“: Sie heiratet, bringt zwei Kinder zur Welt, läßt sich zur Augentherapeutin ausbilden. Überflüssig zu erwähnen, daß Thomas Mann weiterhin in ihrem Domizil präsent bleibt: Im Bücherregal stehen sowohl die Erstausgaben der frühen Werke wie die Bücher der Exilzeit, die sie – so eine handschriftliche Widmung des Dichters – „der Welt leserlich gemacht hat". Auch die kleine alte Schreibmaschine ist noch da. Und was Hilde Kahn ganz besonders freut: Mit einer sie betreffenden Passage in dem autobiographischen Thomas-Mann-Werk „Die Entstehung des Doktor Faustus" geht sie sogar in die Literatur ein – sie hat das Manuskript selber abgetippt. *„Die hübsche, intelligente, treue Hilde Kahn"* – so hat es der Dichter in der Erstfassung des Textes formuliert. Für die Endversion hat er zwar „hübsch" und „intelligent" durchgestrichen, aber die unsentimentale Mrs. Kahn beteuert glaubhaft, daß sie sich gern auch mit dem Attribut „treu" begnügt.

Wir die Herren, sie die Knechte

Marie von Ebner-Eschenbach und ihre Bediensteten

Als sie auf die Welt kommt, ist Goethe noch am Leben, mit „ihrem“ Kaiser teilt sie gar Geburts- und Sterbejahr, und als Franz Joseph I. 1848 den Thron besteigt, tritt sie ihrerseits vor den Traualtar. Es ist schon eine in jeder Hinsicht ungewöhnliche Biographie, die diese Marie von Ebner-Eschenbach der Welt hinterläßt, als sie mitten im Ersten Weltkrieg – am 12. März 1916 – stirbt. Sie ist die einzige Frau unter lauter Männern, der im Arkadenhof der Wiener Universität ein Denkmal gewidmet wird, und sie ist die erste, der die Alma Mater Rudolphina das Ehrendoktorat der Philosophischen Fakultät verleiht.

Kollege Hugo von Hofmannsthal nennt sie „ein theresianisches Weltwesen“, und schon ein Jahr nach ihrem Tod erhält sie in Wien eine eigene Gedenkstätte – es ist das mit ihrer legendären Privatsammlung bestückte Uhrenmuseum im I. Bezirk. Mögen heute ihre Werke auch zum Großteil in Vergessenheit geraten sein, zumindest mit einem ihrer berühmten Aphorismen ist Marie von Ebner-Eschenbach nach wie vor in jedem deutschsprachigen Zitatenlexikon präsent: „Eine gescheite Frau hat Millionen geborener Feinde: alle dummen Männer.“ Und eine ihrer populärsten Erzählungen, die Hundegeschichte „Krambambuli“, ist zwar seit einiger Zeit aus den Schullesebüchern verschwunden, wird jedoch wieder und wieder verfilmt – zuletzt mit dem Tiroler Schauspieler Tobias Moretti in der männlichen Hauptrolle.

Was den Namen Ebner-Eschenbach aus der Zunft der schriftstellernden Zeitgenossen heraushebt, ist nicht zuletzt die Haltung, die die am 13. September 1830 als Gräfin Dubsky Geborene gegenüber dem Berufsstand der Hausangestellten einnimmt: Als Angehörige des österreichischen Erbadels selber von einem Großaufgebot dienstbarer Geister umgeben, setzt sie sich gleichwohl vehement für deren Rechte ein und ruft offen zur Emanzipation der Domestiken auf: der Stallburschen und Herrschaftskutscher, der Hausgärtner und Lakaien, der Stubenmädchen und Köchinnen.

Schon als Kind – Marie wächst auf dem elterlichen Besitz, dem südlich von Olmütz gelegenen Schloß Zdislawitz, auf – lernt sie es, die Leute, die sie umsorgen, zu respektieren. Während sie mit ihren Gouvernanten – wie es in ihren Kreisen zu dieser Zeit üblich ist – auf Französisch parliert und mit ihren Familienangehörigen auf Deutsch, verkehrt sie mit den großteils böhmischen Bediensteten in deren Sprache, und Kinderfrau Pepinka und Amme Anischka, die ihr die früh verstorbene Mutter ersetzen müssen, begegnet sie mit Dankbarkeit und Liebe.

Als sie eines Tages Zeuge wird, wie der vom Vater eingesetzte Schloßverwalter einen der Landarbeiter verprügelt, geht die kleine Marie mit geballten Fäusten auf den Gewalttäter los. Daß die Umstehenden – inklusive des Gezüchtigten! – auf ihr Einschreiten mit höhnischem Lachen reagieren, wird sie lange nicht verwinden. Wie tief muß deren Selbstwertgefühl gesunken sein, wenn nicht einmal den Entrechteten selber die Verletzung ihrer Menschenwürde bewußt wird ...

Die stumme Empörung des Kindes wird sich in späteren Jahren zu flammender Anklage steigern: Der Appell an die Aristokratie, mit dem von ihr ausgebeuteten Gesinde humaner umzugehen, zieht sich durch Ebner-Eschenbachs gesamtes schriftstellerisches Werk. *„Wir die Herren, sie die Knechte“*, redet sie in einer ihrer Erzählungen den Standesgenossen ins Gewissen: *„Darbend an Leib und Seele verdienen sie unser Brot, mühen sich, zur Erde gebeugt, jahraus jahrein, damit unser Geist* *frei und unbeirrt auffliegen könne bis an die Grenzen des Erkennens. Ohne ihre harte Arbeit keine Ruhe für uns, kein Genuß, keine Kunst, keine Wissenschaften.“*

Noch schärfer rechnet sie in der Erzählung „Der Kreisphysikus“ mit der Willkür der Herrschenden und der Selbstaufgabe der Dienenden ab: *„Der Bedrücker sind wenige, der Bedrückten viele. Wenn die Bedrückten sich erheben und im Namen des Allgerechten ihren Anteil am Besitz der Erde fordern würden, wäre die Macht der Mächtigen wie Spreu. Aber der Koloß, der sich nur zu regen brauchte, um seine Bande zu sprengen – er regt sich nicht. Er duldet und front und wird ewig dulden und fronen. Durch das unwürdige Leben, das er durch Jahrhunderte führt, ist das Bewußtsein seines Menschentums, seines freien Willens in ihm erstickt worden. Sie aber, die ihm dieses Bewußtsein raubten, haben nicht nur gegen das elende, von ihnen verachtete Volk, sie haben auch gegen Gott gefrevelt.“*

Religiös fundierte Sozialkritik – wer würde das von einer Dichterin erwarten, die selber der von ihr zur Rechenschaft gezogenen Gesellschaftsschicht angehört und ihr Leben lang – auch als Schloß Zdislawitz nur mehr ihr Sommersitz und fortan Wien ihr ständiges Domizil ist – mancherlei Personal beschäftigt? Sowohl in ihrer Wohnung in der Landstraßer Hauptstraße wie in der späteren in der Rotenturmstraße werken Köchin und Kammerzofe, und fürs Grobe kommt eine Putzfrau ins Haus.

Als ihr nach dem Scheitern ihrer Versuche, sich als Dramatikerin zu etablieren, in den frühen Achtzigerjahren der Durchbruch als Prosaautorin gelingt und Werke wie „Božena“, „Lotti, die Uhrmacherin“ und „Dorf- und Schloßgeschichten“ Marie von Ebner-Eschenbach zur Nummer eins unter den österreichischen Schriftstellerinnen machen, schwellen die Papierstöße auf ihrem Schreibtisch – Manuskriptblätter, Verlagskorrespondenzen und Leserpost – dermaßen an, daß sie nicht länger ohne fremde Hilfe auskommt. Sind es zunächst Leute aus ihrem Bekanntenkreis wie beispielsweise die Tochter des mit ihr befreundeten Hofrats Bucher, die ihr von Fall zu Fall aus Gefälligkeit bei der Beantwortung der Briefpost zur Hand gehen, so bedarf es schon bald einer präzis organisierten Arbeitsteilung, für die auch das entsprechende Budget bereitzustellen ist. Marie von Ebner-Eschenbach löst das Problem, indem sie Kammerzofe Angela neben deren sonstigen Aufgaben auch mit Sekretariatsarbeiten betraut, also mit dem Abschreiben von Manuskripten, der Umsetzung von Diktaten und der Erledigung der „einfacheren" Korrespondenz.

Aus ihren Tagebuchaufzeichnungen geht klar hervor, daß Marie von Ebner-Eschenbach bei der Behandlung ihrer Bediensteten – allen voran Zofe Angela – kaum Standesunterschiede gelten läßt, sondern neben ordentlicher Bezahlung auch auf amikalen Umgang Wert legt. Zu Weihnachten – so belegen die Monat für Monat erstellten Haushaltsabrechnungen – erhält Angela ein Extrageld, zum Namenstag ein Geschenk. Außerdem werden regelmäßig kleinere Beträge auf das für sie eröffnete Sparkonto eingezahlt. Tagebucheintragungen wie *„Angela geht es miserabel"*, *„Angela sehr unwohl, macht mir Sorgen"*, *„Angela ist gestern glücklich operiert worden"* oder *„Angela Herzzustände, es ist ein Jammer"* bezeugen, wie sehr die Dichterin an den persönlichen Problemen ihrer Zofe Anteil nimmt. Auch Todesfälle – Angela verliert knapp hintereinander Vater, Mutter und Schwager – werden vermerkt, und als der Bruder eines Tages ohne Arbeit ist, schreibt Marie von Ebner-Eschenbach ihm einen Empfehlungsbrief *„zur Aufnahme in die Arsenal-Schlosserei"*.

Umgekehrt liest Angela ihrer Dienstgeberin jeden Wunsch von den Augen ab, und Anmerkungen wie

„Angela verbietet mir, in die Kirche zu gehen" lassen darauf schließen, daß es der Zofe erlaubt ist, auch in die Lebensführung der Dichterin einzugreifen – etwa, wenn das Wetter so miserabel ist, daß sie ihr rät, an diesem Tag unter keinen Umständen das Haus zu verlassen.

Marie von Ebner-Eschenbach bedient sich bei der Führung ihrer Tagebücher einer eigenen Kürzelsprache: *„Durch Angela an Anna"* bedeutet, daß die Zofe in ihrem Namen einen Brief aufgesetzt und expediert hat. Und unter dem Datum 20. April 1914 lesen wir: *„Heute hat A. mit der Abschrift der Grillparzer-Aufsätze angefangen"* – und das, obwohl sie noch am Tag davor über *„heftige Schmerzen im Arme"* geklagt hat.

Auch die gemeinsamen Unternehmungen finden im Diarium ihren Niederschlag: *„Mit A. auf der Ringstraße, um die zum Blumencorso in den Prater fahrenden Wagen zu sehen."* Noch ausführlicher hält Marie von Ebner-Eschenbach die Erlebnisse ihrer Italien-Reisen fest: Auch da ist Angela ständig an ihrer Seite, begleitet sie zu den diversen Sehenswürdigkeiten, erledigt *„die Einkäufe für unsere Wirtschaft"*. Unsere Wirtschaft – das ist die für den mehrmonatigen Rom-Aufenthalt gemietete Wohnung an der Piazza di Spagna, in der Angela ein eigenes Zimmer zur Verfügung steht. Das Logis ist schön, auch geschmackvoll möbliert, nur schrecklich finster: Angela wird losgeschickt, die *„elenden Petroleumlampen"* durch leuchtkräftigere zu ersetzen.

Wie sehr der Dichterin daran gelegen ist, daß es auch ihrer Begleiterin nicht an kleinen Vergnügungen fehlt, bezeugt ein Tagebucheintrag aus dem Sommer 1898, den man an einem nicht näher bezeichneten Urlaubsort verbringt: *„Erstes Fest im neuen Hotel. Angela tanzte bis 1 Uhr."*

1889 bezieht Marie von Ebner-Eschenbach zum ersten Mal ihr Sommerquartier in der Salzkammergutgemeinde St. Gilgen – es wird für die folgenden zehn Jahre ihre feste Adresse während der warmen Jahreszeit sein, und auch da ist selbstverständlich Angela mit von der Partie. Schon bei der Anreise hat die vierzig Jahre Jüngere alle Hände voll zu tun: Nicht nur, daß die inzwischen siebenundsechzigjährige Dichterin durch ihre chronische Trigeminus-Neuralgie in ihrer Bewegungsfreiheit eingeschränkt und das Umsteigen vom Westbahnzug in die Equipage (und in späteren Jahren aufs Dampfschiff) sowie das Einrichten der jeweiligen Sommerwohnung beschwerlich ist, sind auch die nötigen Vorkehrungen zu treffen, daß sie am Zielort wie gewohnt ihrer schriftstellerischen Tätigkeit nachgehen kann.

In St. Gilgen entstehen eine stattliche Reihe von Erzählungen – darunter eine, mit der es eine ganz besondere Bewandtnis hat. Es ist in Marie von Ebner-Eschenbachs achtem Salzkammergut-Sommer. Man reist wie stets mit großem Gepäck an, Kammerzofe Angela hat diesmal sogar ihren Kanarienvogel aus Wien mitgebracht. Auch dies ist der Dichterin einen Eintrag in ihr Tagebuch wert – und zwar eines bestimmten Vorfalls wegen, der ungeahnte Folgen hat. Literarische Folgen! Wir lesen: *„Angela hat das Vogelhaus offenstehen lassen, und ihr vielgeliebtes Vögelchen ist fortgeflogen. Den ganzen Vormittag wurde nach ihm gefahndet. Er ist von Hausdach zu Hausdach geflogen und dann fort gegen den See. Wird zugrund gehen. Man soll einem gedankenlosen jungen Ding nichts Lebendiges anvertrauen. Am Abend war der Flüchtling wieder da.“*

Marie von Ebner-Eschenbach ist, wie man sieht, ungehalten über den Leichtsinn ihrer Begleiterin – allerdings nur bis zu dem Augenblick, da ihr bewußt wird, daß Angela ihr mit dem geschilderten Vorfall den Stoff für eine brandneue Erzählung geliefert hat: Die Dichterin läßt sich an ihrem Schreibtisch nieder und bringt die Zwölf-Seiten-Story „Der Fink“ zu Papier.

Wer sich auch nur ein bißchen in ihrem Œuvre auskennt, weiß, daß Marie von Ebner-Eschenbach bei den meisten ihrer Geschichten aus dem eigenen Erleben schöpft. Menschen, denen sie begegnet, Ereignisse, deren Zeuge sie wird, Schicksale, die ihr zugetragen werden – alles ist für sie Rohstoff, dem sie mit den Mitteln der Verfremdung und Stilisierung eigenständige Texte abgewinnt. Sie verändert die Namen der Protagonisten, stellt die Handlungsstränge auf den Kopf, läßt ihrer Phantasie freien Lauf. So auch bei der Erzählung „Der Fink“. Aus der Mittzwanzigerin Angela wird das achtjährige Schulkind Pia, und aus dem seinem Käfig entwichenen Kanarienvogel wird ein junger Fink, der sich vor der Zeit aus dem elterlichen Nest wagt, bei einem unbedachten Flugversuch auf der Wiese eines Obstgartens landet und nicht mehr zu den Seinen zurückfindet. Pia, vom jämmerlichen Piepsen des Verirrten aufgeschreckt, nimmt sich des Winzlings an, füttert ihn mit Milch und Brot, rettet ihn vor dem Zugriff der resoluten Köchin, die entschlossen scheint, die Leiden des kaum lebensfähigen Tierchens durch rasche Tötung abzukürzen, und schlägt schließlich auch den auf Beute lauernden Hauskater aus dem Feld, der schon zum Sprung auf das wehrlose kleine Lebewesen angesetzt hat. Das Manöver gelingt: Das Vogelbaby trotzt der ihm drohenden Gefahr, erhebt sich unter den schützenden Händen seiner Retterin in die Lüfte und kehrt unversehrt ins elterliche Nest zurück.

Natürlich wüßten wir gern, welche Worte in diesem Zusammenhang zwischen Verursacherin und Schreiberin gewechselt werden, wenn Ebner-Eschenbachs Manuskript fertig vorliegt: Spricht die Dichterin ihrer Zofe Dank für deren „Anregung“ aus, und empfindet letztere – umgekehrt – Stolz darüber, auf diesem Wege in die Literatur eingegangen zu sein? Wir wissen es nicht.

Was wir wissen, ist lediglich dies: Noch im selben Monat – es ist der 11. August 1896 – schickt Marie von Ebner-Eschenbach das Manuskript „Der Fink“ an ihren Verlag in Deutschland. Binnen einer Woche meldet der zuständige Lektor die freudige Annahme des Textes und kündigt, um sich der weiteren Zusammenarbeit mit der hochgeschätzten Autorin zu versichern, seinen persönlichen Besuch bei ihr an. Und wieder ein paar Tage später ist auch das vereinbarte Honorar von 50 Mark auf Ebner-Eschenbachs Bankkonto. „Der Fink“ entwickelt sich im übrigen zu einer ihrer erfolgreichsten Arbeiten, fehlt in kaum einem der zahlreichen Auswahlbände, die nach und nach – teils in Deutschland, teils in Österreich – in Druck gehen, und auch die Rezitatoren, die Marie von Ebner-Eschenbachs Werk bei öffentlichen Lesungen unters Volk bringen, greifen gern zu der rührenden Geschichte von dem beherzten Mädchen Pia, das einem verirrten Jungvogel das Leben rettet.

Danke, liebe Angela, Sie haben den Anstoß dazu gegeben!

„Liebstes Fräulein!"

Egon Friedell und Hermine Schimann

Egon Friedell fände, seitdem die Reiselust zur Reisesucht pervertiert ist, so manchen Parteigänger im Lager der heutigen Zivilisationskritiker: Sein 1905 in der „Fackel" abgedrucktes Plädoyer fürs Stubenhocken ist Musik im Ohr all jener, die wenig Verständnis für die Rastlosigkeit aufbringen, mit der ein Großteil der heutigen Wohlstandsgesellschaft von einem Fernziel zum anderen hetzt. *„Wenn ich zu Hause bleibe"*, so schreibt er, *„habe ich drei Dinge, die mir keine Reise bieten kann: erstens vollständige Ruhe und Ungestörtheit, zweitens meinen Lehnstuhl, der sich meinen Formen liebevoll angepaßt hat, und drittens meine Phantasie."*

Was den Lehnstuhl anlangt, geriete er allerdings in Erklärungsnotstand: Brauchen wir von Zivilisationsleiden geplagten Zeitgenossen nicht allesamt mehr Bewegung? Denken wir nur an die permanente Selbstfesselung durch Fernsehapparat und Computertisch: Es ist schlecht für die Bandscheiben, schlecht für den Kreislauf, schlecht fürs Körpergewicht.

Daß der große Kulturkritiker, Essayist, Kabarettist und Schauspieler Egon Friedell einen so extremen Hang zur Häuslichkeit entwickelt, erklärt sich nicht zuletzt aus Defiziten, die bis in seine Kindheit zurückreichen, als es ihm an ebendieser Häuslichkeit nachhaltig fehlt: Egon wächst ohne Mutter auf. Er ist keine neun Jahre alt, als sich die Eltern scheiden lassen und Mutter Caroline mit einem anderen Mann durchbrennt. *„Um umso ungestörter ihren Lüsten frönen zu können"*, so wird er später in einem seiner Briefe bitter anmerken, läßt die Treulose ihre Familie im Stich und nimmt in Kauf, daß ihr Zweitgeborener fortan zwischen Pflegeeltern und

Internaten hin und her geschoben wird. Da er außerdem, wohl auch abgeschreckt durch die Vorgänge im eigenen Elternhaus, sein Leben lang ehelos bleiben wird, nimmt die Ersatzfigur der Haushälterin in Egon Friedells weiterem Leben eine umso zentralere Stellung ein.

Da ist zunächst einmal die Kinderfrau. Sie heißt Marie Gabriel und ist von Friedells wohlhabendem Vater, dem Wiener Tuchfabrikanten Moritz Friedmann, als Erzieherin angestellt. Egon, der jüngere der beiden Söhne, ist der herzensguten Person so zugetan, daß er sie in späteren Jahren sogar als Haushälterin übernehmen wird.

Schon als er noch die Schule besucht und als Internatszögling im niederösterreichischen Horn „Höllenqualen" erleidet, steht er mit ihr in stetem Briefwechsel. Auf ihre Verschwiegenheit bauend, weiht der Sechzehnjährige das „liebste Fräulein" als einzigen Menschen in seine Fluchtpläne ein. Er schreibt ihr am 2. April 1894 nach Wien: *„Mir geht es von Tag zu Tag schlechter. Jede Minute, die ich hier verbringe, wird mir zur unsagbaren Seelenqual. Mein Herz hat schon so viele Wunden empfangen, daß ich fürchte, es möchte, wenn es noch länger solches Leiden ertragen muß, vor Schmerz mir brechen."*

Sein Plan sieht vor, bei nächster Gelegenheit den „Convictsleiter" um außertourlichen Ausgang zu bitten, mit dem 17-Uhr-Zug heimlich nach Wien zu fahren, von dort ein Telegramm aufzugeben, in dem er die Gründe seiner Flucht bekanntgibt, und im übrigen die nötigen Schritte zu setzen, um in der Hauptstadt Unterschlupf zu finden. Fräulein Gabriel solle ihm dabei behilflich sein:

„Bei Ihnen hoffe ich für die paar Tage, bis weiterhin entschieden wird, eine Heimstätte zu finden. Sie waren mir stets eine zweite Mutter und werden mich auch jetzt nicht verlassen. Falls also alles ordnungsgemäß geht, bin ich am nächsten Sonntag um 21 Uhr bei Ihnen. Das Wei-

tere findet sich. Ich hoffe jedoch, zuvor noch in einem Briefe Ihre Meinung zu hören, ob Sie mir Asyl bieten wollen.“

Auch, als Egon Friedell – nach zermürbender Odyssee von einem Gymnasium zum anderen – 1897 endgültig nach Wien zurückkehrt, um die Maturaprüfung abzulegen und die Universität zu beziehen, umsorgt ihn die treue Marie, und zum Zeichen seiner Wertschätzung revanchiert er sich dafür mit einer „jährlichen Zulage von 200 Gulden“, die ihr sein Vermögensverwalter auszuzahlen hat.

Mit zweiundzwanzig macht sich Friedell selbständig und bezieht im Bezirk Währing sein erstes eigenes Domizil. Es ist jene geräumige Wohnung in der Gentzgasse 7, dritter Stock, Tür Nr. 20, die er sein gesamtes ferneres Leben innehaben und in der er achtunddreißig Jahre später, am 16. März 1938, aus Furcht vor der Gestapo Selbstmord verüben wird.

Als Marie Gabriel, auch weiterhin dem Haushalt Friedell zugehörig, dreizehn Jahre später stirbt, wird sich unter den wenigen Habseligkeiten, die sie hinterläßt, ein gedrucktes Exemplar der Dissertation „Novalis als Philosoph“ finden, mit der ihr Dienstgeber 1904 zum Dr. phil. promoviert worden ist. Er hat die Gelegenheit benützt, der treuen Seele auf diesem Wege seine Dankbarkeit zu bekunden. Für die handschriftliche Widmung hat er auf das Nietzsche-Zitat „Wenn man keine gute Mutter hat, soll man sich eine anschaffen“ zurückgegriffen.

Marie Gabriel bleibt all die Jahre an seiner Seite, führt ihm den Haushalt. Sie also ist es, die aus nächster Nähe den Beginn seiner Schriftstellerkarriere miterlebt, seine ersten Gehversuche als Kabarettist und Schauspieler. In diese Zeit fällt auch die Sache mit dem Namenswechsel:

„Da es in Literatenkreisen so viele Leute gibt, die ebenfalls auf den Namen Friedmann hören, habe ich beschlossen, meinen Namen zu ändern. Die Endung ‚ell‘, die ich der

Silbe ‚Fried' anhängte, holte ich mir von einem Freund: Bruno Graf zu Castell-Rüdenhausen. Mein neuer Name ‚Friedell' klingt also nach Adel und Würde; auch wollte ich nicht mehr an meine unglückliche Herkunft erinnert werden."

Wer mit dieser Umstellung seine liebe Not hat, ist Haushälterin Marie: Sie findet den neuen Namen ihres Dienstgebers zwar interessant, doch gewöhnungsbedürftig. Was die Früchte seiner Arbeit betrifft, bleibt die einfache gute Seele auf Distanz: Lesen ist nicht ihre Sache. Sie begnügt sich damit, Friedells Bücher abzustauben – das ist Mühsal genug. Dafür versteht sie umso mehr von Menschen: Friedell rühmt sie für ihr „instinktiv immer richtiges Urteil". Als sie nach einigen Jahren zu kränkeln beginnt und das tägliche Pensum an Hausarbeit nicht mehr im Alleingang bewältigt, wird 1904 eine zweite Hilfskraft eingestellt: Es ist die von ihr persönlich ausgesuchte vierundzwanzigjährige Wienerin Hermine Schimann.

Mit den Jahren wird es eng in der Gentzgasse. Mit Friedell, dessen „Reich" aus Arbeitszimmer, Bibliothek und Schlafzimmer besteht, leben auch die beiden Haushälterinnen sowie Hündchen Schnack unter einem Dach: Marie Gabriel sozusagen im Ausgedinge, Hermine Schimann, die Neue, mitsamt familiärem Anhang. Letzterer, nämlich Tochter Herma, Schwiegersohn Franz und später auch deren Kinder Annemarie und Paul, belegen die kleineren Zimmer, die, nahe dem Eingang, um die Küche gruppiert sind.

Die Möbel in der Gentzgasse stammen zum Teil noch aus Friedells elterlichem Besitz. Den mit der numerierten Bleistiftkollektion, mit Bleistiftspitzer, Löschwiege und Füllfederständer, mit Federmesser, Lupe, Riechsalzfläschchen und Pharaonenkopf ausgerüsteten Schreibtisch des Hausherrn ergänzt ein Regal mit den verschiedenen Papiersorten. Den Mittelpunkt des Arbeitszimmers nimmt jedoch der bequeme, von Architekturpapst Le Corbusier entworfene Lederfauteuil ein. Lästiger Besuch wird mit einem an der Wand applizierten Plakat im Zaum gehalten: „Selbst die Aufforderung, noch zu bleiben, darf man nicht immer ernst nehmen. Auch Sie sind keine Ausnahme!"

Bleibt Friedell daheim, trägt er fast immer den berühmten gestreiften Bademantel. Nur wenn er ausgeht, legt Frau Hermine, die von allen „Minnerl" gerufen wird, den passenden Anzug bereit, der seinerseits mit dem nötigen Kleingeld und den genau abgezählten Straßenbahnfahrscheinen versehen ist. Sie ist es auch, die dafür sorgt, daß die Wohnung des Pfeifenrauchers Friedell staubfrei ist; mit einer Perolinspritze wird Fichtennadelduft verbreitet.

Hermines Ordnungssinn, gepaart mit Diskretion, ist die Voraussetzung dafür, daß Friedell inmitten der ihn umgebenden Bücherstöße jederzeit das Gesuchte findet und ungestört arbeiten kann. Sowohl Lesen wie Schreiben – Letzteres in zierlicher Handschrift sowie in einem Zug, also ohne Korrektur – vollzieht sich nach einem genau festgelegten Stundenplan – und zwar im Liegen. *„Das Sitzen"*, so doziert er, *„ist eine der vielen menschenfeindlichen Erfindungen der Neuzeit. Die Orientalen verbringen seit Jahrtausenden ihr Dasein im liegenden Zustand; die Griechen und die Römer lagen sogar beim Essen."*

Das Frühstück wird in der Küche eingenommen. Für den Rest des Tages stehen Friedells Lieblingschampagner der Marke Pommard sowie einfache Bauernschnäpse als Stimulantien bereit. Seine sportliche Ertüchtigung beschränkt sich auf regelmäßiges Schwimmen. Geht er auf Besuch (oder empfängt selber welchen), kann seine Geselligkeit in nicht enden wollende Lachanfälle ausarten, bei denen ängstliche Naturen um seine Gesundheit bangen. Fadisiert er sich hingegen, kann es passieren, daß er vor aller Augen einschläft.

Seinen Hausleuten emotional näher stehend als jeder Art von Verwandtschaft, setzt er in seinem 1928 erstellten Testament „Perle“ Hermine Schimann als Alleinerbin ein.

Auch in seinem an einem der Südhänge von Kitzbühel errichteten Sommerhaus, das Friedell 1932 bezieht, ist „Minnerl“ die unentbehrliche „femme ménagère“. Die für die alljährliche Übersiedlung vorgesehenen Bücher, von ihm selber ausgewählt, in Kisten geschlichtet und feinsäuberlich numeriert, werden zusammen mit dem nötigen Hausrat nach Tirol transportiert. „Minnerl“ reist mit der Bahn voraus, Friedell folgt per Flugzeug nach. Seine Kleidung ist dem ländlichen Ambiente angepaßt: In Reithosen und Lederstiefeln spielt Egon Friedell die Sommermonate über Gutsherr, der sich unter anderem auch um die Pflege des zum Grundstück gehörigen Gartens kümmert. Nachmittags geht er in einem der nahen Badeseen schwimmen, auf dem Heimweg kehrt er im Gasthaus ein, übt sich im Gespräch mit den Einheimischen im Tiroler Dialekt, trinkt große Mengen Obstler und flirtet mit der Wirtin. Haushälterin Hermine stellt den Speisezettel auf Speckknödel und frisches Gartengemüse um. Bei der Zubereitung der unentbehrlichen Rhabarbermarmelade führt der Hausherr persönlich Regie.

Was Egon Friedells künstlerische Aktivitäten betrifft, so hat der Endfünfziger seinen Zenit überschritten: Sein Hauptwerk, die dreibändige „Kulturgeschichte der Neuzeit“, ist 1932 abgeschlossen. Es folgen Sammelbände seiner wichtigsten Essays, das Burgtheater führt seine Bearbeitung von Paillerons „Die Welt, in der man sich langweilt“ auf, auch Übersetzungen aus dem Englischen beschäftigen ihn. 1933 kommt ihm mit der von den Nationalsozialisten verfügten Bücherverbrennung der deutsche Absatzmarkt abhanden, 1937 spitzt sich sein Diabetesleiden zu.

Das Schicksalsjahr 1938 beginnt zunächst erfreulich: Sein 60. Geburtstag am 21. Jänner trägt Friedell so viel Zuspruch ein, daß er sich gezwungen sieht, eine Dankadresse „an alle Gratulanten" drucken zu lassen, die ihrer Witzigkeit wegen in den österreichischen Anekdotenschatz eingeht. Er schreibt: *„Tieferschüttert, daß Sie meinen bescheidenen 60. Geburtstag nicht vergessen haben, danke ich Ihnen von Herzen für Ihre mich so großmütig überschätzenden Zeilen. Von allen Glückwünschen hat mich der Ihrige am meisten gefreut."*

Doch die Freude weicht blankem Entsetzen, ja tiefster Verzweiflung, als zwei Monate darauf auch in Österreich die Judenverfolgung einsetzt. Daß der mit seiner vierköpfigen Familie im selben Haushalt lebende Schwiegersohn seiner „Perle" Hermine Schimann, seines Zeichens Baumeister, mit den Nazis sympathisieren soll und am 15. März auf den Heldenplatz eilt, um der Begrüßung Adolf Hitlers beizuwohnen, nimmt Friedell kommentarlos zur Kenntnis. Die engsten Freunde, die zu Besuch in die Gentzgasse kommen, bedrängen ihn von Tag zu Tag heftiger, das Land zu verlassen. Doch Friedell weigert sich zu flüchten; er sperrt sich in seinem Zimmer ein und denkt an Selbstmord. Haushälterin Hermine gelingt es, ihn vorerst von seinem Vorhaben abzubringen.

Am Vormittag des 16. März 1938 unternehmen die Kollegen Franz Theodor Csokor und Alfred Polgar sowie eine Reihe weiterer Freunde neuerliche Versuche, ihn zur Ausreise zu bewegen. Doch Friedell will nicht weg: Ohne seine Bibliothek wäre er arbeitsunfähig, und wie sollte er die sorgfältig geordneten und mit seinen Randglossen versehenen dreitausend Bände außer Landes schaffen?

Gegen 22 Uhr verabschiedet er sich von seinen letzten Besuchern und zieht sich in sein Schlafzimmer zurück. Auch Haushälterin Minnerl begibt sich zur Ruhe. Kurz darauf läutet es an der Tür, Hermine Schimann öffnet, zwei junge SA-Männer fragen nach dem „Jud' Friedell“. Der von den NS-Schergen Gesuchte, der hinter der Tür gelauscht hat, begibt sich in sein Schlafzimmer zurück, rollt die Jalousie nach oben, öffnet das der Semperstraße zugewandte Fenster, ruft den Passanten zu, sie mögen den Gehsteig verlassen, und springt aus dem dritten Stock auf die Straße. Die Haushälterin, auf den ersten Blick nichts Böses ahnend, sieht das offene Fenster, läuft daraufhin schreiend das Stiegenhaus hinunter, sieht Friedell auf dem Straßenpflaster liegen. Der bis auf eine kleine Schramme an der Schläfe fast unverletzt Wirkende wird in den Hausflur getragen, der in aller Eile alarmierte Notarzt kann nur noch den Tod feststellen. Um die verstörte Hermine Schimann, die sich Vorwürfe macht, nicht die Katastrophe verhindert zu haben, zu beruhigen, wird die Parole ausgegeben, der Tod sei aller Wahrscheinlichkeit nach bereits vor dem Aufschlag auf dem Straßenpflaster eingetreten – durch Herzschlag.

Am 21. März um 14 Uhr findet auf dem Wiener Zentralfriedhof das Begräbnis statt. Hermine Schimann und ein paar engste Freunde geben Dr. Egon Friedell das letzte Geleit. Todesanzeigen und Nachrufe müssen unterbleiben: Das neue Regime wünscht keinerlei Aufsehen.

Hermine Schimann, die von Friedell testamentarisch als Alleinerbin eingesetzt ist, muß sehen, wie sie mit dem Geschehenen psychisch zurechtkommt. Sie hat noch zweieinhalb Jahre vor sich, stirbt am 21. September 1940, kurz vor ihrem 60. Geburtstag.

Meine Frau, die Köchin

Karl Valentin und Gisela Royes

Für junge Herren aus feinem Haus gilt zu dieser Zeit: Mit Dienstmädchen *schläft* man, aber man *heiratet* sie nicht.

Die Entenbachstraße 63 in der Münchner Vorstadt Au ist jedoch kein solch feines Haus, und so legen sich Johann und Maria Fey nicht quer, als ihr Jüngster, der zu dieser Zeit siebzehnjährige Valentin, mit der neuen Köchin anbandelt und mit dieser Gisela Royes – allerdings erst nach einigen Jahren und nach dem zweiten gemeinsamen Kind – vor den Traualtar tritt.

Eine „normale" Ehe wird's zwar nicht, die der zaundürre, rothaarige Bräutigam da mit der rundlichen, anderthalb Jahre älteren Braut eingeht, aber was kann an einer Beziehung schon normal sein, wenn der Ehemann sich als Querulant, als Hypochonder und vor allem als Genie des anarchischen Humors entpuppt? *Karl Valentin* nennt er sich mit Künstlernamen – da grenzt es an ein Wunder, daß die Ehe zweier so ungleicher Menschen überhaupt ein Leben lang hält.

Valentins Eltern sind Kleinbürger: Der Vater, gelernter Tapezierer aus Bayern, betreibt eine Tischlerwerkstatt; die Mutter, Feys zweite Frau, entstammt einem Bäckergeschlecht aus dem sächsischen Zittau. Ihr Viertgeborener soll ebenfalls den Tischlerberuf erlernen, um später einmal den väterlichen Betrieb übernehmen zu können. Da ist eine Frau „aus dem Volk", wie es diese Schlossermeisterstochter aus der Gegend um Regensburg ist, genau die richtige Wahl – überhaupt, wenn der Herr Sohn, wie sich schon in jungen Jahren herausstellt, künstlerische Neigungen erkennen läßt, also nur davon profitieren kann, wenn seine Partnerin eine handfeste, voll im Leben stehende Person ist, die ihrem Spezi bei allzu hohen Höhenflügen den Kopf zurechtrückt.

Auch für sie, das Armeleutekind aus der oberpfälzischen Provinz, ist die Ehe mit einem halbwegs gutgestellten Mann ein Rettungsanker: Gisela Royes hat mit zwölf die Mutter verloren, kommt mit dem Vater, seitdem der eine zweite Ehe eingegangen ist, nur schwer zurecht, verläßt mit fünfzehn das Elternhaus, sieht sich in München nach einer Stellung um und landet mit achtzehn im Haus des Tischlermeisters Fey, wo sie sich in erster Linie um die Küche kümmern soll.

Sohn Valentin ist von dem schüchternen Landmädel vom ersten Tag an angetan: *„Die ist sauber"*, sagt er zu seiner Mutter, *„die behalt' ma, die geb' ma nimmer her!"* Auch erotisch knistert es zwischen den beiden, obwohl der Hallodri keineswegs davon abläßt, auch anderen Mädchen schöne Augen zu machen. Wenn es darauf ankommt, ist ja doch die Gisela seine erklärte Favoritin, und auch die Liebesgedichte, die er in dieser Zeit verfaßt, gelten ihr – überhaupt wenn er für deren Niederschrift einen jener romantischen Briefbögen verwendet, die mit Vergißmeinnichtranken verziert sind.

Valentin hat gerade seine Lehrzeit hinter sich gebracht, als das „Gspusi" mit der neuen Köchin einsetzt. Es folgen fünf Jahre als Geselle in wechselnden Tischlerwerkstätten. Bei den fünfundzwanzig Mark Monatslohn, die er ausgezahlt bekommt, ist er auf den weiteren Verbleib im Elternhaus angewiesen, und da ist es äußerst praktisch, daß auch die Geliebte im selben Haushalt lebt: 1905 kommt das erste, fünf Jahre darauf das zweite Kind zur Welt, beides Töchter. Und wieder ein Jahr später, am 31. Juli 1911, wird die überfällige Heirat nachgeholt: In der Kirche zu St. Anna im Münchner Vorstadtbezirk Lehel werden Valentin Ludwig Fey und Gisela Royes auch vor dem Herrgott Mann und Frau.

Seinen Tischlerberuf hat Valentin inzwischen an den Nagel gehängt, mit dem dreimonatigen Besuch einer Münchner Varietéschule erwirbt er das Rüstzeug für die angestrebte Entertainerkarriere. Doch obwohl er da und dort mit seinem aus fast zwanzig Instrumenten zusammengebastelten Orchestrion als Musikclown vors Publikum tritt, schafft er es angesichts seiner miserablen Gagen nur mit Ach und Krach, die vierköpfige Familie zu ernähren. Erst 1910, als mit der zehn Jahre jüngeren Soubrette Elisabeth Wellano, für die er den Künstlernamen Liesl Karlstadt erfindet, die ideale Bühnenpartnerin in sein Leben tritt, stellen sich erste finanzielle Erfolge ein.

Man ist also nun zu dritt: der angehende Komiker Karl Valentin, seine Kollegin Liesl Karlstadt und Gisela, die Mutter seiner Kinder, die sich damit abfinden muß, daß ihr Mann schon bald auch mit der „Nebenfrau" das Bett teilt. Gisela kümmert sich um den Haushalt der „ménage à trois"; ihr „künstlerischer" Beitrag bleibt auf das Schneidern der Bühnenkostüme beschränkt. Das „Nähmaschinenmensch", wie sie von manchen mitleidsvoll genannt wird, ist weder zu den Vorstellungen ihres Mannes noch zu den Treffen an den diversen Künstlerstammtischen zugelassen, und wenn sie die Texte der meisten Karl-Valentin-Nummern kennt, so nur, weil ihr Mann sie ihr daheim vorliest. Bloß ein einziges Mal darf sie öffentlich an seiner Seite auftreten: Es ist das 1913 gedrehte Filmchen „Der Einbrecher", in dem auch für sie und Tochter Berta eine kurze Szene vorgesehen ist. In dem aus der gleichen Zeit stammenden Streifen „Karl Valentins Hochzeit" wird „ihr" Part hingegen mit einem als Frau verkleideten männlichen Darsteller besetzt: Karl Valentin liegt nichts an Authentizität, komisch muß es sein!

Wie mit einem überempfindlichen Künstler, der zu Jähzorn und vor allem zu Sarkasmus neigt, umzugehen ist, hat Gisela rasch begriffen: Wenn Valentin zur Zither greift, um ein neues Couplet einzustudieren, ist es ratsam, in der Küche jegliches Geschirrklappern einzustellen, und zur Behandlung seines chronischen Asthmaleidens haben Inhalierapparat und Kräutersaftpumpe bereitzustehen. An die hundert Ärzte und Heilpraktiker werden es am Ende sein, die der Dauerpatient im Laufe seines Lebens konsultiert. Als Beruhigungsmittel bewährt sich übrigens auch der gelegentliche Rückzug in die nach wie vor intakte Tischlerwerkstatt: Ein paar Handgriffe mit Schnitzmesser und Hobel wirken Wunder, Holz ist und bleibt Karl Valentins Lieblingsmaterial. Will er daheim – etwa, was seine Leibspeisen betrifft – spezielle Wünsche äußern, tut er dies nicht unter Verwendung des Vornamens Gisela, sondern mit der herben Anrede „Frau". Damit seine Angetraute dem Macho das Frühstück ans Bett bringen kann, wird ein eigener Servierwagen angeschafft.

Mit Liesl Karlstadt, der „Konkurrenz" im eigenen Hause, hat sich Frau Gisela zu arrangieren gelernt, was gleichwohl gelegentliche Zusammenstöße nicht ausschließt. Als sie bei einer Zufallsbegegnung am Sendlingertorplatz ihren Mann Arm in Arm mit dessen Bühnenpartnerin erspäht, kommt es zu einer Schimpfkanonade samt Regenschirmattacke. Valentin, dem diese Art öffentlichen Aufsehens zuwider ist, drängt die von dem Vorfall herbeigelockten Passanten mit dem Ausruf zur Seite: *„Bitte zurücktreten – Filmaufnahme!"* Ein des Weges kommender Polizist läßt sich jedoch nicht täuschen und verdonnert den „Herrn Künstler" wegen „groben Unfugs" zur Zahlung einer Strafgebühr. Umgekehrt läßt sich Karl Valentin einmal zu einer Ohrfeige hinreißen, weil sich seine Frau weigert, für die Nebenbuhlerin ein neues Theaterkostüm zu schneidern. Nur *ein* Thema bleibt all die Jahre hindurch tabu: Eine Ehescheidung kommt weder für ihn noch für sie, die strenggläubige Katholikin, in Betracht. Als Gisela schwer erkrankt und für längere Zeit in Spitalsbehandlung kommt, stellen sich bei ihrem Mann Depressionen ein, und er lamentiert gegenüber Tochter Berta: *„Ach, wenn's nur wieder da wär' und mit mir schimpfa tät'!"*

Auch mit der Sekretärin, die sich Karl Valentin ab den Dreißigerjahren leistet, geht er eine intime Beziehung ein. Die blutjunge Eva Friedrich muß ihm übrigens nicht nur seine schwer entzifferbaren Manuskripte ins Reine tippen, sondern auch jede Art von Aufregung fernhalten – etwa, als er 1938 eine Vorladung zur Gestapo erhält, die zum Glück glimpflich ausgeht. Während des Krieges, wo es im Zuge mehrerer Theaterschließungen immer schwieriger für ihn wird, ein Publikum zu finden, hält sich Karl Valentin mit Textbeiträgen für die „Münchner Feldpost" über Wasser. Nach 1945, inzwischen dem Rentenalter nahe, muß er vorübergehend sogar seine alte Tischlerwerkstatt reaktivieren und verdient sich sein Geld mit der Anfertigung von Kochlöffeln und anderen Haushaltsgegenständen.

Zwar kommt es nach und nach wieder zu vereinzelten Bühnenauftritten, etwa im „Simpl" oder im „Bunten Würfel", doch die äußeren Umstände im nahrungsmittel- und heizmaterialarmen München ruinieren Valentins ohnehin angegriffene Gesundheit vollends. Als er eines Nachts versehentlich in der unbeheizten Theatergarderobe eingeschlossen bleibt, überfällt ihn anderntags eine schwere Lungenentzündung, von der er sich nicht erholt: Karl Valentin stirbt am 9. Februar 1948. Witwe Gisela, die ihn acht Jahre überleben wird, steht mehr oder minder mittellos da: Die Tantiemen aus dem Werk ihres Mannes fließen dünn. Erst die Veräußerung des Nachlasses an den Kölner Theaterwissenschaftler Carl Niessen bringt einen schönen Batzen Geld ins Haus:

7000 Mark. Viel hat sie davon freilich nicht: Nach nur drei Jahren stirbt auch sie – lange vor der Zeit, da der Name Karl Valentin neu erstrahlen und sein Werk – die Texte, die Schallplatten und die Filme – wiederentdeckt, wiedergeliebt, ja als Klassiker der deutschen Kleinkunst in den Olymp erhoben werden wird.

„Von keinerlei Launen getrübte Güte ..."

Bertolt Brecht und Marie Miller

„Ich bin aufgewachsen als Sohn
Wohlhabender Leute. Meine Eltern haben mir
Einen Kragen umgebunden und mich erzogen
In den Gewohnheiten des Bedientwerdens
Und unterrichtet in der Kunst des Befehlens. Aber
Als ich erwachsen war und um mich sah
Gefielen mir die Leute meiner Klasse nicht
Nicht das Befehlen und nicht das Bedientwerden
Und ich verließ meine Klasse und gesellte mich
Zu den geringen Leuten."

Jetzt allerdings, als Heranwachsender, genießt er erst einmal in vollen Zügen, was ihm das Elternhaus an Privilegien bietet: Berthold Eugen Brecht (der sich später Bertolt oder Bert nennen wird) läßt Dienstmädchen Marie nach seiner Pfeife tanzen. Ja, mit manchen seiner Streiche bringt er die gute Seele geradezu zur Verzweiflung – etwa, als das Plumpsklo im Hause Brecht eines Tages mit einer Spülklappe ausgestattet wird. Um die technische Neuerung zu erproben, entreißt er der Wehrlosen, die gerade mit dem Bügeleisen in der Küche werkt, einen ganzen Stapel frischgeplätteter Taschentücher, entfaltet sie Stück um Stück, wirft sie in den Abort und spült solange mit dem Wasserkrug nach, bis sie im Dunkel des Fallrohres verschwunden sind. Die „Schwarze Marie" ist außer sich vor Zorn.

„Schwarze Marie" – so nennen sie ihrer Haarfarbe wegen die zweiundzwanzigjährige Marie Miller aus dem schwäbischen Krumbach, die im Sommer 1905 im Haushalt des Augsburger Fabrikdirektors Friedrich Brecht ihren Dienst antritt. In den Aufzeichnungen des späteren Schriftstellers Bert Brecht wird man über diesen Abschnitt seines Lebens allerdings kein Sterbenswörtchen finden. Zu schildern, wie sich die „Schwarze Marie" Tag um Tag abrackert, überläßt er seinem zwei Jahre jüngeren Bruder Walter. In dessen Erinnerungsbuch „Unser Leben in Augsburg – damals" ist denn auch präzis festgehalten, wie das Berufsprofil einer „Perle" in einem bürgerlichen Haushalt jener Jahre aussieht:

„Untersetzt, kräftig, nicht sehr gescheit, auch nicht flink, trug sie einfache, grobe Kleidung und schwere Schuhe. Ihr Gesicht war weder schön noch häßlich. Aber Kinder finden nur selten das Gesicht eines Nahestehenden schön oder häßlich. Sie sehen, was ihnen aus dem Gesicht entgegenblickt, und das war bei Marie eine niemals von Launen getrübte Güte."

Ihr Monatslohn beträgt zwölf Mark, nur an den Sonntagen hat sie Ausgang, und ist jemand von der Familie krank, ist sie rund um die Uhr im Einsatz. Zum Schlafen muß sich Marie mit einer Kammer auf dem Dachboden begnügen.

Ihr Hauptarbeitsplatz ist die Küche, wo nur Kaltwasser aus dem Hahn fließt: Jeder Tropfen warmen Wassers muß dem mit Kohle beheizten Kochherd abgewonnen werden. Da es auch noch keine Kühlschränke gibt, ist die vom Milchmann frühmorgens gelieferte Milch abzukochen, und da Marie oft durch andere Verrichtungen abgelenkt ist, passiert es immer wieder, daß die Milch anbrennt und das ganze Haus von Gestank erfüllt ist. Das Holz, das im Winter für den im Wohnzimmer betriebenen Kachelofen gebraucht wird, muß sie selber auf dem Hackklotz zerkleinern; die Asche schleppt Marie zu der auf der Straße vorm Haus bereitgestellten Mülltonne.

In den Schlafzimmern, die noch keine Waschbecken haben, sind die Wasserkrüge und Lavoirs nachzufüllen, die Nachttöpfe zu leeren und zu reinigen; das Putzen der Fußböden erfolgt kniend, das Waschen und Aufhängen der Wäsche geschieht unterm Dach. Fürs Reinigen der Teppiche steht eine eigens dafür errichtete Stange im Hof zur Verfügung; im Winter legt man die Staubfänger zum Ausklopfen auf den Schnee. Ist Marie mit alledem fertig, wendet sie sich dem Stopfen der Strümpfe zu oder dem Ausbürsten der Anzüge und Kleider. Da Vater Brecht die Angewohnheit hat, für die abendlichen Kegelpartien stets Kleingeld in der Westentasche bereitzuhalten, passiert es häufig, daß die übergebliebenen Münzen beim Ausbürsten des Anzugs zu Boden fallen: Marie liest sie auf und steckt sie heimlich den Buben zu, die damit ihr knappes Taschengeld aufbessern.

Auch in allen seelischen Nöten ist Marie den beiden Heranwachsenden ein verläßlicher Beistand – etwa, wenn es gilt, bei Gewitter oder anderen unvorhergesehenen Ereignissen die nächtlichen Ängste zu vertreiben. Besonders Eugen (also der spätere Bertolt) ist ein überempfindliches Kind: Marie achtet darauf, daß niemals die Öllampe erlischt, die ihm die Mutter zur Beruhigung aufs Nachtkästchen gestellt hat.

Besonders viel um die Ohren hat die gute Seele Marie, wenn Weihnachten naht. Bei der Zubereitung der Lebkuchen und anderen Leckereien dürfen die Herren Söhne die Gefäße ausschlecken; auch Beschaffung und Aufstellung des Christbaums gehören zu Maries Obliegenheiten. Bei der Bescherung steht sie „bescheiden im Hintergrund, die Hände gefaltet, die Augen voller Rührung". Über dem schwarzen Kleid trägt sie dann die weiße, steif gestärkte Sonntagsschürze, und ihr Haar ist mit einem hohen Kamm aufgesteckt, den ihr Frau Brecht geschenkt hat.

Für Mißstimmung am Heiligen Abend sorgt höchstens Eugen, der auch bei dieser Gelegenheit rücksichtslos vom Recht des Älteren Gebrauch macht. Die Episode, die Walter Brecht in seinem Erinnerungsbuch schildert, läßt deutlich erkennen, wie angespannt das Verhältnis zwischen den beiden ungleichen Brüdern ist. Es ist an jenem Heiligen Abend, da Walter ein besonders schönes Geschenk erhält – ein Dreirad:

„Kaum, daß ich wagte, mit der Glocke am Lenkrad zu klingeln. Anders Eugen. Er trennte sich von seinem Gabentisch, setzte sich auf den mit Samt überzogenen Sattel des Rades und fing zu fahren an. Da das Weihnachtszimmer nicht genügend Raum bot, fuhr er auf die Tür zu Papas Schlafzimmer los, doch beim Überqueren der Schwelle brach das Rad auseinander. Das Mitgefühl der Eltern war für mich kein Trost. Die Schwarze Marie, die das Dreirad zwei Tage vorher aus dem Keller heimlich über die Treppe heraufgetragen hatte, konnte sich nicht fassen. Tränen liefen ihr – wie mir – über das Gesicht ...“

Marie Miller ist weder die erste noch die letzte Haushaltshilfe, die sich bei den Brechts ihr Brot verdient: Bis 1905 – da ist Eugen sieben und Walter fünf Jahre alt – ist die „kleine, flinke und gescheite“ Fanny am Werk. Ihr folgt die vorerwähnte „Schwarze Marie“ – alle beide dem „Fundus“ des Augsburger Franziskanerklosters entstammend, das sich unter anderem darauf spezialisiert hat, an wohlhabende Herrschaften Dienstboten zu vermitteln. Es sind in der Regel Mädchen vom Lande, die es in die Stadt zieht, und damit sie dort nicht in schlechte Gesellschaft geraten, finden sie während der Wartezeit bis zu ihrer Anstellung hinter Klostermauern Schutz.

Um 1910 tritt bei der Familie Brecht, die im Haus Bleichstraße 2 in der sogenannten Klaucke-Vorstadt das erste Stockwerk und zwei Dachkammern innehat, ein Ereignis ein, das dringend eine Aufstockung des Personals erforderlich macht: Mutter Sophie erkrankt – und das auf Dauer. Die Frau des Hauses braucht also zusätzliche Entlastung von den Mühen des Alltags. Die „Neue", Marie Roecker mit Namen und fünfundzwanzig Jahre alt, soll sich unter anderem um die Erziehung der Söhne kümmern, die inzwischen zwölf beziehungsweise zehn Jahre alt sind.

Fräulein Roecker erweist sich als Volltreffer: Nicht nur, daß sie in einem großen Ulmer Hotel eine vorzügliche Köchinnenausbildung absolviert hat, verfügt sie auch über englische und französische Sprachkenntnisse, und vollends unentbehrlich ist sie als ebenso gewandte wie hingebungsvolle Pflegerin der Frau des Hauses. Damit sie dieser jederzeit leicht zu Hilfe eilen kann, wird für Fräulein Roecker das Zimmer im ersten Stock freigemacht, das bisher Sohn Eugen bewohnt hat. Der muß daher nun ins Dachgeschoß umziehen, wo für ihn eine der beiden Mansarden atelierartig eingerichtet wird – mit eigenem Schreibtisch, Bücherbord und Notenständer.

Gymnasiast Berthold Eugen Brecht, der gerade damit begonnen hat, seine ersten Gedichte zu verfassen, ist die „Verbannung" unters Dach hochwillkommen: Hier kann er ungestört seine vielen Besucher empfangen. Daß es dabei mitunter recht geräuschvoll zugeht, bereitet Fräulein Roecker allerdings Kummer: Sie ist dazu angehalten, von der leidenden Frau Brecht jegliche Unruhe fernzuhalten. Auch Eugens Bruder Walter verfolgt das selbstherrliche Treiben des Älteren mit zunehmendem Unmut. So ist es logischerweise er (und nicht etwa Eugen), der in späteren Jahren, wenn er die Erinnerungen an seine Kindheit niederschreibt, die besonderen Verdienste der neuen Haushaltshilfe würdigt.

Was den in diesem Punkt auffällig zurückhaltenden Eugen betrifft, so erklärt sich dessen Schweigen wohl aus seiner ambivalenten Einstellung zur Frage des Dienens und Bedientwerdens: Weiß es einerseits auch er zu schätzen, vom Hauspersonal nach Strich und Faden verwöhnt zu werden, so bereitet ihm andererseits sein schon in jungen Jahren einsetzender Haß auf die Bourgeoisie und deren Herrschaftsgebaren ein schlechtes Gewissen. Erst, als er, nun schon ein anerkannter Schriftsteller von Mitte zwanzig, nach Berlin übersiedelt und dort eine eigene Haushälterin einstellt, die ihm, weitere neun Jahre später, auch nach Dänemark ins Exil folgen wird, macht er mit seinem „Dankgedicht an Mari Hold" den Domestikenberuf zum Thema. Der Abschied der treuen Seele, die in der Fremde den Mann fürs Leben gefunden und sich daraufhin aus ihrem Metier zurückgezogen hat, liefert ihm den Anlaß dazu. Und Brecht weiß den Anlaß zu nützen: Es wird nicht nur eines der längsten, sondern auch eines der liebevollsten Gedichte jener Jahre. Brecht wählt für seine Huldigung die Form der direkten Rede. Bis ins Detail zählt der Dichter sämtliche Verdienste auf, die sich Mari Hold in all den Jahren um sein und das Wohlergehen seiner inzwischen gegründeten Familie erworben hat. Hier ein Auszug:

Sie versahen die kleine Wohnung.
Sprechend die Sprache meiner Jugend, Bayrisch
Hielten Sie die Ordnung aufrecht, entschlossen, aber
Unmerklich. Immer
Wenn ich nachts heimkam, war der Arbeitsraum sauber
Wie eben eingerichtet, der verwüstete! Der Rauch
Hatte sich verzogen. Die Papiere
Lagen ordentlich geschichtet (in unveränderter Reihenfolge).
Niemals
Fehlte ein Zettel durch all die Jahre. Keine Tasse
War am Abend noch schmutzig. Im Schrank
Lag kein Stück unreiner Wäsche.

Freundlich immer
Taten Sie, was zu tun war
Zurückhaltend das eigene Urteil, aber
Nicht ohne Urteil: ein Blick auf Sie genügte, zu sehen
Was Sie nicht billigen konnten.
Jedoch auch den unwillkommenen
Unter den Gästen setzten Sie den Thee vor und
Die bekömmlichen Brote.

Der geborene Diener

Robert Walser als Lakai

Das breite Publikum kennt *Martin* Walser. Einen *Robert* Walser kennt es *nicht*. Das heißt aber keineswegs, daß es nicht auch eine *Robert*-Walser-Gemeinde gäbe. Sie ist vielleicht sogar größer als zu seinen Lebzeiten. In der Reihe „Rowohlts Monographien“ ist dem Dichter vor kurzem ein eigener Band gewidmet worden – das setzt Klassikerstatus voraus. Hermann Hesse hat über den ein Jahr jüngeren Kollegen geurteilt: „Wenn Robert Walser hunderttausend Leser hätte, wäre die Welt besser.“ Franz Kafka hat Walsers Roman „Jakob von Gunten“ ein „gutes Buch“ genannt. Und *Martin* Walser hat seinem Namensvetter einen Platz „zwischen Karl Valentin und Hölderlin“ eingeräumt.

Das Problem ist: Robert Walser gehört zu jener Kategorie von Künstlern, die eher über ihre Biographie wahrgenommen werden als über ihr Werk. Die Romane „Der Gehülfe“, „Geschwister Tanner“ und „Jakob von Gunten“ stehen im Schatten eines umfangreichen Reservoirs zum Teil autobiographisch gefärbter Prosaminiaturen, und sie vor allem sind es, diese Kurz- und Kürzestgeschichten eines genialen Menschenbeobachters und Sprachkünstlers, die in immer wieder neuer Auswahl aufgelegt werden und nach wie vor begeisterte Leser finden. Und groß ist auch die Zahl der Philologen, die sich in die sonderbare Vita dieses dem Schweizer Kleinbürgertum entstammenden Schriftstellers versenken, der sich in den letzten siebenundzwanzig Jahren seines Erdendaseins aus der Welt zurückzieht, um ihr nur noch als Insasse von Nervensanatorien und einsamer Waldspaziergänger anzugehören.

Die Frage drängt sich auf: Was hat ein Autor, der ein so bescheidenes, so ärmliches, ja zeitweise bettlergleiches Leben führt, in einem Buch über dienstbare Geister verloren? Ist es denn vorstellbar, daß einer wie er jemals die Dienste einer Haushälterin, eines Butlers oder einer Sekretärin in Anspruch nähme?

Die Antwort ist so einfach wie verblüffend: Robert Walser stellt die Dinge auf den Kopf. Statt sich von anderen bedienen zu lassen, bringt er sich in jungen Jahren selber als Lakai durchs Leben – und zwar durchaus nicht zu seinem Leidwesen. Er versteht es offensichtlich, die Notlage, aus der heraus er seine Berufswahl trifft, zur Berufung zu erhöhen, ihr sogar so etwas wie einen Zipfel Glück abzugewinnen. Vor allem aber Stoff. Stoff für seine Tagesarbeit als Schriftsteller. In Walsers Romanen, seinen Erzählungen und seinen Feuilletons wimmelt es von Dienern und Domestiken, von Lakaien und Commis, von Laufburschen und Gehilfen, und noch als Mann von siebenundvierzig, also schon gegen Ende seiner aktiven Schriftstellerlaufbahn, bekennt er in aller Offenheit, beispielsweise mit der Annahme von Trinkgeldern keinerlei Probleme zu haben, ja den Dank für geleistete Hilfsdienste höher einzuschätzen als seine Anerkennung als Künstler.

In dem am 22. Oktober 1925 im Berliner „Börsen-Courier" abgedruckten Feuilleton „Das Trinkgeld" beschreibt Walser, wie er bei einem Spaziergang durch einen Park einer „paketbeladenen Dame" seine Hilfe anbietet, ihr ihre Last nachhause trägt und von der Fremden dafür doppelt honoriert wird – mit einem „Geldstück" und mit einem „reizenden Lächeln". Unser Autor ist überrascht, und natürlich flackern auch Bedenken in ihm auf: Darf denn ein Dichter einen Obolus annehmen? Robert Walser entscheidet: Ja, er darf. Der Dank für eine einer fremden Person erwiesene Gefälligkeit „gilt mir mehr, als wenn sie mich für den größten Schriftsteller hielte".

Robert Walser kommt am 15. April 1878 im mittelschweizer Kanton Bern zur Welt. Die Eltern betreiben einen Papier- und Spielwarenladen in der Bezirksstadt Biel. Als die Geschäfte plötzlich schlecht gehen, müssen die Eltern den Vierzehnjährigen vorzeitig aus dem Gymnasium nehmen; in einer Bankfiliale erhält er eine Lehrstelle. Eigentlich würde es ihn zum Theater ziehen, und auch seine ersten schriftstellerischen Versuche – darunter das 1901 vom Insel Verlag gedruckte Dramolett „Aschenbrödel" – sind für die Bühne bestimmt. Er verläßt seinen Geburtsort Biel, bringt sich in Basel, Thun und Zürich, in Solothurn und Stuttgart als Kontorist durch. Einmal ist es eine Versicherungsgesellschaft, bei der er Unterschlupf findet, dann wieder ein Ingenieursbüro, eine Rechtsanwaltskanzlei, eine Buchhandlung, ein Bankinstitut, für kurze Zeit auch eine Schreibstube für Arbeitslose.

Der beste Boden für ein kleines bißchen Karriere scheint ihm Berlin zu sein, wo schon sein Bruder Karl als Kunstmaler Fuß gefaßt hat. Hier schreibt er zwischen 1905 und 1913 seine drei Romane, und die Zeitungen drucken seine Prosa-Miniaturen. Für eine bürgerliche Existenz – und sei sie noch so bescheiden – reicht dies alles freilich nicht, und so faßt Robert Walser den Entschluß, sich in einer Berliner Dienerschule zum Hausburschen ausbilden zu lassen. Er lernt also von der Pike auf, wie man Möbel abstaubt, Tischplatten poliert, Teppiche ausklopft, Schuhe lackiert, Silberbesteck putzt, Fensterscheiben reinigt, Öfen einheizt, Gaslampen anzündet und auslöscht. Auch im Umgang mit Gästen wird er geschult. Er weiß also, wie man den feinen Herrschaften bei ihrem Eintreffen Mantel und Hut abnimmt, wie man ihnen bei Tisch Speisen und Getränke serviert, wie man für ihre Heimfahrt eine Mietkutsche ordert.

Sich vor den Mitmenschen klein zu machen, scheint Robert Walser keine Überwindung zu kosten: Es wird ihm zur zweiten Natur. Im „Institut Benjamenta", dessen Zögling er ist, weht allerdings ein scharfer, ein preußischer Wind, der einem biederen Schweizer wie ihm denn doch einigermaßen zusetzt. Er verarbeitet diese Erfahrungen in seinem kurz darauf entstehenden Roman „Jakob von Gunten":

„In der Unterrichtsstunde sitzen wir Schüler, starr vor uns hinblickend, da, unbeweglich. Ich glaube, man darf sich nicht einmal die Nase putzen. Die Hände ruhen auf den Kniescheiben, sind während des Unterrichts unsichtbar. Unsere Augen blicken ins Leere. Ja, eigentlich sollte man gar keine Augen haben, denn Augen sind frech und neugierig. Das Dressierteste an uns ist der Mund, er ist devot zugekniffen. Die Lippen dürfen nicht in der natürlichen Lage prangen, sondern sollen gefalzt und gepreßt sein zum Zeichen energischer Entsagung."

Auf Schloß Dambrau in Oberschlesien, dem Herrensitz eines reichen Grafen, kann Robert Walser zeigen, was er in der Dienerschule des Herrn Benjamenta gelernt hat: Unter dem wohlklingenden Namen „Monsieur Robert" verdingt er sich für einige Monate als Faktotum – je nach Arbeitsanfall in Schürze oder Frack. Daß er die wenigen freien Stunden dazu nutzt, in seiner Schlafkammer das tagsüber Erlebte zu Papier zu bringen, braucht sein Dienstgeber nicht zu erfahren: Er bittet die Leute vom Insel Verlag, mit denen er korrespondiert, für ihre Antwortbriefe Umschläge ohne Firmenaufdruck zu benützen. Seitdem er nämlich in seinen Aufzeichnungen auch sozialkritische Töne anschlägt, tut er gut daran, den Zweitberuf vor seiner Mitwelt zu verbergen.

„Durch ebenso beschwerliche wie ehrliche Arbeit", so schreibt er in seiner „Studie über den Adel", *„verdiene ich mein tägliches Brot und lerne nebenbei auch noch den Adel und seine Sitten kennen."* Worin diese Sitten bestehen? Er sagt es in aller Deutlichkeit: *„Man residiert, befiehlt und herrscht wie ein Gott – oder zumindest wie ein Halbgott."*

Für dezidiertes Klagen über seinen Status reicht es dennoch nicht: Robert Walser hadert nicht mit seinem Schicksal, er scheint zufrieden. In seiner Erzählung „Tobold" bringt er es auf den Punkt: *„Ist ein Leben ohne Sonderbarkeiten, ohne sogenannte Verrücktheiten überhaupt ein Leben?"*

Zumindest dieses Leben der Sonderbarkeiten und Verrücktheiten ist und bleibt Robert Walser vergönnt – und das mit allen Konsequenzen.

Sechzig Zigaretten am Tag

Lion Feuchtwanger und Hilde Waldo

Als am 5. Oktober 1940 Lion Feuchtwanger an Bord des Linienfrachters S.S. Excalibur in New York eintrifft, steht sein Verleger Ben Huebsch an der Landungsbrücke zur Abholung bereit. Es soll alles getan werden, daß sich der Sechsundfünfzigjährige nach den Strapazen der Flucht aus Deutschland, dem Martyrium der Internierung im französischen Konzentrationslager Les Milles und den Entbehrungen des Zwischenaufenthalts im Emigrantendomizil Sanary-sur-mer in größtmöglicher Ruhe in die Neue Welt einlebt. Huebsch erlaubt dem Ankömmling nur ein kurzes Zusammentreffen mit den wartenden Journalisten, dann geht's sofort ab ins Hotel St. Moritz am Central Park, wo für Feuchtwanger eine Suite reserviert ist.

Doch der denkt an alles, nur nicht ans Ausrasten: Schon am zweiten Tag seines Aufenthalts in New York nimmt er seine gewohnte Arbeit wieder auf. „Der Teufel in Frankreich" soll ein Buch über seine Erfahrungen mit der französischen Lagerhaft werden; außerdem harrt der dritte Band der Flavius-Josephus-Trilogie der Vollendung. Seit Jahr und Tag ans Diktieren gewöhnt, sieht sich Feuchtwanger also als erstes nach einer Sekretärin um. Die Wahl fällt auf die knapp vierunddreißigjährige Berlinerin Hilde Waldo, die ihm von einem Mitarbeiter einer jüdischen Wohlfahrtsorganisation empfohlen worden ist.

Frau Waldo ist – nach kurzer Verlagstätigkeit in England – 1939 vor den Nazis nach Amerika geflüchtet, wo sie sich mehr schlecht als recht mit einer Reihe minderer Jobs durchschlägt. Daß Feuchtwanger sie auf der Stelle engagiert, kommt ihr wie ein Geschenk des Himmels vor: Seit längerem an den Umgang mit Schriftstellern gewöhnt, ist sie vor allem eine passionierte Feuchtwanger-Leserin. Über die erste Begegnung mit ihrem nunmehrigen Arbeitgeber wird sie später aussagen:

„Seine klaren blauen Augen blickten freundlich durch die großen Brillengläser. Er verstand es, Besuchern die Scheu zu nehmen. Vor allem war er darauf bedacht, unverzüglich mit der Arbeit zu beginnen. Ich ging also los, holte meine Schreibmaschine, brachte Papier und Bleistifte mit. In seiner Hotelsuite wurde vor einem der Fenster mit Blick auf den Park ein langer Tisch aufgestellt, an dem wir nebeneinander Platz nahmen, und das Diktat konnte beginnen.“

Hilde Waldo kann zu diesem Zeitpunkt – es ist der zweite Tag von Feuchtwangers Aufenthalt in den USA – nicht ahnen, daß sie beide für immer beisammenbleiben werden: bis zu seinem Tod am 21. Dezember 1958 – und als Nachlaßberaterin der Witwe Marta Feuchtwanger sogar noch lange darüber hinaus.

Eigentlich hat Feuchtwanger vorgehabt, seine langjährige Berliner Sekretärin Lola Sernau nachkommen zu lassen. Doch daraus wird nichts: Lola lebt seit kurzem in Ascona. Da sie über einen Schweizer Paß verfügt, wird ihr Fall von den US-Einwanderungsbehörden, die nur eine bestimmte Quote von Emigranten ins Land lassen, nicht als dringlich eingestuft: Ihr Visumsansuchen wird abgelehnt.

Als Feuchtwanger, dem das rauhe Winterklima von New York schwer zusetzt, im Februar 1941 ins freundlichere Kalifornien übersiedelt, ist also keine Rede mehr davon, daß Hilde Waldos Arbeitsverhältnis befristet ist: Sie bezieht ein festes Monatsgehalt von vierhundert Dollar, und jedesmal, wenn ein größerer Scheck von einem der Verlage eintrifft, wird sie mit einem Bonus „beteiligt“.

Feuchtwanger ist ein Arbeitstier, und auch das Pensum seiner Sekretärin kann sich auf bis zu zwölf Stunden pro Tag erstrecken. Dem Diktat der ersten Version eines Textes folgen die Korrekturen, den Korrekturen das Diktat der zweiten und so fort. Für jede der einzelnen Fassungen wird ein andersfarbiges Papier verwendet – von blau über rot zu orange, gelb und rosa. Das letztgültige Manuskript wird auf weißes Papier getippt. Da der penible Feuchtwanger auf fünf Durchschlägen besteht, muß Hilde Waldo also ganz schön in die Tasten hauen. Die Folge: Ihre zarten Finger sind oft noch am Folgetag spürbar überanstrengt.

Anders als jene Emigrantenkollegen, denen es in der Fremde versagt bleibt, an ihre früheren schriftstellerischen Erfolge anzuknüpfen, setzt der Autor von „Jud Süß", „Die häßliche Herzogin Margarete Maultausch" und „Erfolg" auch in Amerika seine Produktion uneingeschränkt fort – mit dem einzigen Unterschied, daß er sich im selben Maß, wie sein Werk in Deutschland in Vergessenheit gerät, in den USA eine riesige Lesergemeinde aufbauen kann. In den achtzehn Amerika-Jahren verlassen nicht weniger als drei neue Dramen und sieben große Romane Lion Feuchtwangers Werkstatt. Ob es der Maler Goya ist, der Schriftsteller Jean-Jacques Rousseau oder Raquel, die Jüdin von Toledo – in alle seine historischen Romanfiguren und deren Epochen denkt er sich mit nie versiegender Empathie, mit nie nachlassender Darstellungskraft hinein: *„Ich ersticke geradezu in den Stoffen, die ich noch schreiben möchte!"* bekennt er noch zwei Jahre vor seinem Tod in einem Brief an Freund Arnold Zweig.

Entsprechend ausgefüllt ist Hilde Waldos Arbeitstag. Gegen 11 Uhr, wenn Lion und Marta Feuchtwanger Morgengymnastik und Frühstück hinter sich haben, wird sie zum Dienst erwartet – mit der Post in der Tasche und den in der vorangegangenen Nacht ins Reine getippten Manuskriptblättern. Die Mittagsstunde wird für Erledigungen in der Stadt genützt – auch dies in der Regel Aufträge ihres Dienstgebers. Am Nachmittag geht's neuerlich ans Diktieren – bis mindestens 20 Uhr, meist länger. Eine Kaffee- oder Teepause ist nicht vorgesehen: Es würde nur den Schreibfluß stören. Um ihr enormes Pensum durchzuhalten, greift die genervte Hilde Waldo zur Zigarette – sie kommt auf drei Packungen am Tag. Damit der Nikotingegner Feuchtwanger (der es bei seinem Moskau-Besuch im Winter 1936/37 sogar gewagt hat, den von ihm interviewten Stalin zum Ausdämpfen seiner Zigarre aufzufordern) nichts von dem Laster seiner Mitarbeiterin bemerkt, muß sich diese im Badezimmer verstecken.

Überhaupt bleiben Autor und Sekretärin bei aller Perfektionierung ihrer Zusammenarbeit in allen Dingen des Privaten streng auf Distanz: Selbst als man einander schon gut kennt, wird Frau Waldo höchstens zu den gemeinsamen gymnastischen Übungen, niemals aber an den Frühstückstisch gebeten. Noch schwerer zu verstehen ist, daß weder der Dichter noch dessen Gattin sich über eine Altersversorgung für ihre „treue Hilde" Gedanken machen. Sogar in seinem Testament – Feuchtwangers Dollarmillionen werden der Universität von Südkalifornien vermacht – ist sie nicht mit dem kleinsten Legat bedacht. Einziges Zugeständnis: Ihr Angestelltenverhältnis soll nach Feuchtwangers Tod noch weitere achtzehn Monate aufrecht bleiben. Es ist wohl das Mindeste, was sich diese zu jedem Opfer bereite Frau verdient hat. Ist es nicht sie, die Feuchtwanger bei der Rückholung seines größten Schatzes, seiner 30 000 Bände umfassenden Privatbibliothek, beziehungsweise bei deren Neuaufbau zur Hand geht, die ihm am Telefon alle lästigen Besucher fernhält, die ihm einen Großteil seiner Korrespondenz abnimmt, die die fernmündlich durchgegebenen Telegramme aufnimmt, die nicht nur alle seine Verabredungen, sondern auch die regelmäßig veranstalteten Privatlesungen des Hausherrn organisiert?

Letztere, mit Sicherheit das Illusterste an Emigrantentreffen, das Kalifornien in den späten Vierziger- und frühen Fünfzigerjahren zu bieten hat, sind überhaupt ein Kapitel für sich: Sie finden in der prachtvollen Villa am Paseo Miramar Nr. 520 in Pacific Palisades statt, die die Feuchtwangers – nach ihren ersten drei provisorischen Unterkünften im Sonnenstaat Kalifornien – 1943 bezogen haben, nachdem ihr zunächst gesperrtes US-Konto über persönliche Intervention von Präsident Roosevelts Finanzminister Henry Morgenthau endlich wieder geöffnet worden ist.

Der auf einem Hügel vor Santa Monica malerisch gelegene Besitz ist unter allen Domizilen der deutschstämmigen Exil-Schriftsteller das mit Abstand exklusivste: ein im spanischen Landhausstil errichteter Palast mit Meeresblick. Die großen weiten Räume – insgesamt zwanzig an der Zahl – sind mit Holzdecken und Holztreppen aus altem spanischen Klosterbesitz ausgestattet. In dem hinter der Terrasse angelegten Park läßt Frau Marta Orangenbäumchen, Bananenstauden und Eukalyptusbäume pflanzen. Es gibt einen eigenen Fischteich sowie Gehege für Hunde und Katzen, für Rehe, Waschbären und Pumas. Für die Fahrten nach Los Angeles und für Landpartien stehen zwei Automobile zur Verfügung. Zu den Gästen, die Lion Feuchtwanger regelmäßig ihre Aufwartung machen, zählen nicht nur die Schriftstellerkollegen Thomas und Heinrich Mann, Bertolt Brecht und Franz Werfel mit seiner Alma, sondern auch Filmgrößen wie Charlie Chaplin, Charles Laughton, Edward G. Robinson, Peter Lorre und William Dieterle.

Wenn der Hausherr zwei Mal jährlich seine Freunde zur Privatlesung nach Pacific Palisades einlädt, bleibt nichts dem Zufall überlassen. Sekretärin Hilde Waldo verständigt die Gäste per telefonischem Rundruf, zuverlässiges Erscheinen („Bitte pünktlich 19.30 Uhr!") ist Bedingung. Die zirka fünfzig Geladenen werden zunächst in das im obersten Stockwerk gelegene Arbeitszimmer gebeten. Der Hausherr, hinter einem schmalen Pult stehend, liest eine halbe Stunde mit leiser, etwas monotoner Stimme aus den Manuskriptblättern des jeweils im Entstehen begriffenen Werkes. Anschließend wird das Gehörte diskutiert, wobei üblicherweise Thomas Mann das Privileg der ersten Frage eingeräumt ist. Gegen 21 Uhr wird in die Bibliothek gewechselt, wo das von Frau Marta angerichtete Büffet auf die Gesellschaft wartet. Es gibt Sherry, Russischen Salat und Apfelstrudel. Zwei Wochen darauf wiederholt sich das Spektakel – diesmal für die nichtdeutschsprachigen Gäste, denen die englische Übersetzung des betreffenden Textes zu Gehör gebracht wird. In diesem Fall wird für den Vortrag eigens ein Schauspieler engagiert, und bei der anschließenden Gesprächsrunde ist es zumeist Charlie Chaplin, der als erster das Wort ergreift.

Bei aller Hingabe an seine Arbeit, deren Streß vor allem Hilde Waldo zu spüren bekommt, ist Lion Feuchtwanger ein Genußmensch. Nicht nur seiner erotischen Abenteuer wegen sind Konflikte mit Gattin Marta unausbleiblich: Sie ist es auch, die den zu chronischen Magenbeschwerden Neigenden beharrlich zu diätetischer und sportlicher Disziplin anhält. In einem sind sich beide einig: Der ihnen vergönnte luxuriöse Lebensstil verpflichtet dazu, weniger Begüterten unter die Arme zu greifen, und so nutzt Feuchtwanger, wo immer es unter den ehemaligen Landsleuten zu Schwierigkeiten bei der Einbürgerung kommt, seine Beziehungen dazu, die zuständigen Behörden mild zu stimmen.

Dabei hat er gerade in diesem Punkt *selber* Probleme, die ihn bedrücken: Sein offen deklariertes Sympathisieren mit der Ideologie der Kommunisten bringt ihn nach 1945 in ständigen Konflikt mit der McCarthy-Kamarilla, und sein 1948 eingereichtes Ansuchen um Verleihung der amerikanischen Staatsbürgerschaft wird bis zu seinem Tod unerledigt bleiben. Aus diesem Grund gibt er auch jedwede Pläne auf, besuchsweise nach Europa zurückzukehren: Was ist, wenn ihm die Amerikaner auf Grund seiner politischen „Unzuverlässigkeit" die Rückkehr in die Staaten verwehren? Erst recht verzichtet er darauf, das ihm 1952 von der Universität München „zurückerstattete" Doktorat sowie den ihm von der DDR zuerkannten Nationalpreis für Kunst und Literatur persönlich entgegenzunehmen. Machtlos ist Feuchtwanger außerdem, was den Boykott seiner Bücher in Westdeutschland betrifft. Das Argument, sein Genre, nämlich der historische Roman, sei derzeit nicht gefragt, läßt er nicht gelten. Stattdessen wittert er hinter allem eine gegen ihn gerichtete politische Verschwörung, die auch Buchhandel und Presse erfaßt habe.

Alle diesbezügliche Korrespondenz geht durch Hilde Waldos Hände, und das bedeutet: Sie leidet mit. Auch Feuchtwangers lebensbedrohende Erkrankung im Herbst 1957 – der Dreiundsiebzigjährige muß sich zwei schweren Operationen unterziehen – verlangt der zweiundzwanzig Jahre Jüngeren vollen Einsatz ab. Als der Patient am 20. Dezember des folgenden Jahres mit einer Magenblutung, von der er sich nicht mehr erholen wird, ins Hospital von Santa Monica eingeliefert wird, ist es Hilde Waldo, die zusammen mit Marta Feuchtwanger dem Sterbenden zur Seite steht.

Doch selbst mit seinem Tod ist Hilde Waldos Aufgabe im Dienst Lion Feuchtwangers nicht erfüllt: Wie kein zweiter in sein Werk eingeweiht, geht sie in den folgenden Jahren Witwe Marta bei der Verwaltung des Nachlasses zur Hand. Erst, als auch sie selber zu kränkeln beginnt, ihre Nerven versagen, das Zittern ihrer Gliedmaßen nicht mehr in den Griff zu bekommen ist und auch ihr Gedächtnis nachläßt, zieht sie sich aus Pacific Palisades zurück. 34 Jahre nach Lions und fünf Jahre nach Marta Feuchtwangers Tod übersiedelt die fünfundachtzigjährige Hilde Waldo in ein jüdisches Altersheim in Santa Monica.

Kästner & Co.

Erich Kästner und Elfriede Mechnig

Sie ist siebenundzwanzig, Tochter aus gutem Hause, Berlinerin. Wenn es nach ihr ginge, wäre Konzertpianistin ihr Traumberuf. Kein Tag vergeht, an dem sie nicht am Flügel sitzt und die Beethoven-Sonaten ihrer Jugendzeit repetiert. Zum Glück hat sie nachsichtige Nachbarn, die sie nach Herzenslust musizieren lassen: Elfriede Mechnigs Wohnung liegt in einem der Künstlerviertel des Bezirks Berlin-Friedenau, Niedstraße 5.

Doch Vater Mechnig hat andere Vorstellungen von der beruflichen Zukunft seiner Tochter: Sie soll etwas „Handfestes" lernen, soll in den elterlichen Betrieb eintreten. Die Firma Gebrüder Mechnig mit Sitz in der Alexandrinenstraße handelt mit medizinischen Apparaturen. Halbherzig beugt sich Elfriede dem väterlichen Willen und läßt sich zur Stenotypistin ausbilden.

Eine Freundin, mit der sie sich zum Gedankenaustausch trifft, erzählt ihr, sie habe vor kurzem einen jungen Schriftsteller kennengelernt, der dringend eine Sekretärin suche. Er heiße Dr. Erich Kästner, sei zwei Jahre älter als Elfriede und stehe am Beginn einer vielversprechenden Karriere. Eine Reihe namhafter Berliner Blätter drucke seine Texte ab, im „Montag Morgen" erscheine jede Woche ein Gedicht von ihm.

Elfriede Mechnig hört aufmerksam zu, findet das Offert auch durchaus reizvoll, dennoch überwiegen die Zweifel: Für einen „richtigen" Dichter zu arbeiten, traue sie sich nicht zu. Trotzdem willigt sie ein, als ihr die Freundin ein Treffen zu dritt vorschlägt: Erich Kästner lädt die beiden jungen Damen für Sonntag vormittag zu einem Gespräch auf der Terrasse des Café Carlton ein – es ist der Arbeitsplatz des gebürtigen Dresdners, der in seiner Berliner Kleinwohnung in der Prager Straße 17 noch über keinen eigenen Schreibtisch verfügt.

Zu schüchtern, um selber in die Unterhaltung einzugreifen, überläßt es Elfriede ihrer Freundin, den adretten jungen Mann, der von schmaler Statur und auffallend korrekt gekleidet ist, zu befragen, wie er sich die Dienste seiner künftigen Mitarbeiterin vorstellt. Elfriede verhält sich abwartend: Nur schwer kann sie sich mit dem Gedanken anfreunden, das Klavier gegen die Schreibmaschine zu tauschen. Was ihre Entscheidung schließlich erleichtert, ist der Witz, mit dem ihr Gegenüber operiert: Erich Kästners Frage „Wollen Sie mit mir berühmt werden?“ wird sie auch noch Jahrzehnte später im Ohr haben ...

Wohl auch aus Trotz gegen ihren Vater, der ihr vor dem bewußten Vorstellungsgespräch prophezeit hatte, es würde ihr nie und nimmer gelingen, bei einem Schriftsteller unterzukommen, sagt Elfriede Mechnig zu, und mit der Abmachung „Also dann am 1. Oktober um 10 Uhr!“ geht man auseinander.

Erst jetzt, als ihr künftiger Arbeitgeber längst entfleucht ist, wird Elfriede Mechnig klar, daß man über das Wichtigste nicht gesprochen hat: kein Wort über die Höhe des Gehalts, über Urlaub, über die sonstigen Arbeitsbedingungen.

Am 1. Oktober 1928 fängt Elfriede Mechnig bei Kästner an. Es ist eine Halbtagsstellung, 150 Mark beträgt das Erstgehalt. Daß sie täglich vier Stunden mit einem „fremden Menschen“ zubringen soll, von dem sie bisher nicht einmal den Namen gekannt, geschweige denn eine Zeile gelesen hat, kostet sie einige Überwindung. Doch Kästner macht es ihr leicht: Ihre erste Arbeit ist das Abtippen des gerade im Entstehen begriffenen Manuskriptes „Emil und die Detektive“, und Kinderbücher mag sie gern – überhaupt dieses, das so ganz anders ist als alles, was man bisher auf diesem Gebiet gekannt hat. Was Elfriede zu diesem Zeitpunkt nicht wissen kann: Auch ihr „Chef" (wie sie ihn fortan nennen wird) muß sich erst daran gewöhnen, beim Arbeiten nicht mehr allein zu sein. Außerdem irritiert es ihn, daß es da jemanden gibt, der seine Texte liest, bevor sie gedruckt sind, der ihm also beim Schreiben über die Schulter schaut.

Ein Jahr später. Für den dreißigjährigen Erich Kästner ein gutes Jahr: Die Geschäfte könnten nicht besser laufen. „Weltbühne", „Tagebuch" und „Montag Morgen", „Berliner Tageblatt" und „Vossische Zeitung" veröffentlichen seine Arbeiten, Provinzblätter drucken sie nach. Und vor allem „Emil und die Detektive" mit den Zeichnungen von Freund Walter Trier wird nach den Gedichtbänden „Herz auf Taille" und „Lärm im Spiegel" ein Riesenerfolg.

Kästner ist jetzt das dritte Jahr in Berlin. Da geht es nicht an, daß noch immer das Kaffeehaus sein Arbeitsplatz ist: Er braucht eine ordentliche Wohnung. Am 1. Oktober 1929 zieht er in den Innenstadtbezirk Charlottenburg um: Roscherstraße 16, Gartenhaus 4, dritte Etage links. Das dreizimmerige Logis ist mit Balkon und Bad, mit Küche und „Mädchenkammer", mit Zentralheizung und Telefon ausgestattet.

Gleichzeitig baut Elfriede Mechnig ihre eigene Wohnung zum Büro aus: In der „Schreibfabrik" im Bezirk Friedenau werden nicht nur die täglichen Stenogramme inklusive der in Langschrift festgehaltenen „Erotika" in Maschinschrift umgesetzt, sondern auch die Manuskriptsendungen an die diversen Redaktionen zwischen Zürich, Wien und Berlin abgefertigt. Im Umgang miteinander geht es salopp zu: Kästner nennt seine Mitarbeiterin weder Fräulein Mechnig noch Elfriede, sondern kurz und bündig „& Co." – da blitzt der für ihn typische schnoddrig-punktgenaue Witz auf. Auch beteiligt er sie mit zehn Prozent am Umsatz, was im Schnitt einen Zusatzverdienst von 1 Mark pro veröffentlichtem Gedicht bedeutet.

Längst ist Elfriede Mechnig mehr als die gewöhnliche „Tippse“: Wenn sie Zeitung liest, weiß sie, welche Artikel sie als „Rohmaterial“ für den „Chef“ auszuschneiden hat, und wenn sich Kästner beim Schreiben in Milieus vorwagt, in denen sie sich besser auskennt als er, hilft sie ihm mit den passenden Vokabeln aus. „Trommelstöcke“ hat ihr Vater ihre dünnen Beinchen genannt, als sie Kind war: In Kästners nächstem Kinderbuch „Pünktchen und Anton“ kehrt der Begriff wieder – er hat sie dafür vorher ausdrücklich um ihre Zustimmung ersucht.

Auch in Kästners chaotisches Privatleben versucht sie, so gut sie kann, Ordnung zu bringen. Seine häufig wechselnden Liebschaften wachsen ihm über den Kopf – etwa, als sich eine der Damen nicht mit dem teuren Pelzmantel begnügt, den er ihr zum Geschenk gemacht hat, sondern auf eigene Faust einen passenden Muff dazukauft und ihm die betreffende Rechnung ins Haus schickt. Elfriede Mechnig, über die unverschämte Person erzürnt, „erledigt“ die Angelegenheit ebenso resolut, wie sie den verzweifelten Kästner wiederaufrichtet, als er durch den alkoholbedingten Unfalltod einer „Verflossenen“ in eine schwere Nervenkrise gerät. Mit dem gebotenen Taktgefühl versucht sie außerdem steuernd in die allzu enge Beziehung zu seiner Mutter einzugreifen, die ihren einzigen Sohn nach wie vor wie ein kleines Kind behandelt (und bis ins hohe Alter darauf bestehen wird, ihm die Wäsche zu waschen).

Doch die Jahre ihrer eigentlichen Bewährung stehen Elfriede Mechnig erst noch bevor: Es ist die Zeit, da der bekennende Antifaschist Erich Kästner mit dem aufkommenden Nationalsozialismus in Konflikt gerät. So ist sie zur Stelle, wenn er nach der öffentlichen Verbrennung seiner Bücher am 10. Mai 1933 auf die „schwarze Liste" gerät und keine deutsche Zeitungsredaktion mehr seine Beiträge annimmt. Sie alarmiert seinen Rechtsbeistand, als er bei dem Versuch, von seinem Auslandskonto Geld abzuheben, kurzzeitig verhaftet wird; und sie hält auch zu ihm, als er plötzlich nur noch im Ausland gedruckt wird und somit ein Großteil ihrer Schreibarbeit wegfällt.

Um sie vor der drohenden Einweisung in die Rüstungsindustrie zu bewahren, stellt Kästner seine Sekretärin kurzerhand als Putzfrau ein. Elfriede Mechnig bringt also die Kriegsjahre damit zu, für den „Chef" einkaufen zu gehen, seine Wohnung instandzuhalten, für ihn Botengänge zu erledigen. Sogar in Kästners Küche macht sie sich nützlich: „Für den Abend vorkochen, Apfelmus fabrizieren und Kürbis schneiden" – so wird man darüber aus einem seiner späteren Texte erfahren.

Als in Berlin die ersten Bomben fallen, sitzt sie mit ihm am Radio und verfolgt die Durchsagen des Oberkommandos der Wehrmacht, füllt die Aktentaschen mit den wichtigsten Papieren und tritt mit Kästner den Weg in den Luftschutzkeller an. Und als in der Nacht vom 15. auf den 16. Oktober 1944 auch die Kästner-Wohnung in der Roscherstraße in Flammen aufgeht und nicht nur sämtliche Möbel und Kleidungsstücke, sondern auch die unersetzliche Bibliothek mit den kostbaren Erstausgaben und den Widmungsexemplaren befreundeter Kollegen vernichtet werden, klammert sich Elfriede Mechnig an den Trost, daß wenigstens die alte Reiseschreibmaschine „überlebt" hat, auch wenn für sie angesichts des allgemeinen Zusammenbruchs des Zeitungs- und Verlagswesens bis auf weiteres keinerlei Bedarf besteht.

Kästner findet bei Freunden, die noch ein Dach überm Kopf haben, Unterschlupf. Schließlich hebt er sein letztes Geld ab und schließt sich einem Kamerateam an, das allen Ernstes vorhat, noch Mitte März 1945 in Tirol einen Film zu drehen. Elfriede Mechnig vermutet ihn bei den Eltern in Dresden, die – wie man hört – den Bombenkrieg überlebt haben. Doch auch Ida und Emil Kästner wissen nichts über den Verbleib ihres Sohnes. Im Oktober 1945 läßt Elfriede Mechnig ihn übers Radio suchen – ohne Erfolg. Nach weiteren Monaten quälender Ungewißheit sickert schließlich durch, der Vermißte sei nach einer abenteuerlichen Odyssee durch Tirol und Bayern in München gelandet: Die Amerikaner hätten ihn bei der frischgegründeten „Neuen Zeitung“ als Feuilletonredakteur eingestellt.

Endlich, im September 1946, kündigt Erich Kästner seinen überfälligen Besuch in Berlin an: Mit einem Militärzug trifft der inzwischen Siebenundvierzigjährige auf dem Wannseer Bahnhof ein, freudig erwartet von einer Handvoll Freunde: dem Schriftsteller Curt Riess, der Schauspielerin Käthe Dorsch. Auch Elfriede Mechnig ist unter ihnen. Ein Offizier der britischen Besatzungsmacht gestattet ihnen, dem Ankömmling bis auf den Bahnsteig entgegenzugehen: Elfriede Mechnig erschrickt, wie elend ihr „Chef“ aussieht, wie abgemagert, wie abgerissen – in dem einzigen Anzug, der ihm verblieben ist.

Immerhin wird nun klar, wie es weitergehen soll: Kästner ermutigt seine langjährige rechte Hand, ihre Arbeit wiederaufzunehmen – allerdings mit dem Unterschied, daß für die unmittelbare Sekretariatstätigkeit nunmehr eine Münchner Kraft zur Verfügung steht und Elfriede Mechnig nur die Berliner „Filiale“ verbleibt. Fürs Reinschreiben der Manuskripte und für die Verlags- und Behördenkorrespondenz ist also fortan Liselotte Rosenow zuständig, Elfriede Mechnig übernimmt von Berlin aus den Artikelversand an die Presse.

Als Erich Kästner im Sommer 1974 stirbt, sind es beachtliche sechsundvierzig Jahre, die die inzwischen Dreiundsiebzigjährige ihrem „Chef" gedient hat, und selbst dann noch legt sie ihre Hände nicht in den Schoß, sondern führt das Büro, zu dessen Agenden inzwischen auch der Vertrieb von Theaterstücken anderer Autoren zählt, bis kurz vor ihrem eigenen Tod im Jahr 1986 weiter.

Ihr Nachlaß geht in den Besitz der Berliner Akademie der Künste über; er enthält unter anderem die Originalmanuskripte von „Emil und die Detektive" und von Kästners erstem Theaterstück „Klaus im Schrank". Auch eine Mappe findet sich, in der Elfriede Mechnig ihre eigenen Erinnerungen gesammelt hat – immer wieder ist sie von Zeitungsredaktionen und Rundfunksendern aufgefordert worden, in ihren Worten darzustellen, „wie das damals gewesen ist" an der Seite ihres „Chefs". *Ein* Satz vor allem ist es, der in diesen Reminiszenzen niemals fehlt: *„Kästner hat mein Leben reich gemacht, und dafür danke ich ihm."*

Ein Mädchen für alles, wirklich für alles

Karl Marx und Helene Demuth

Stefan Grossmann ist eine der Edelfedern des Wiener Feuilletons aus dem Kreis um Alfred Polgar. Zwei Jahre jünger als dieser, bringt der Begründer der „Freien Wiener Volksbühne“ und Redakteur der „Arbeiterzeitung“ 1925 im Berliner Propyläen-Verlag den Erzählband „Lenchen Demuth und andere Novellen“ heraus, in dessen Titelgeschichte der Autor einer Frau gedenkt, deren Name dem uneingeweihten Leser nichts sagt. Dabei ist es gerade das Besondere, das Ausgefallene, das „Sprechende“ dieses Namens, das Stefan Grossmann so sehr elektrisiert: Nicht einmal Shakespeare, so schreibt er, hätte ihn treffender erfinden können.

Doch da *ist* nichts zu erfinden: Lenchen Demuth ist kein Phantasieprodukt, sondern – wieder Originalton Stefan Grossmann – *„die treue Magd des Revolutionärs Karl Marx“*. Liebevoll erzählt Grossmann ihre Lebensgeschichte: *„Als Kind, acht oder neun Jahre alt, war Lenchen Demuth – wahrhaftig, so hieß sie! – in das Haus des preußischen Regierungsrates Baron Westphalen gekommen. Dann heiratete dessen Tochter, die schöne Jenny von Westphalen, den jungen Doktor Karl Marx. Er wurde nicht Universitätsprofessor, wie man's gehofft hatte, sondern Redakteur der ‚Rheinischen Zeitung‘. Aber als er zeigte, daß er nicht etwa ein liberaler Durchschnittsredakteur, hellhörig und charmant nach allen Seiten, sondern eben jener kantige Karl Marx war, da wurde er aus Preußen ausgewiesen, und die ‚Rheinische Zeitung‘ wurde stumm gemacht. Marx ging nach Paris.“*

Was dies alles mit Lenchen Demuth zu tun hat? Autor Stefan Grossmann referiert es getreulich: *„Die junge Frau Marx scheint Heimweh gelitten zu haben. Da half ihr die* *alte Baronin Westphalen mit einem lebendigen Stückchen Heimat aus: ‚Ich schicke Dir das treue liebe Lenchen – als das Beste, was ich Dir schicken kann.'"*

Marx wird aus Paris ausgewiesen, wird aus Brüssel vertrieben, zieht nach London. Und Lenchen zieht mit: nach Paris, nach Brüssel, nach London.

Vor allem in London, seiner letzten Lebensstation, setzt der dramatische soziale Abstieg des großen Sozialreformers ein: Man wohnt in einem der Proletarierviertel der Millionenstadt, findet eine Zeitlang in einem drittklassigen Hotel Unterschlupf, richtet sich schließlich in einer engen Zweizimmerwohnung ein. Unterdessen wächst die Familie: Es kommt das erste Kind zur Welt, das zweite, dritte, vierte, fünfte.

Biograph Stefan Grossmann schildert die armseligen Lebensumstände im Exil: *„Eines Tages werden ihnen die Möbel auf die Straße gestellt, ein andermal wird Marx von der Polizei aufs Versatzamt geholt, weil er altes Silberzeug, Erbstücke der Familie Westphalen, hat verpfänden müssen. Eines der Marx-Kinder stirbt, ein zweites siecht dahin. Und immer ist die Eine, die Eine und Treue bei ihnen: Lenchen Demuth. Sie lacht mit den Neugeborenen und neigt das Haupt über die Sterbenden. Sie wäscht Geschirr und Windeln im selben Raum, in dem Marx die ersten Notizen zum ‚Kapital' niederschreibt. Abends ist das zweite Zimmer der Marx-Wohnung überfüllt. Da wird diskutiert, gelacht, geschrien und Tee getrunken. Und Butterbrot verzehrt, falls Butter im Haus ist."*

Damals, in Paris – ja, das waren noch Zeiten! Da hatte man auch noch Augen und Ohren fürs Musische. Karl Marx liest den Seinen, wenn man nach dem Nachtmahl am Küchentisch beisammensitzt, Heine-Gedichte vor, bis der schönen Frau Jenny die Tränen über die Wangen laufen vor Lachen und Weinen. Nur die Verse über die verlorene Heimat Deutschland muß er zurückhalten: Es würde – so drückt es Stefan Grossmann aus – *„das rheinische Herz zu schwer machen"*.

Auch in diesen bewegten Stunden ist immer Lenchen Demuth mit von der Partie. Kommt der Dichter des „Buchs der Lieder" zu Karl Marx auf Besuch, ist es sie, die den Gast mit der Laterne durchs Stiegenhaus führt.

Noch betriebsamer geht es bei den Marx während der Londoner Zeit zu. Grossmann erzählt: *„Da wimmelt es im Haus von Fremden: Russen, Italienern, Ungarn, Engländern und dann und wann auch Deutschen. Der Freundlichste von allen ist Friedrich Engels aus Manchester. Wenn der zu Besuch kommt, bleibt zuweilen ein klein bißchen Geld im Haus. Die Kinder wachsen heran, Frau Jenny kränkelt. Die Frau, auf der die Sorge des ganzen Hauses lastet, ist Lenchen Demuth."*

Besser wird es erst, als Dr. Marx und die Seinen in den „gehobenen" Vorstadtbezirk Hampstead übersiedeln: *„Uralte Linden säumen sein Haus, auch die ewige Geldnot läßt nach. Dafür kommen nun die Krankheiten. Der Hausherr ist wochenlang ans Bett gefesselt, Frau Jenny bekommt die Pocken. Wer kocht für die Kinder, wer kauft ein, wer räumt auf? Wer schleicht nachts auf Zehenspitzen zur Schlafzimmertür, hinter der Doktor Marx liegt und wacht und schreibt, bis das Bett übersät ist mit Zetteln? Wer anders als Lenchen?"*

Die nächste Katastrophe tritt ein, als Frau Jenny stirbt: Der Witwer will ihr ins Grab nachstürzen. Diese letzten fünfzehn Monate im Leben von Karl Marx sind auch für Lenchen Demuth ihre schwerste Zeit: Sie soll fortan ihre alte Herrin vertreten. Als sie selber sieben Jahre darauf stirbt, wird die treue Seele im Grab von Karl und Jenny Marx bestattet. Auch ihr Name wird auf dem Friedhof von Highgate in den Stein gemeißelt.

Hier, an diesem 4. Dezember 1890, da Helene Demuth knapp siebzigjährig – Diagnose Darmkrebs – in London stirbt, könnte Stefan Grossmanns Geschichte von der „treuen Magd des Revolutionärs Karl Marx“ enden. Doch so leicht macht sich's unser Autor nicht. Verfügt er schon über keine weiteren biographischen Details, die ihn über Wesen und Denken der von ihm Verewigten aufklärten, so stellt er wenigstens zum Abschied eine Reihe von Fragen. Es sind Fragen, auf die er freilich keine Antwort weiß – etwa die, wie dieses Lenchen Demuth denn eigentlich ausgesehen, ob sie vielleicht gar eine Schönheit gewesen sei. Auch Politisches geht ihm durch den Kopf: Fragen nach ihrer Sozialisation, nach ihrem ideologischen Standort.

Stefan Grossmann schreibt: *„Wer weiß, ob sie ohne Nachdenken ihr Schicksal an das des Doktors Karl Marx hängte? Wer kann erzählen, ob Lenchen Demuth klassenbewußt geworden? Hatte sie ein eigenes Leben und Weiberschicksal? Oder war diese Treue und tiefe Ergebenheit, dieses Bis-ins-Grab-Gehen mit ihrem ‚Expropriateur‘ ihr beglückendes Menschenschicksal?“*

Es werden zweiundsiebzig Jahre nach Lenchens und siebenundzwanzig nach Biograph Stefan Grossmanns Tod verstreichen, bis die von den wenigen Eingeweihten unterdrückte Wahrheit ans Licht kommt: Helene Demuth hat in den über drei Jahrzehnten ihres Wirkens im Hause Marx ihrer „Herrschaft“ nicht nur als Haushälterin, Köchin, Erzieherin und Krankenpflegerin gedient, sondern dem fünffachen Vater Karl Marx auch ein – vor der Welt verstecktes – weiteres Kind geschenkt: Sohn Frederick ...

Gerüchte in dieser Richtung hat es schon frühzeitig gegeben, aber erst 1962, beinah achtzig Jahre nach Karl Marx' Tod, taucht in Amsterdam das „Beweisstück“ auf: ein im dortigen Institut für Sozialgeschichte archivierter Brief. Verfasserin ist eine gewisse Louise Freyberger. Mit Lenchen Demuth befreundet, hat Louise dem ebenfalls im englischen Exil lebenden engsten Mitstreiter und finanziellen Förderer von Karl Marx, dem zwei Jahre jüngeren Friedrich Engels, den Haushalt geführt. Sie ist daher auch in die privatesten Verhältnisse ihres Dienstgebers eingeweiht, und dazu zählt dessen Eingeständnis, er, Engels, sei der Erzeuger des unehelichen Kindes ihrer Freundin Lenchen Demuth.

Erst am Sterbebett – es ist Sommer 1895, zwölf Jahre nach Karl Marx' Tod – rückt der vierundsiebzigjährige Friedrich Engels mit der vollen Wahrheit heraus: Um den Freund zu schonen und dessen Gegnern den Wind aus den Segeln zu nehmen, habe er seinerzeit an Marx' Stelle die Vaterschaft übernommen.

Blenden wir noch einmal in jene schicksalhaften Jahre zurück, da die „Affäre" ihren Anfang nimmt. Es ist Karl Marx' drittes Jahr im Londoner Exil. Aus dem kaiserlichen Deutschland ist er geflüchtet, aus Frankreich und Belgien ausgewiesen. Um seine Familie in der Fremde durchzubringen, arbeitet er als Journalist, beliefert die „New York Tribune" (in späteren Jahren auch die „Neue Oder-Zeitung" und die Wiener „Neue Freie Presse") mit Beiträgen. Seit Juni 1843 ist er mit Jenny, der bildschönen Tochter des Salzwedeler Landrates Ludwig von Westphalen, verheiratet, die ihm die Kinder Jenny, Laura, Edgar und Guido schenkt, denen 1855 noch Tochter Eleanor folgen wird.

Den Haushalt der Familie Marx führt seit dem Brüsseler „Zwischenspiel" ein kleines, zierliches Mädchen aus dem saarländischen St. Wendel. Sie heißt Helene Demuth, wird allgemein „Lenchen" gerufen, gelegentlich auch „Nym". Biograph Francis Wheen schildert die Tochter eines Tagelöhners als rundgesichtig und blauäugig, „auch unter den widrigsten Umständen stets freundlich und adrett". Nur ihre exzellenten Kochkünste zu preisen, hieße sie unter ihrem Wert einstufen: *„Sie war* *durchaus kein gehorsames Arbeitstier. Sie verteidigte ihre Herrschaft mit dem Mut einer Tigerin, und jeder Gast, der die Marxsche Großzügigkeit zu mißbrauchen suchte, bekam es mit ihr zu tun.“*

Womit Lenchen Demuth am meisten zu kämpfen hat, ist die chronische Geldnot im Hause Marx: Fleischhauer und Bäcker klopfen an die Tür, um ihre Schulden einzutreiben, Gerichtsvollzieher kommen, um Mobiliar und Kleidungsstücke zu pfänden, preußische Polizeispitzel liegen auf der Lauer. In der Zweizimmerwohnung türmen sich neben dem Nähzeug von Frau Jenny und den Spielsachen der Kinder die Manuskripte, Zeitungen und Bücher des Hausherrn.

Über die Lebensweise des von ihm Observierten berichtet einer der Spitzel nach Berlin: *„Er führt ein wahres Zigeunerleben. Waschen, Kämmen, Wäschewechseln gehören bei ihm zu den Seltenheiten. Er berauscht sich gern. Oft faulenzt er tagelang. Hat er aber viel Arbeit, setzt er diese Tag und Nacht mit unermüdlicher Ausdauer fort. Eine bestimmte Zeit zum Schlafen und Waschen gibt es bei ihm nicht. Sehr oft bleibt er ganze Nächte auf, dann legt er sich mittags, ganz angekleidet, aufs Kanapee und schläft bis abends – unbekümmert um die ganze Welt, die bei ihm frei aus- und eingeht.“*

Wie unter diesen chaotischen Umständen und in diesen beengten Verhältnissen ein Liebesleben möglich sein soll und zwar ein Liebesleben nicht nur mit seiner Frau, sondern auch mit der Haushälterin, bleibt ein Rätsel. Tatsächlich sind beide – Jenny Marx und Helene Demuth – zur selben Zeit schwanger: Am 28. März 1851 bringt erstere einen Buben zur Welt, der kurz darauf stirbt, am 23. Juni letztere – ein Zimmer weiter – Söhnchen Frederick.

Marx weiß, wie eifersüchtig seine Frau ist. Um es wegen seines Fehltritts mit Lenchen Demuth zu keiner Scheidung kommen zu lassen, muß also alles unternommen werden, dem Neugeborenen einen anderen Vater zu unterschieben. Freund Friedrich Engels findet sich dazu bereit, den delikaten Part zu übernehmen. Doch die Sache hat einen Haken: Der kleine Frederick Demuth ist seinem echten Vater wie aus dem Gesicht geschnitten. Ob dies der Grund dafür ist, daß Jenny Marx in ihren vierzehn Jahre später verfaßten autobiographischen Aufzeichnungen „Kurze Umrisse eines bewegten Lebens" die vielsagende Bemerkung *„In den Frühsommer des Jahres 1851 fällt noch ein Ereignis, welches ich nicht näher berühren will, das aber sehr zur Vermehrung unserer äußeren und inneren Sorgen beitrug"* einstreut?

Noch deutlicher wird Marx selbst, als er am 31. März 1851, also drei Monate vor Lenchen Demuths Niederkunft, in einem Brief an Friedrich Engels klagt, daß er gegenwärtig „bis an die Wirbelspitze meines Schädels im kleinbürgerlichen Dreck" stecke. Seine Ankündigung, den Freund in das ominöse „Mystère" einzuweihen, zieht er jedoch in seinem zwei Tage später abgesandten nächsten Brief wieder zurück – er zieht es vor, darüber mit Engels ein Vieraugengespräch zu führen. Es ist unschwer zu erraten, was der Gegenstand dieses Vieraugengesprächs sein würde. Bleibt nur die Frage, ob Friedrich Engels schon zu diesem frühen Zeitpunkt Karl Marx seinen „Freundschaftsdienst" anbietet oder aber erst später.

Wer zu alledem ihr ganzes Leben lang eisern schweigt, ist Lenchen Demuth: Von ihr wird keine Menschenseele je erfahren, wer der Vater ihres Sohnes ist. Als sie, die letzten sieben Jahre ihres Lebens übrigens als Haushälterin des verwitweten Friedrich Engels tätig, am 4. Dezember 1890 stirbt, nimmt sie ihr Geheimnis mit ins Grab.

Friedrich Engels' späte Enthüllung ist für eine Frau, von der bis jetzt noch mit keinem Wort die Rede gewesen ist, der schwerste Schock ihres Lebens. Es ist Karl

Marx' jüngste Tochter, die 1855 geborene Eleanor. Für die zu diesem Zeitpunkt Vierzigjährige bricht eine Welt zusammen. Ihr über alles geliebter Vater ein Rohling, der sein eigen Fleisch und Blut verleugnet, für seinen unehelich geborenen Sohn keine Hand rührt, ja sogar dafür sorgt, daß der arme Teufel, wenn er zu seiner leiblichen Mutter auf Besuch kommt, nur den Dienstboteneingang des Marx-Hauses benützen darf?

Eleanor mag das Ungeheuerliche nicht glauben, macht sich, um sich Gewißheit zu verschaffen, selber auf den Weg an Friedrich Engels' Sterbelager. Dort trifft sie allerdings auf einen Todeskandidaten, der nicht mehr sprechen, der die Bestätigung seines Eingeständnisses nur mehr auf eine bereitliegende Schiefertafel kritzeln kann ...

Das elende Leben des Frederick Demuth, in dessen Geburtsurkunde die Spalte für Namen und Beruf des Vaters leergeblieben und der noch als Säugling bei einer Londoner Arbeiterfamilie in Pflege gegeben worden ist, setzt Eleanor Marx schwer zu. Irgendwie fühlt sie sich für das Unrecht, das der vier Jahre Ältere erlitten hat und weiterhin erleidet, mitverantwortlich. Und in der Tat: Der Fall Frederick sucht seinesgleichen. Erst im reifen Mannesalter wird Eleanors Halbbruder, genannt Freddy, über die Identität seiner leiblichen Mutter aufgeklärt. Wer sein Vater gewesen ist, erfährt er nie. Da niemand – auch Scheinvater Friedrich Engels nicht – für seine Ausbildung gesorgt hat, schlägt er sich als ungelernter Arbeiter durchs Leben. Pikanterie am Rande: Frederick Demuth engagiert sich in der sozialistischen Bewegung seines Heimatlandes England. Er stirbt 1929 im Alter von siebenundsiebzig Jahren.

La Tedesca

Papst Pius XII. und Schwester Pascalina Lehnert

Sie steht unter Dauerbeschuß. Schlimm genug, daß sie im päpstlichen Haushalt das Kommando an sich gerissen hat und alle anderen nach ihrer Pfeife tanzen läßt, spricht sie die längste Zeit auch kein Wort Italienisch: Schwester Pascalina ist Deutsche. Schon in den Jahren, da sie Eugenio Pacelli noch in der Münchner Nuntiatur umsorgt, zieht sie die ersten Feindschaften auf sich: Die ihr unterstellten Laienbediensteten arbeiten nicht immer nach ihren Vorstellungen, Machtkämpfe zwischen Küche und Keller sind an der Tagesordnung. Als der Widerstand gegen die Dreißigjährige wieder einmal mit voller Wucht ausbricht, macht sogar das Gerücht die Runde, die „tedesca" habe auf Seine Eminenz ein nicht nur priesterliches Auge geworfen.

Nuntius Pacelli reagiert auf die „orribile calunnia" mit aller Schärfe: Er besteht darauf, daß die „schreckliche Verleumdung" auf höchster vatikanischer Ebene untersucht wird. Erst, als die Ermittlungen mit einem klaren „unschuldig" abgeschlossen werden, kehrt bei dem achtzehn Jahre Älteren wieder „Friede und Ruhe" ein. Eugenio Pacellis Sekretär, der Jesuitenpater Robert Leiber, hält dennoch an seiner Meinung fest: *„Der Nuntius sollte sich von ihr trennen. Doch das will er nicht: Schwester Pascalina hat es binnen kurzem verstanden, sich im Haushalt unentbehrlich zu machen."*

Die Umstrittene, die fast ihr gesamtes Berufsleben hindurch – nämlich vierzig Jahre – dem päpstlichen Nuntius, Kardinalstaatssekretär und späteren Papst dienen wird, stammt aus einfachen Verhältnissen: Josefine Lehnert, 1894 in Ebersberg bei München geboren, ist das siebente von zwölf Kindern eines bayerischen Postbeamten. Als sie sich für den Ordensberuf entscheidet und den Klosternamen Pascalina annimmt, ist der schwarze Erdteil ihr Ziel: Sie will nach Ablauf ihres Noviziats bei den Lehrschwestern vom Heiligen Kreuz in die Mission nach Afrika gehen.

Jetzt, mit vierundzwanzig, macht sie sich erst einmal als Grundschullehrerin in einem kleinen schwäbischen Dorf nützlich, bringt den ihr anvertrauten Mädchen die nötigen Fertigkeiten im Nähen und Handarbeiten bei. Da trifft im März 1918 – noch tobt in Europa der Erste Weltkrieg – ein Telegramm aus dem Mutterhaus ihres Ordens ein, das die junge Nonne nach Altötting ruft: Sie soll – zusammen mit einer Mitschwester – für zwei Monate nach München gehen, wo man sie im Haushalt der päpstlichen Nuntiatur als Aushilfe braucht.

Seit einem Jahr ist der wichtige Posten des vatikanischen Gesandten in der bayerischen Hauptstadt mit dem aus Rom stammenden Erzbischof Eugenio Pacelli besetzt. Als Schwester Pascalina an ihrem neuen Dienstort eintrifft, ist der Hausherr gerade in Rom – die „Neue“ nutzt also dessen Abwesenheit dazu, sich in das ihr fremde Milieu einzuleben. Das geräumige alte Haus ist in letzter Zeit etwas heruntergekommen: Es bedarf gründlicher Reinigung. Im Putzen und Wäschewaschen ist Pascalina geübt, auch im Kochen – nur die Umstellung auf die italienische Küche bereitet ihr Probleme.

Als nach acht Tagen Nuntius Pacelli aus Rom zurückkehrt, kommt es zum ersten Zusammentreffen mit der neuen Haushälterin: Schwester Pascalina kniet vor der hohen schmalen Gestalt nieder, greift nach der ihr entgegengestreckten Hand und küßt den erzbischöflichen Ring. Nach einigen Begrüßungsworten, die Exzellenz in seinem zu dieser Zeit noch mangelhaften Deutsch an die künftige Mitarbeiterin richtet, schreitet man sogleich zur Arbeit: Es ist viel zu tun im Haus, und man muß daher früh aus dem Bett – nicht zuletzt, um die tägliche Morgenmesse in der nahen Bonifatiuskirche zu erreichen. Um ihr den schweren Dienst zu erleichtern, schlägt ihr Pacelli vor, ihrer Pflicht statt auswärts doch in der Nuntiatur nachzukommen: In der Hauskapelle werden jeden Morgen drei Messen gelesen. Und bei einer dieser drei – es ist gleich am nächsten Tag, einem Sonntag – erlebt Pascalina ihren nunmehrigen Dienstherrn als Zelebranten, aus dessen Hand sie auch die heilige Hostie empfängt.

Über einen Zeitraum von mehr als vierzig Jahren wird Pascalina Lehnert fortan regelmäßig auf diese Weise den Tag beginnen – „ein wunderbares Erlebnis" wird sie es in ihrem Jahrzehnte später erscheinenden Memoirenwerk „Ich durfte ihm dienen" nennen. Und sie wird bei dieser Gelegenheit auch eine gewichtige Stimme zitieren, die ihr Urteil bestätigt: Kardinal Faulhaber, zu jener Zeit Erzbischof von München und „Hausherr" beim Katholikentag des Jahres 1922, nimmt nach dem von Nuntius Pacelli zelebrierten Pontifikalamt Schwester Pascalina zur Seite und flüstert ihr zu: *„Ich habe soeben dem ergreifendsten Meßopfer meines Lebens beigewohnt. So kann nur ein Heiliger zelebrieren!"*

Pascalinas Stellung in der Münchner Nuntiatur, ursprünglich nur als Aushilfe gedacht, gewinnt mehr und mehr an Gewicht. Auch von den politischen Querelen, die mit dem Kriegsende und der damit verbundenen Neuformierung der Staatsmacht einhergehen, bleibt die Fünfundzwanzigjährige nicht unberührt. Am 30. April 1919 – Erzbischof Pacelli hält sich gerade zur Behandlung einer von hohem Fieber begleiteten Grippe in einem Münchner Krankenhaus auf – stürmt ein Trupp bewaffneter Spartakisten, die im Begriff sind, in Bayern ein kommunistisches Rätesystem zu errichten, die Nuntiatur und verlangt die Herausgabe des mit dem Papstwappen geschmückten Dienstwagens.

Da auch der Sekretär außer Haus weilt, stellt sich die resolute Pascalina den Eindringlingen in den Weg und macht den Kommandanten der Roten Brigade auf den exterritorialen Status der Nuntiatur aufmerksam. Von ihrem Protest ebenso wenig beeindruckt wie von der eilends herbeigeschafften, vom Volksbeauftragten für auswärtige Angelegenheiten ausgefertigten Urkunde, beharren die mit Gewehren, Pistolen und Handgranaten bewaffneten Männer auf ihrem Befehl und drängen den total verschreckten Hausdiener in Richtung Garage. Als sich dort herausstellt, daß das Auto momentan fahruntüchtig ist, verlangen sie dessen unverzügliche Wiederherstellung – widrigenfalls das gesamte Personal an die Wand gestellt und das Haus in die Luft gejagt werde. In diesem Augenblick läutet die Hausglocke: Der Nuntius, soeben aus dem Spital entlassen, steht vor der Tür. Von Pascalina in knappen Worten über das Vorgefallene unterrichtet, verliert er einen Moment lang seine Fassung, dann fordert er, gleichfalls auf den der Nuntiatur gesetzlich zustehenden diplomatischen Schutz pochend, die Männer zum Verlassen des Gebäudes auf. Ohne Erfolg: Die Garage muß geöffnet werden, der fahruntüchtige Wagen wird an ein auf der Straße vor dem Haus vorbeifahrendes und zum Anhalten gezwungenes Auto gekettet und kurzerhand abgeschleppt.

Schon 1920 zum Nuntius für ganz Deutschland ernannt, übersiedelt Pacelli erst fünf Jahre darauf von München nach Berlin. Schwester Pascalina bleibt an seiner Seite, auch das übrige Personal sind Deutsche. Nicht zuletzt durch den täglichen Umgang mit ihnen hat Exzellenz seine Kenntnis der Sprache des Gastlandes perfektioniert, was ihm nationalistische Italiener ankreiden. Was die prachtvolle Residenz in der zentral gelegenen und dennoch ruhigen Rauchstraße betrifft, so gehen Auswahl, Renovierung und Einrichtung des Anwesens auf Pascalinas Initiative zurück.

Vor allem die Nähe des Tiergartens, der sich vorzüglich für die nachmittäglichen Spaziergänge eignet, nimmt auch Pacelli für die neue Adresse ein. Die Gesellschaften für die diplomatische und die politische Elite Berlins tragen dem Hausherrn den Ruf eines vollendeten Gastgebers ein. Sowohl Reichspräsident Paul von Hindenburg wie Außenminister Gustav Stresemann wissen es zu schätzen, sich mit dem „bestinformierten Diplomaten in Deutschland" in ihrer Muttersprache unterhalten zu können. Wohlhabende Großbürger mit Besitzungen außerhalb Berlins stellen dem leidenschaftlichen Pferdefreund ihre Reitställe zur Verfügung, und auch von dem elektrisch betriebenen mechanischen Pferd, das er zum Geschenk erhält, macht der Fünfzigjährige gern Gebrauch. Schwester Pascalina ist die erste, der er, eines Tages von seinem Morgenspaziergang im Tiergarten zurückkehrend, von einem Erlebnis berichtet, das bei dem nicht uneitlen Kirchenmann tiefen Eindruck hinterläßt: Ein kleiner Junge sei an ihn herangetreten und habe ihn im schönsten Berlinerisch gefragt: „Sag mal, bist du vielleicht der liebe Gott?"

Pacellis Berliner Jahre enden 1929: Papst Pius XI. ruft seinen Gesandten nach Rom zurück und macht ihn zum Kardinalstaatssekretär, also zum Außenminister des Vatikans. Daß er nun italienisches Personal um sich haben wird, nimmt er mit spürbarer Erleichterung auf: Schwester Pascalinas Herrschsucht ist in letzter Zeit wohl auch ihm zu viel geworden. Für die Führung des römischen Haushaltes ist Pacellis jüngere Schwester Elisabetta vorgesehen. Ihre Vorbehalte gegen die neue Aufgabe, die sie vor allem mit ihrer Doppelverpflichtung als Ehefrau und Mutter begründet, vermag Pacelli zu zerstreuen, und so macht sich Elisabetta an die Arbeit, die künftige Dienstwohnung ihres Bruders oberhalb der Loggien des Apostolischen Palastes standesgemäß herzurichten.

Kaum hat sie damit begonnen, ereignet sich das Unglaubliche: Ohne jede Vorwarnung und ohne das Einverständnis ihres Ordens oder gar des Vatikans eingeholt zu haben, taucht Schwester Pascalina in Rom auf und nistet sich, als wäre nichts gewesen, in der Residenz des Kardinalstaatssekretärs ein, reißt wieder ihre alten Funktionen an sich und verlangt von der völlig verdatterten Elisabetta Pacelli sogar, sie möge ihr italienischen Sprachunterricht erteilen. Nicht einmal von ihrem Ansinnen, ihre beiden früheren Gehilfinnen, ebenfalls deutsche Nonnen, nach Rom nachkommen zu lassen, ist sie abzubringen. Daß sie in ihren späteren Memoiren den Widerstand gegen ihre Person mit keinem Wort erwähnen wird, kann niemanden verwundern. Umso unverblümter rühmt sie das deutsche Ambiente, das mit ihrem Einzug im Vatikan Platz greift: *„Welche Freude hatte Eminenz an seinem ‚deutschen' Hause! Wie sehr gefielen ihm die gediegenen, schönen Möbel seines Arbeitszimmers, die ihm die deutschen Bischöfe nach seinem Abgang aus Berlin zum Geschenk gemacht haben!"*

Es ist ein Sieg auf der ganzen Linie: Nicht genug damit, daß die „tedesca" (die noch spitzere Zungen gar „la papessa" nennen) nun wieder die unumschränkte Herrscherin bei Eugenio Pacelli ist, begleitet sie diesen auch auf seiner ersten Amerikareise. Am 8. Oktober 1936 sticht von Neapel aus der Luxusdampfer Conti di Savoia in See. Der dreißigtägige USA-Aufenthalt des Kardinalstaatssekretärs, bei dem 6500 Meilen zurückgelegt werden, soll der Annäherung zwischen Präsident Roosevelt und dem Vatikan dienen. In ihrem Buch „Ich durfte ihm dienen" berichtet Pascalina Lehnert über dieses Unternehmen mit dem gleichen Stolz wie über die am Palmsonntag des folgenden Jahres von Papst Pius XI. erlassene Enzyklika „Mit brennender Sorge", in deren Kritik an den Konkordatsverletzungen durch die deutsche Reichsregierung und an den unchristlichen Lehren und Praktiken des Nationalsozialismus sie unschwer die Handschrift ihres Dienstgebers Pacelli erkennt.

Im Februar 1939 stirbt Pius XI., Kardinalstaatssekretär Eugenio Pacelli wird im dritten Wahlgang des anschließenden Konklaves zum neuen Pontifex bestimmt. Wieder ist Schwester Pascalina unter den ersten, die vor dem Frischgewählten zum Handkuß niederknien, und während draußen auf dem Petersplatz die zur Begrüßung des Heiligen Vaters versammelten Menschenmassen in Jubel ausbrechen, spendet dieser in seinem Speisezimmer, wo Pascalina wie gewohnt das Nachtmahl aufträgt, den ersten Abendsegen in seiner neuen Funktion. Auch der von ihm am folgenden Tag in der Hauskapelle zelebrierten Morgenmesse dürfen Pascalina und ihre Mitschwestern beiwohnen. In ihrem salbungsvoll-pathetischen Tonfall, der sich durch sämtliche Kapitel ihres Buches zieht, liest sich ihre Erinnerung an jenes erhabene Ereignis wie folgt: *„Die kleine einfache Kapelle erschien mir an diesem Morgen einem wundervollen Dome gleich, in dem der Stellvertreter Christi sein päpstliches Erstlingsopfer dem Ewigen Vater darbrachte, um sich Kraft und Stärke zu holen bei Ihm, der ihm eine unsäglich schwere Bürde auferlegt hatte."*

Pascalinas erste Agenden als nunmehrige Papsthaushälterin betreffen das Auswechseln der Garderobe: *„Der Schneider hatte die Kleider noch nicht gebracht, es mußte ja nun alles weiß sein. Die schwarzen hatten wir schon aus den Schränken genommen."*

Der Papstwahl vom 2. März 1939 folgt zehn Tage später die Krönung. Beim anschließenden Festmahl ist die Stimmung so angespannt, daß die Schwestern es nicht wagen, dem Heiligen Vater zu gratulieren. Kein Wort wird gewechselt, nur die geliebten drei Singvögel in ihren Käfigen, die Pius XII. bei seinen Mahlzeiten Gesellschaft leisten dürfen, erfüllen den Raum mit ihrem gewohnten Gezwitscher, und als wollte er ihnen an diesem besonderen Tag seinen Dank für ihre Anhänglichkeit ausdrükken, erhebt er sich von seinem Platz, öffnet die Türchen der Käfige und läßt den Grünfink und die beiden Kanarienvögel frei im Zimmer herumfliegen.

Vieles ändert sich nun an Eugenio Pacellis persönlichem Haushalt. Papstbiograph John Cornwell spricht von „einer Art Küchenkabinett“. Neben Schwester (beziehungsweise neuerdings „Mutter“) Pascalina und ihren beiden Helferinnen gehören ihm Leibarzt Galeazzi-Lisi, ein Augenfacharzt, ein für die diversen Bauprojekte zuständiger Architekt, der mit den Verwaltungsangelegenheiten betraute Pacelli-Neffe Carlo, die Sekretäre Leiber und Hentrich (beide aus Deutschland stammende Jesuitenpatres) sowie Pacellis engster Vertrauter, Monsignore Kaas, an. Wenig zu reden haben die eigenen Familienmitglieder: Schwester Elisabetta, ihre erbittertste Feindin, wird Pascalina im Zuge des Seligsprechungsverfahrens schonungslos vorhalten, auch *ihren* Zugang zum Papst kontrolliert zu haben. Selbst seine engsten Verwandten bekommen ihn nur einmal im Jahr zu Gesicht: zu Weihnachten. Und auch dieses Zusammentreffen ist – unter der Regie Mutter Pascalinas – streng geregelt: Pünktlich um 16 Uhr werden sie ins Arbeitszimmer des Papstes vorgelassen, dürfen die (natürlich aus Deutschland stammende) Krippe bestaunen, ihre Geschenke in Empfang nehmen und bei Kuchen und heißer Schokolade einige wenige Worte mit dem Gastgeber wechseln.

Das Seligsprechungstribunal wird Elisabetta Pacelli in späteren Jahren Gelegenheit geben, sich an der verhaßten Haushälterin zu rächen. Sie nennt sie „das Kreuz, das der Papst zu tragen hatte“, und streut unter anderem das Gerücht aus, in ihrer maßlosen Herrschsucht sei Pascalina sogar in eine Audienz mit US-Außenminister John Foster Dulles hineingeplatzt – nur, um dem Papst mitzuteilen, daß seine Suppe kalt werde ...

Über solche Vorfälle (und gar über ihren späteren Konflikt mit Kurienkardinal Tisserant) liest man in Pascalina Lehnerts Memoiren klarerweise nichts, dafür aber umso mehr über die Lebensgewohnheiten Pius XII. – etwa über seine Scheu, Einladungen zum Essen anzunehmen (und zwar nicht seines empfindlichen Magens, sondern seiner knappen Zeit wegen, die er lieber am Radio zubringt, um sich über das Weltgeschehen auf dem laufenden zu halten und zugleich seine Fremdsprachenkenntnisse zu erweitern). Auch Gesprächigkeit ist seine Sache nicht: Pacellis Angewohnheit, im Beisein anderer zu schweigen, entnervt so manchen aus seiner Umgebung. Zwar gilt er, was seine Predigten und Ansprachen betrifft, als exzellenter Redner, doch nur Eingeweihte wie Pascalina wissen, wieviele Nächte er für das Überdenken, Ausfeilen und Memorieren seiner Texte aufwendet. Was er absolut nicht leiden kann, ist, bei seinen täglichen Spaziergängen in den Vatikanischen Gärten von Passanten behelligt zu werden: Arbeiter, die gerade am Werk sind, machen es sich zur Angewohnheit, sich bei seinem Erscheinen im Gebüsch zu verstecken.

Um 6.30 steht er auf und beginnt den Tag mit einem kurzen Gebet am offenen Fenster – mit Blick auf den Petersplatz. Nach dem Rasieren (bei dem er das Radio laufen läßt, um dem englischen beziehungsweise französischen Sprachunterricht zu lauschen) und einer kalten Dusche zelebriert Pius XII. in seiner an das Schlafzimmer angrenzenden Privatkapelle die Messe. Das Frühstück – warme Milch und trockenes Brot – nimmt er allein ein. Es folgen die Arbeit in seinem Privatbüro, Besprechungen mit den Vatikansbeamten, Audienzen. Das Studium wichtiger Dokumente verlegt er gern in den Gartentrakt. Zu längeren Ausfahrten bedient er sich eines riesigen altmodischen Cadillacs mit Goldklinken, in dem der Rücksitz gegen eine Art Thron ausgewechselt ist.

Auch nach dem Nachtmahl setzt er seine Arbeit fort – es kann zwei Uhr werden, bis in seinem Schlafzimmer die Lichter ausgehen. Daß er – vor allem seit Kriegsbeginn – auf dem Fußboden schlafe, „um am Leiden der Welt persönlich teilzuhaben", ist eine der vielen Legenden vom „asketischen Papst". Tatsache ist lediglich, daß er unter dem Eindruck der Frontberichte auch im strengsten Winter auf das Heizen seiner Gemächer verzichtet und sich im übrigen noch mehr im Essen eingeschränkt, was zur Folge hat, daß der 1,82 Meter große Mann schließlich nur noch 57 Kilo wiegt.

Sein kostbarstes Gut sind die Bücher. Wenn er im Juli in die Sommerresidenz Castelgandolfo übersiedelt, braucht es jedes Jahr einen ganzen Lastwagen, um die von ihm für die Ferienlektüre ausgewählten Bände hin und her zu transportieren. Überhaupt – die vielen Bücher, deren Zahl von Tag zu Tag anschwillt! Pascalina weiß schon nicht mehr, wo sie sie alle unterbringen soll. Als ihr einmal die kecke Bemerkung entfährt, man könnte doch die überflüssigen Exemplare entsorgen und anzünden, reagiert er entsetzt: *„Was sagen Sie da, Madre – Bücher verbrennen? Verbrennen Sie, was Sie wollen, aber rühren Sie nicht meine Bücher an!"*

Was ihm hingegen nichts bedeutet, ist Geld. Als ihm einer der Kirchenfürsten eine größere Summe überantwortet, die ausschließlich für den päpstlichen Haushalt und die persönlichen Bedürfnisse des Pontifex verwendet werden soll, läßt er den „Schatz" im Safe verstauen. Als Pascalina einige Zeit später Nachschau hält, um den Kassastand zu prüfen, stellt sie fest, daß alles weg ist. Aus den hinterlassenen Aufzeichnungen geht hervor, wofür das viele Geld aufgebraucht worden ist: für den Bau zweier Kapellen am Stadtrand von Rom, für die Wiedererrichtung einer zerstörten Schule, für ein ausgebombtes Dorf, für den Lebensunterhalt Armer und Notleidender da und dort.

Über eine interessante Episode berichtet der Papst-Biograph John Cornwell. Ein Besucher, der Schriftsteller John Guest, habe ihm anvertraut, von Pius XII. gehe ein „seltsam durchdringender Geruch" aus. Es sei „ein kühler, sehr sauberer Duft, der an einen taufrischen frühen Morgen erinnere", fast so etwas wie „ein Geruch der Heiligkeit". Madre Pascalina kann das Phänomen aufklären: Der zu Hypochondrie neigende Heilige Vater habe ihr aufgetragen, sowohl seine Hände wie seine Taschentücher regelmäßig in eine keimtötende Lösung zu tauchen, damit er sich nicht durch menschliche Kontakte mit Viren infiziert.

Auch zu den noch während des Krieges auftauchenden Vorwürfen, Pius XII. habe nicht genug zur Rettung der von den Nationalsozialisten verfolgten und ermordeten Juden getan, nimmt Haushälterin Pascalina Stellung. Unter dem Eindruck des massiv NS-kritischen Hirtenbriefes der holländischen Bischöfe, der im Sommer 1942 einen Hitler-Befehl zur Tötung von 40 000 Juden zur Folge hat, entschließt sich der Heilige Vater, mit einem Dokument vor die Weltöffentlichkeit zu treten, in dem er das Vorgehen der Nazis verurteilt. Originalton Pascalina Lehnert: *„Ich erinnere mich, wie der Heilige Vater zur Mittagsstunde in die Küche kam und zwei mit der Hand beschriebene Blätter Papier mitbrachte. ‚Sie enthalten', so sagte er, ‚meinen Protest gegen die grausame Verfolgung der Juden, und ich wollte sie eigentlich* *heute abend im Osservatore veröffentlichen lassen. Aber ich denke jetzt: Wenn der Hirtenbrief der Bischöfe 40 000 Menschenleben gekostet hat, kann mein eigener Protest, der noch nachdrücklicher formuliert ist, leicht das Leben von 200 000 Juden kosten. Eine so schwere Verantwortung kann ich nicht auf mich nehmen. Es ist besser, in der Öffentlichkeit zu schweigen und dafür insgeheim alles Erdenkliche zu tun.*'"

Da zu dieser Zeit durchaus damit zu rechnen ist, daß eines Tages auch der Vatikan von den Faschisten besetzt wird, trifft man die entsprechenden Vorkehrungen. Pascalina: *„Ich erinnere mich, daß der Heilige Vater solange in der Küche blieb, bis das Dokument vernichtet war."*

Die letzten Jahre von Eugenio Pacellis knapp zwanzigjährigem Pontifikat sind von vielerlei Krankheiten und fortschreitendem körperlichen Verfall getrübt. Er ist zweiundachtzigeinhalb, als er am 9. Oktober 1958 auf seinem Sommersitz Castelgandolfo stirbt. Auch jetzt ist die „tedesca" ständig um ihn, und sie ist es auch, die bei der Suche nach dem Testament die richtige Fährte weist.

Ihr selber sind noch weitere fünfundzwanzig Lebensjahre vergönnt. Sie verbringt sie unter den Mitschwestern ihres Ordens: im Kloster der Barmherzigen Schwestern unweit des Vatikans. Als sie im Herbst 1983 – zum Gedenken an den 25. Todestag „ihres" Papstes – zu einer Vortragstour außer Landes weilt, wird Pascalina Lehnert an einer der Stationen ihrer Reise, nämlich in Wien, vom Tod überrascht: am 13. November 1983, wenige Monate nach ihrem 89. Geburtstag. Ihr Leichnam wird nach Rom überführt und dort auf dem Camposanto Teutonico, dem nahe dem Petersdom gelegenen deutschen Friedhof der Ewigen Stadt, in der Gruft der Barmherzigen Schwestern beigesetzt.

Der gute Geist von Klein-Schönbrunn

Elisabeth von Habsburg-Lothringen und Paul Mesli

Aus einem der Nebenräume dringt vielstimmiger Sprechgesang, es klingt exotisch und heimelig zugleich: Die Wiener Buddhisten sind ein friedliches Völkchen. Auch jene – überwiegend jugendlichen – Teilnehmer der an diesem Nachmittag angesetzten geistlichen Übungen, mit denen ich ins Gespräch komme, treten mir offen und freundlich gegenüber, obwohl mein Interesse nicht ihnen und ihren Glaubenszielen gilt, sondern der Frau, die hier, in dem kaisergelben Spätbiedermeier-Palais in Wien-Hütteldorf, Linzer Straße 452, zwischen 1929 und 1963 residiert hat: Elisabeth Petznek geborene Habsburg-Lothringen. Ich spreche von der Tochter des österreichischen Thronfolgers Kronprinz Rudolf, zu deren Geburt am 2. September 1883 in Schloß Laxenburg in allen wichtigen Städten der Monarchie einundzwanzig Geschützsalven abgefeuert werden, die sich, von den Ihren liebevoll „Erzsi" gerufen, noch in jungen Jahren von Kaiserhaus und Hofgesellschaft lossagt und die in zweiter Ehe den prominenten Sozialisten Leopold Petznek heiratet: die „rote Erzherzogin".

Auch dies spricht für die Unbefangenheit der heutigen Hauseigentümer: In einem der Parterreräume haben sie Schautafeln aufstellen lassen, die mit Großaufnahmen aus dem Fundus des k.k. Hofmobiliendepots bestückt sind, damit auch „Eindringlinge" wie ich auf ihre Rechnung kommen. Ich sehe also die mit dreißig abtrünnig werdende Kaiserliche Hoheit in ihren verschiedenen Lebensaltern: als behütetes Kind, als junge Dressurreiterin, als Gemahlin des zehn Jahre älteren Fürsten Otto Windisch-Graetz, als Mutter der aus dieser Ehe hervorgehenden vier Kinder, als einsame und an zahlreichen

Gebrechen leidende alte Frau. Nur einer bleibt in dieser Fotogalerie ausgespart: Leopold Petznek, ihr eigentlicher Lebensmensch.

Es wäre allerdings irrig, hinter diesem Manko eine bewußte Regie der Leute von „Soka Gakkai International“ zu vermuten, die seit 1994 in diesem „Klein-Schönbrunn“ ihren religiösen Zielen nachgehen: Vom Hofmobiliendepot, dem Bundesdenkmalamt und der Österreichischen Nationalbibliothek, denen die kleine Dauerausstellung zu verdanken ist, waren offensichtlich nur Bilder aus der ersten Lebenshälfte der Kronprinzessin zu erhalten. Für die Dokumentation ihrer späteren Jahre hätten wohl die Archive der SPÖ das nötige Material liefern müssen, doch dort scheint man hieran wenig Interesse zu haben, und so muß ich wohl oder übel den Fußmarsch zum Hütteldorfer Friedhof antreten, um wenigstens dort des ungewöhnlichen Paares Elisabeth und Leopold Petznek gedenken zu können: In der imposanten Gruft an der rechtsseitigen Mauer des hügelaufwärts angelegten Friedhofs sind die beiden seit 1963 vereint – freilich ohne jeden sichtbaren Hinweis. Weder Grabplatte noch Grabkreuz sind mit den berühmten Namen versehen: Erzherzogin Elisabeth, einst von Kronprinz Rudolf, ihrem (als sie selber fünf Jahre alt ist) in Mayerling aus dem Leben scheidenden Vater, zum Universalerben seines Privatvermögens bestimmt und von Kaiser Franz Joseph, ihrem Großvater, als Vormund betreut, will am Ende ihres knapp achtzigjährigen Lebens alle Spuren ihres Erdendaseins verwischen und auch ihr Grab nicht zur Pilgerstätte werden lassen – weder für die unbeirrt Kaisertreuen noch für die „Gegenseite“, die in Elisabeths rebellischer Hinwendung zur Sozialdemokratie und ihrem Engagement für die Sache der „Kinderfreunde“, der „Roten Falken“ und der „Sozialistischen Frauenbewegung“ deren eigentliche Lebensleistung erblickt.

Umso klarere Verhältnisse herrschen auf dem Stammersdorfer Zentralfriedhof, wo ich das Grab jenes Mannes aufsuche, der von 1955 bis zu Erzherzogin Elisabeths Tod am 22. März 1963 zu deren engsten Vertrauten gezählt, sie in diesen acht Jahren als Pförtner, Gärtner und Faktotum umsorgt, ihr jeden noch so exzentrischen Wunsch von den Augen abgelesen, ihr auch in Stunden ungerecht-unbeherrschter Zurechtweisung die Treue gehalten, über die Höhen und Tiefen seines Lebens in „Klein-Schönbrunn" liebevoll-minutiös Tagebuch geführt und somit der Zeitgeschichtsschreibung wertvollstes Erinnerungsmaterial hinterlassen hat. paul Mesli ist der Name dieses verdienstvollen Zeitzeugen, der seit Jänner 1995 im Stammersdorfer Familiengrab ruht. Er hat das schöne Alter von 87 Jahren erreicht.

Die Meslis sind Donauschwaben. Nach ihrer Internierung und Vertreibung durch das Tito-Regime gelangen sie nach dem Zweiten Weltkrieg aus der ehemals habsburgischen Batschka in den Raum Wien – in der Hoffnung, hier eine neue Heimat zu finden. In seinem Geburtsort Filipowa geht Paul sechs Jahre in die Volksschule, wird später in mühseligem Selbststudium nachholen müssen, was er, durch die ungünstigen Zeitumstände bedingt, an Bildung versäumt hat. Er erlernt das Friseurhandwerk und zieht in jungen Jahren von Hof zu Hof, um den Bauern der Gegend die Köpfe zu scheren.

Auch in der neuen Heimat sind es zunächst Gutshöfe, auf denen er Arbeit findet. Als Staatenloser muß er froh sein, wenn er seine inzwischen gegründete Familie mit landwirtschaftlichen Hilfsdiensten bei einer Reihe niederösterreichischer Bauern durchbringen kann. Mit der Übersiedlung nach Wien wechselt er in den Gärtnerberuf.

Einer der beiden Betriebe, die ihn anstellen, hat den 27 000 Quadratmeter großen Park der Windisch-Graetz-Villa zu restaurieren, die 1955 – also nach dem Abschluß des österreichischen Staatsvertrages und dem Abzug der letzten Besatzungstruppen – ihrer rechtmäßigen Eigentümerin zurückgegeben worden ist: Erzherzogin Elisabeth. Haus wie Park sind seit der Konfiszierung durch die Russen (und nachfolgend der Franzosen) in einem erbarmungswürdigen Zustand: Die Gärtnerbrigade hat also alle Hände voll zu tun, das wildwuchernde Unkraut zu beseitigen, die einstigen Rasenflächen und Parkwege wiederherzustellen, die Beete frisch zu bepflanzen.

Einer der Gärtner, die sich dabei besonders hervortun und deren Tüchtigkeit auch der Frau des Hauses ins Auge sticht, ist Paul Mesli. Die Folge: Elisabeth Petznek wirbt den Achtundvierzigjährigen ab und stellt ihn auf ihrem Anwesen als Privatgärtner ein, dem sehr bald auch andere Aufgaben übertragen werden – vor allem die des Pförtners, wofür es in dem Dutzende Prunkräume umfassenden Anwesen einen eigenen Zubau gibt.

Von hier aus also wacht Paul Mesli, „assistiert" von den zwei Schäferhunden der passionierten Tierfreundin Elisabeth, über den stolzen Besitz, in dem nun wieder all die vielen Schätze von einst ihren gewohnten Platz innehaben: die prachtvollen alten Möbel, die kostbaren Teppiche, die Delfter Fayencen und das chinesische Porzellan, Tafelgeschirr und Schmuck, Gemäldesammlung und Bibliothek. Doch leider fehlt auch so manches wertvolle Stück: Kaiserin Elisabeths Brautschleier zum Beispiel, eines der liebsten Souvenirs der Kronprinzentochter, wird wohl für alle Zeiten unauffindbar bleiben.

Paul Mesli, Privatsekretär Rudolf Feltrini und Kammerzofe Josefine Steghofer sind die drei, die das uneingeschränkte Vertrauen der Hausherrin genießen. Das übrige Personal unterliegt umso häufigerem Wechsel – sei es, daß die keinerlei Widerspruch Duldende mit deren Leistungen nicht zufrieden ist und sie Hals über Kopf aus dem Haus jagt, sei es, daß manche der Ärmsten, der ständigen Zurechtweisungen müde, von sich aus das Weite suchen.

Mag sie auch noch so dezidiert verfügt haben, nur mit „gnädige Frau“ angesprochen zu werden – für den „harten Kern“ Mesli–Feltrini–Steghofer bleibt Elisabeth Petznek bis an ihr Lebensende die „Kaiserliche Hoheit“, der ihre Bediensteten nicht einmal verübeln, wenn sich einer der Hunde an ihnen „vergreift“ – es ist dann eben immerhin ein „kaiserlicher Biß“.

Daß sich die Kaiserenkelin seit ihrer Lebensgemeinschaft mit dem Sozialdemokraten Leopold Petznek offen als „Linke“ deklariert und den zwei Jahre Älteren sogar zu „roten“ Kundgebungen, Aufmärschen und Wahlversammlungen begleitet, ist für diese Treuesten der Treuen kein Widerspruch, ja, es ist anzunehmen, daß deren Loyalität so weit geht, auch in ihrem eigenen parteipolitischen Wahlverhalten der Stimme ihrer Herrin zu folgen.

Was ihnen allen ein Rätsel bleibt, ist hingegen Elisabeth Petzneks Verhältnis zur Religion: Die „rote Erzherzogin“ ist zwar aus der katholischen Kirche ausgetreten, doch auf dem Nachtkästchen haben Kruzifix und Gebetbuch unverändert ihren festen Platz, und wenn sie wieder einmal voll des Lobes ist über die Anhänglichkeit des „lieben Herrn Mesli“, drückt sie diesem dankbar die Hand und raunt ihm zu: „Sie kommen ganz bestimmt einmal in den Himmel!“

Schlimme Zeiten brechen für die Kronprinzentochter an, als – kaum ein Jahr nach dem Wiedereinzug in ihr „Klein-Schönbrunn“ – ihr über alles geliebter zweiter Mann stirbt: der vom einfachen Volksschullehrer zum Parlamentarier, zum Präsidenten des Niederösterreichischen Landtages und zuletzt sogar zum Rechnungshofpräsidenten aufgestiegene Leopold Petznek. Der schwer Herzleidende, wohl auch noch von den

NS-Jahren der Deportation und KZ-Internierung gezeichnet, wird Anfang August 1956 auf dem nahen Hütteldorfer Friedhof zu Grabe getragen. Bedingt durch die katastrophalen Wohnverhältnisse in den Notquartieren der unmittelbaren Nachkriegszeit, selber an vielerlei Gebrechen leidend und daher auch beim Begräbnis ihres Mannes an den Rollstuhl gefesselt, schottet sich die Dreiundsiebzigjährige nun noch konsequenter von der Außenwelt ab, und selbst im Umgang mit den eigenen Kindern aus der gescheiterten Ehe mit Otto Windisch-Graetz ist sie von unnachsichtiger Strenge. Über die Besuche ihres ältesten Sohnes Franz Joseph, der nach 1945 nach Kenia ausgewandert ist, um dort als Großwildjäger zu leben, schreibt Paul Mesli in sein Tagebuch:

„Er durfte höchstens eine Stunde bei der Mami bleiben. Kam er nicht zur vereinbarten Zeit, wurde er nicht vorgelassen. Einmal war er für 15.00 Uhr angemeldet, hatte sich jedoch aus irgendeinem Grund um drei Minuten verspätet. Als er die Portierloge betrat, sagte er zu mir: ‚Fragen Sie bitte, ob ich noch kommen darf.' Die gnädige Frau antwortete nur: ‚Drei Minuten zu spät.' Franz Joseph erhielt die Erlaubnis, den Park zu besichtigen, und verließ nach einer Dreiviertelstunde wieder den mütterlichen Besitz."

Ähnliches berichtet Mesli über die Besuche der jüngsten Tochter, der in Belgien lebenden Stephanie, die stets mit ihrem zweiten Mann angereist kommt. Da Elisabeth Petznek diesen Carl Axel Björklund, einen schwedischen Kaufmann, nicht ausstehen kann, bleibt er prinzipiell von der „Audienz" ausgeschlossen, muß die ganze Zeit über im Park warten.

Die Diensteinteilung in der Villa Windisch-Graetz sieht vor, daß die Portierloge rund um die Uhr besetzt ist: Paul Mesli und seine Ablöse wechseln einander im 24-Stunden-Takt ab, für die Ruhestunden steht im Nebenraum ein einfaches Schlaflager bereit. Mesli, der seit 1954 ein Siedlungshäuschen im Stadtrandbezirk Leopoldau bewohnt, benützt für den weiten Weg zu und von seinem Arbeitsplatz die öffentlichen Verkehrsmittel Bahn und Tram.

Daß die Aktentasche, die er stets mit sich führt, randvoll mit Papieren, Aktenkopien und Fotos gefüllt ist, die er in den ruhigen Stunden in der Portierloge „bearbeitet", geschieht keineswegs hinter dem Rücken seiner Dienstgeberin, sondern mit deren ausdrücklicher Zustimmung: Mesli, seit seiner Vertreibung aus der Batschka ein leidenschaftlicher Hobbyhistoriker, hat es sich zur Aufgabe gemacht, die Lebens- und Sterbedaten seiner Landsleute zusammenzutragen und die Geschichte seiner verlorenen Heimat niederzuschreiben.

Als er nach dem Tod Elisabeth Petzneks am 22. März 1962 die Linzer Straße 452 verläßt und nach Schönbrunn überwechselt, wo ihm die Aufsicht über die Gloriette übertragen wird, ist ein Großteil der Vorarbeiten für sein Lebenswerk vollendet, und als er – wieder ein paar Jahre später – in den Ruhestand tritt, kann er – unterstützt von zwei Helfern – mit voller Kraft darangehen, aus seinen Aufzeichnungen eine Reihe von Büchern zu machen: sechs Bände „Filipowa – Bild einer donauschwäbischen Gemeinde".

Eine einzigartige Leistung! Und obendrein ein bemerkenswerter finanzieller Kraftakt, denn Bücher kosten Geld – überhaupt, wenn man für Druck und Vertrieb selber aufzukommen hat. Woher nimmt ein kleiner Pensionist, der eine Familie zu erhalten und ein Eigenheim abzuzahlen hat, das dafür nötige Geld? Um diese Frage zu beantworten, kommt ein letztes Mal Elisabeth Petznek ins Spiel ...

Als nach dem Ableben der Kronprinzentochter deren Testament eröffnet wird, kommt es zu einer Reihe von Überraschungen. Ihr denkmalgeschütztes Palais, das für die Dauer von acht Jahren Paul Meslis Arbeitsplatz gewesen ist, hat sie schon neun Monate vor ihrem Tod um den Preis von 3,1 Millionen Schilling an die Gemeinde Wien veräußert – unter der Bedingung eines lebenslänglichen Wohnungs- und Nutzungsrechtes für ihre Person. Der dazugehörige riesige Park geht in den Besitz ihres Sohnes Franz Joseph über, der sich ebenfalls für die öffentliche Hand als Käufer entscheiden wird. Die Villa wird in späteren Jahren als Schulungszentrum einer Wiener Großbank, das rückwärtige Parkareal zum Bau einer umfangreichen städtischen Wohnhausanlage genutzt werden (in deren unmittelbarer Nähe übrigens die Stadt Wien, fünfunddreißig Jahre nach Elisabeth Petzneks Tod, eine Gasse nach der „roten Erzherzogin" benennen wird).

Das Inventar der Windisch-Graetz-Villa, die auf viele Millionen geschätzten Kunst- und Wertgegenstände, vererbt Elisabeth Petznek der Republik Österreich: Sie werden – je nach Zuständigkeit – im Kunsthistorischen Museum, im Museum für Angewandte Kunst, in der Albertina, in der Schatzkammer, im Schloß Schönbrunn und in der Porträtsammlung der Nationalbibliothek landen. Und was ist mit den Getreuen, die die schwierige alte Dame in ihren letzten Lebensjahren umsorgt haben?

Biograph Friedrich Weissensteiner äußert sich vorsichtig: *„Die ‚rote Erzherzogin' erwies sich in ihrem Testament den meisten ihrer Bediensteten und Bekannten gegenüber als dankbar und großzügig."* An anderer Stelle wird er präziser: *„Die Bediensteten, ein paar Freunde und die beiden Rechtsanwälte erhielten Zuwendungen zwischen 10 000 und 300 000 Schilling."*

Es ist anzunehmen, daß Pförtner Mesli unter denjenigen mit den kleineren Beträgen ist. Und es ist so gut wie sicher, daß dieses Geld in sein Lebenswerk fließt:

in Druck und Vertrieb seiner sechsbändigen Heimatgeschichte „Filipowa – Bild einer donauschwäbischen Gemeinde“.

Mit Ausnahme seiner beiden letzten Lebensjahre, in denen er, seit einem Schlaganfall beidseitig gelähmt, an den Rollstuhl gefesselt ist, versäumt es Paul Mesli nie, der einstigen Dienstgeberin mit einem Allerheiligen-Besuch an ihrem Grab seine Reverenz zu erweisen. Sein eigenes, ganz persönliches Denkmal hat er ihr schon in seinen Tagebuchaufzeichnungen gesetzt, die in allen Einzelheiten die letzten Stunden der Kaiserenkelin festhalten: ihren körperlichen Verfall, ihre Selbstmordgedanken, ihre letzten Verfügungen, darunter den Befehl zur Tötung ihrer über alles geliebten Hunde, schließlich ihre Aufbahrung, die Überführung des mit einem weißen Spitzentuch ausgelegten und mit einem kleinen Glasfenster versehenen Metallsarges auf den Hütteldorfer Friedhof. Meslis ergreifender Bericht schließt mit den Worten: „Voll tiefer Ehrfurcht neigte ich mein Haupt noch einmal vor dieser einst so starken Frau ...“

Habsburgerin h.c.

Kaiserin Zita und Gräfin Korff-Schmising-Kerssenbrock

An das einst blühende Klosterleben von Muri erinnert heute nur noch das kleine von Benediktinermönchen betriebene Hospiz, das der prachtvollen Barockkirche angegliedert ist. Muri – das ist jenes malerisch im Schweizer Kanton Aargau gelegene Städtchen dreißig Kilometer südwestlich von Zürich, dessen natürlicher Mittelpunkt nach wie vor die von allen Reiseführern gepriesene, anno 1027 gestiftete Basilika zum heiligen Martin ist. Graf Radebot von Habsburg, Gemahlin Ita von Lothringen und Bischof Wernher von Straßburg gelten als ihre Gründer.

Wie fast alle Klöster von Rang blickt auch dieses auf eine bewegte Geschichte zurück. Einst von Patres aus Einsiedeln besiedelt und mit einer weithin berühmten Schule ausgestattet, brennt der ursprüngliche Bau um das Jahr 1300 ab, es folgen Plünderungen und kriegsbedingte Verwüstungen, und auch dem 1532 vollendeten Wiederaufbau bleiben Rückschläge nicht erspart – so vor allem, als 1841 die kirchenfeindlichen Eingriffe der aargauischen Provinzregierung zur Aufhebung des Konvents führen. Erst in den frühen Dreißigerjahren des 20. Jahrhunderts erkennen auch die weltlichen Instanzen, welchen Schatz Kloster Muri darstellt, und so schreiten Bund und Kanton gemeinsam zur aufwendigen Innen- und Außenrenovierung des Baujuwels, das 1941 ins Eigentum der örtlichen Pfarrgemeinde übergeht.

Worauf bei dem ehrgeizigen Unternehmen besonderer Wert gelegt wird, ist die Wiederherstellung des aus der Mitte des 16. Jahrhunderts stammenden Kreuzganges und seiner im Nordarm installierten Loretokapelle.

Und sie, die ehrwürdige Weihestätte mit dem wappengeschmückten Kreuzrippengewölbe, der edlen Muttergottesstatue und dem schlichten Barockaltar, ist es, die nach unserer besonderen Aufmerksamkeit heischt, dient sie doch seit 1971 dem Hause Habsburg als Familiengruft.

Die an der rechten Seitenwand der Kapelle angebrachte Schrifttafel gibt darüber Auskunft, welche Mitglieder des österreichischen Kaiserhauses an diesem Ort zur ewigen Ruhe bestattet sind. Durchwegs Nachkommen des letzten Kaiserpaares Karl und Zita, sind dies deren zweiter Sohn, Erzherzog Robert, die mit Sohn Rudolf vermählte Erzherzogin Xenia samt Kind Johannes, die mit Sohn Felix vermählte Erzherzogin Anna Eugenia und schließlich eine Frau, deren Name dem Uneingeweihten Rätsel aufgeben mag: Therese Gräfin von Korff genannt Schmising-Kerssenbrock. Was verschafft dieser Frau, die weder eine Habsburgerin gewesen ist noch einen Habsburger zum Mann gehabt hat, die Berechtigung, in der Habsburgergruft beigesetzt zu werden?

Auch die wenigen weiteren Hinweise auf der Schrifttafel geben darüber keinerlei Aufschluß – weder die Lebensdaten (geboren in Lichtenstein/Böhmen am 6. Oktober 1888, gestorben in Chur am 10. Februar 1973) noch der ominöse Zusatz „Sternkreuzordensdame“. Wir müssen also die einschlägige Literatur heranziehen, um dem Geheimnis auf die Spur zu kommen. Das Sternkreuz, so lesen wir in Jean Sévillias Zita-Biographie, ist der „Orden des Erzhauses Österreich für Damen aus dem römisch-katholischen Hochadel“. Wir haben es also bei Therese Gräfin von Korff offensichtlich mit einer Person zu tun, die sich um das Haus Habsburg in besonderer Weise verdient gemacht haben muß. Dafür spricht auch, daß – wiederum höchst ungewöhnlich! – ihrem offiziellen Namen ein zwischen Anführungszeichen gesetztes „Korffi“ vorangestellt ist, was sich wie eine Art Kosename liest.

Wir forschen weiter. Den entscheidenden Hinweis liefert der Kirchenführer, der am Verkaufsstand von Kloster Muri angeboten wird. Die vornehmlich den architektonischen Eigenheiten der Anlage gewidmete Broschüre enthält selbstverständlich auch ein Kapitel über den Kreuzgang, und dort, bei der detaillierten Beschreibung der Loretokapelle, stoßen wir – neben dem Hinweis auf das hinter dem Altar beigesetzte Behältnis mit den Herzen des letzten österreichischen Kaiserpaares – auf eine Fußnote, die endlich Klarheit schafft: Bei Gräfin Korff – von Karl, Zita, deren Kindern, ja dem gesamten kaiserlichen Gefolge liebevoll „Korffi“ gerufen – handelt es sich um jene Hofdame, die sechsundfünfzig Jahre lang – von 1917 bis zu ihrem Tod am 10. Februar 1973 – Kaiserin Zitas engste Vertraute gewesen ist: ihre ständige Begleiterin, die Erzieherin ihrer Kinder, in den Jahrzehnten der Flucht und des Herumirrens von Exil zu Exil ihre Schicksalsgefährtin.

Für jeden, der jemals ihre Dienste in Anspruch genommen hat, allen voran Otto von Habsburg, ist „Korffi“ im Laufe ihres Lebens fast zu einem ebenbürtigen Mitglied der Familie geworden. Und so wiederholt sich bei ihrem Tod, was einst schon Maria Theresia nach dem Ableben ihrer geliebten Obersthofmeisterin Gräfin Fuchs verfügt hat: So wie diese als erste und einzige Nicht-Habsburgerin honoris causa in der Kapuzinergruft beigesetzt wird, erhalten die sterblichen Überreste der Gräfin Korff-Schmising-Kerssenbrock einen Ehrenplatz in der Habsburgergruft zu Muri.

Wien, Winter 1916/17. Österreich-Ungarn befindet sich seit zweieinhalb Jahren im Krieg. Am 21. November ist der sechsundachtzigjährige Franz Joseph gestorben. Großneffe Karl tritt seine Nachfolge an. Der junge Kaiser hat alle Hände voll zu tun, das in seinen Grundfesten erschütterte Reich zusammenzuhalten: Da bleibt fürs Familienleben wenig Zeit. Auch Gemahlin Zita von Bourbon-Parma, die ihm vier Kinder geschenkt hat, muß, gerade erst vierundzwanzig Jahre alt, eine Reihe öffentlicher Aufgaben übernehmen, stattet am laufenden Band den Lazaretten, Waisenhäusern und Volksküchen Besuche ab.

Zur Betreuung der Kaisersprößlinge Otto, Adelhaid, Robert und Felix muß also eine Erzieherin aufgenommen werden. Die Wahl fällt auf die aus dem böhmischen Lichtenstein stammende Gräfin Therese Korff-Schmising-Kerssenbrock: Am 1. Februar tritt die Achtundzwanzigjährige ihren Dienst in Schönbrunn an. „Aja" lautet die Berufsbezeichnung der neuen Hilfskraft bei Hofe – die antiquierte italienische Vokabel klingt heimeliger als der strenge Begriff Gouvernante.

Gräfin Kerssenbrock, die man im Kreise der kaiserlichen Familie schon bald – wohl auch der einfacheren Aussprache wegen – Korff (und noch später mit dem Diminutiv „Korffi") rufen wird, hat es im Moment noch, was ihren Aufgabenbereich bei Hof betrifft, mit Kleinkindern im Alter zwischen fünf und einem Jahr zu tun. Kaiserin Zitas mütterliche Strenge erfährt durch „Korffis" Milde ein nicht unwichtiges Korrektiv. Dies gilt vor allem, als die Kinder älter werden und nun dem intensiven Lernprogramm ihrer Mutter unterworfen werden. Otto, der Älteste, wird darüber später aussagen: *„Die Gräfin Kerssenbrock war ein Segen für uns alle. Sie hat immer wieder für uns interveniert und auch geschaut, daß die Strafen nicht allzu hart ausfielen."*

Karl und Zita haben sich entschlossen, ihre Kinder nach dem österreichischen und zugleich nach dem ungarischen Lehrplan unterrichten zu lassen. Für ersteres wird ein Hauslehrer aus Tirol, für letzteres ein Priester aus Ungarn engagiert, Mademoiselle Batard beziehungsweise Mademoiselle Sépibus obliegt der Französischunterricht. Der Stundenplan, gegen dessen Strenge sich sogar die Lehrkräfte aufzulehnen versuchen, sieht von 6 bis 8 Uhr Hausaufgaben vor, von 8.30 bis 12 sowie von 14 bis 17 Uhr Unterricht und von 17 bis 19 Uhr abermals Hausaufgaben. Was total gestrichen ist, sind Ferien. Erst auf allgemeinen Einspruch hin läßt sich Zita zur Gewährung eines vierwöchigen Sommerurlaubs überreden: Wenigstens den August über sollen die Kinder frei haben. *„Es war sehr hart“*, wird Otto von Habsburg später resümieren. Aber er wird auch hinzufügen: *„Gott sei Dank“*. Als Ausgleich und Erholung sind sportliche Betätigung und Ausflüge in die nähere Umgebung zugelassen. Man geht schwimmen und segeln, und man fährt Rad. Bei allen diesen Aktivitäten ist es immer Korffi, der das Kommando übertragen ist.

Korffis Arbeitsprogramm – die Kaiserin wird im März 1918 und im September 1919 weitere zweimal Mutter – nimmt noch an Umfang und vor allem an Schwierigkeit zu, als der Krieg für Österreich-Ungarn verloren geht, die Monarchie zusammenbricht und das Herrscherpaar Wien verlassen muß. Eine nicht enden wollende Odyssee der Entthronten nimmt ihren Anfang, und immer ist Korffi an vorderster „Front“ mit dabei: Sie begleitet die kaiserliche Familie ins ungarische Gödöllö, an die österreichische Zwischenstation Eckartsau, an die Schweizer Exilorte Schloß Wartegg, Villa Prangins und Schloß Hertenstein.

Nicht nur, daß die von Ort zu Ort Irrenden samt ihren Getreuen im Nachbarland alles andere als willkommen sind, versagen ihnen die Schweizer Behörden auch jegliche Unterstützung, als es darum geht, die durch Kaiser Karls Restaurationsversuche in Ungarn auseinandergerissene Familie wieder zusammenzuführen. Korffis am 7. November 1921 an die eidgenössische Regierung in Bern gerichteter Bittbrief, dem inzwischen von den Ententemächten an ein ungewisses Ziel abgeschobenen Kaiserpaar eine Nachricht über den Verbleib der Kinder zukommen zu lassen, die sich nach wie vor unter der Obhut ihrer Erzieherin auf Schloß Hertenstein bei Luzern aufhalten, bleibt unbeantwortet. Immerhin kann die Unermüdliche den ihr Anvertrauten eine gewisse Zerstreuung verschaffen, indem sie mit den Kindern zu Wandertouren in die Graubündner Berge aufbricht oder ihnen den Stammsitz ihrer Dynastie, die im Kanton Aargau gelegene Habichtsburg, zeigt.

Nach fast dreiwöchiger Irrfahrt kreuz und quer durch mittel- und osteuropäische Gewässer, ja, bis an die asiatische, dann wieder an die spanische und schließlich an die portugiesische Küste trifft das britische Dampfschiff „Cardiff" mit seinen unfreiwilligen Passagieren Karl und Zita am 19. November 1921 im Hafen von Funchal ein. Erst jetzt, als die verzweifelten Eltern – wochenlang ohne jedes Wissen, was aus ihren Kindern geworden ist und ob sie jemals wieder mit ihnen vereinigt werden würden – ihren Fuß auf Madeira setzen, erreicht sie die erlösende Nachricht der Erzieherin: Die Kleinen sind wohlauf. Unverzüglich reicht das Kaiserpaar um die Erlaubnis ein, Otto, Adelhaid, Robert, Felix, Karl Ludwig, Rudolf und Charlotte aus der Schweiz nachkommen zu lassen. Sechs der sieben treffen am 25. Jänner 1922 auf der Atlantikinsel ein. Robert, der Drittälteste, folgt in Begleitung der Gouvernante einen Monat später nach: Der Sechsjährige hat sich erst noch von einer Blinddarmoperation erholen müssen.

Konnte sich Korffi, solange sie sich mit den ihr anvertrauten Kindern in der Schweiz aufhielt, auf die tätige Mithilfe der zahlreichen dort ansässigen Zita-Verwandtschaft verlassen, so wird auf Madeira, wo man ganz auf sich allein gestellt ist, die finanzielle Situation der kaiserlichen Familie prekär. Der entmachtete Regent verfügt über keinerlei Einkünfte, sein gesamtes Vermögen ist von der jungen Republik Österreich konfisziert, das letzte bißchen Bargeld ist aufgebraucht, die in der Schweizerischen Nationalbank in Bern hinterlegten Juwelen aus Zitas Privatschatulle werden von dem mit dem Verkauf betrauten Mittelsmann veruntreut. Portugal erklärt sich zwar bereit, den Exilierten Asyl zu gewähren, kommt aber nicht für deren Lebensunterhalt auf.

Im Pensionspreis des Fünf-Stern-Hotels Reid's, wo man sich für die ersten drei Monate niederläßt, ist der Kaffee nach dem Mittagessen nicht inbegriffen, also wird er gestrichen. In den Straßen von Funchal können die Einheimischen einer Kaiserin beim Einkaufen und einem Kaiser bei der täglichen Besorgung der Zeitungen begegnen. Als man am 18. Februar 1922 das Angebot eines wohltätigen Grundbesitzers annimmt, in dessen hoch über Funchal gelegene Sommervilla umzuziehen, treten neue Probleme auf: Zum Hunger gesellt sich nun, sobald es Winter wird, auch noch die Kälte. Unter den rund dreißig Personen des „Hofstaates" brechen Krankheiten aus, und so weit auch die Kinder davon betroffen sind, ist es selbstverständlich wieder Korffi, der die Pflege obliegt.

Auch beim Ableben des Kaisers – der vierunddreißigjährige Karl stirbt am 1. April 1922 zur Mittagsstunde – fallen der inzwischen dreiunddreißigjährigen Gräfin Kerssenbrock eine Reihe heikler Aufgaben zu: „Seine Majestät heute sanft verschieden!" telegraphiert sie nach Wien. Auch das Waschen und Kleiden des Toten liegt in ihren Händen, und bei dem von Zita und den älteren Kindern angeführten Leichenzug ist sie den jüngeren der sieben Halbwaisen Stütze und Geleit. „Korffi hat uns in diesem Moment sehr geholfen", wird Otto von Habsburg später aussagen.

Sie wird dies auch weiterhin tun – und zwar bis zu ihrem eigenen Ableben. Noch am Abend von Kaiser Karls Todestag ruft sie die Dienerschaft zusammen und eröffnet ihr, daß der erstgeborene Otto von Stund an mit „Majestät" anzusprechen sei.

Auch bei der nun einsetzenden Odyssee der ihres Vaters beraubten kaiserlichen Familie erweist sich Korffis ruhige Hand als unverzichtbar: Sie begleitet Zita und die Kinder an alle Stationen ihres künftigen Lebens – ob es Lequeitio an der spanischen Baskenküste ist, wo man bis 1929 Unterschlupf findet, Schloß Ham bei Brüssel oder die im Mai 1940 einsetzende Flucht vor den Nazis, die sie über Dünkirchen, Paris und Bordeaux nach Spanien und Portugal führt. Auch als die Kinder beginnen, sich auf eigene Beine zu stellen, und Zita in Amerika eine neue Heimat zu finden versucht (zuerst im kanadischen Quebec, dann in Tuxedo bei New York), ist Korffi an ihrer Seite: Nun ist es die Exkaiserin selber, der die vier Jahre Ältere als Gesellschafterin und Sekretärin dient.

Da es ihre Natur ist, sich stets diskret im Hintergrund zu halten, wird nur wenig über ihre persönliche Lebensweise bekannt. Nur eines sickert durch: Gräfin Kerssenbrock genannt Korffi hat zwei Schwächen, die es vor der auch in diesem Punkt überstrengen Zita geheimzuhalten gilt: Sie raucht, und sie kippt gern ein, zwei Gläschen Sherry.

1953 kehrt Zita nach Europa zurück und läßt sich in Schloß Berg bei Luxemburg nieder, wo ihre hochbetagte, schwerkranke Mutter Maria Antonia ihre Hilfe braucht. Nach deren Tod 1959 nehmen Zitas Kinder – teils in Belgien, teils in Deutschland – die inzwischen siebenundsechzigjährige Mutter auf.

Bei der Feier ihres 70. Geburtstages äußert Zita den Wunsch, künftig doch wieder über ein eigenes Heim zu verfügen. Sie findet es – gemeinsam mit ihrer langjährigen Vertrauten Korffi – im Johannesstift in der kleinen Graubündner Gemeinde Zizers, einem von katholischen Schwestern geführten Altersheim nahe der österreichischen Grenze. Die drei Räume im zweiten Stock, die sich Zita, ihre geistig behinderte Schwester Isabella und Gräfin Kerssenbrock teilen, sind betont einfach möbliert: Die Exkaiserin begnügt sich mit einem Tisch, einer Kommode, einem Bücherregal, einem Kleiderkasten sowie Nachttisch und Bett. Als „Salon" dient den drei Damen eine verglaste Veranda, die an eines der Zimmer angrenzt. Das Mobiliar ist Stiftseigentum. An eigenen Habseligkeiten beschränkt sich Zita auf ein paar Landschaftsgemälde, ein Ölporträt Kaiser Karls, die Fotos ihrer Kinder, die geliebten Bücher und die alte Reiseschreibmaschine, von der sie sich niemals trennen wird.

Größten Wert legt sie auf die Nähe der Hauskapelle, in der sie täglich zur Frühmesse erscheint. Auch weiß sie es zu schätzen, daß das Stift über eine Reihe von Gästezimmern verfügt, in denen die Besucher einquartiert werden können, die zu ihren Geburtstagsfeiern anreisen. Auch sie selber unternimmt noch die eine oder andere Reise – eine davon, 1962 in Begleitung der treuen Korffi, ist eine Pilgerfahrt ins Heilige Land.

Diese Gräfin Kerssenbrock, genannt Korffi, ist für alle, die sie kennen, ein einzigartiges Phänomen: Dank des hohen Alters, das sie erreicht, und dank der schier unversiegbaren Energie, die ihr der Herrgott geschenkt hat, umfaßt ihre Obsorge für das Haus Habsburg nicht weniger als drei Generationen. Zuerst sind es die acht Kinder des Kaiserpaares, die sie eines nach dem anderen aufzieht, dann sind es die Enkel, bei deren Betreuung sie immer wieder besuchsweise einspringt, und schließlich ist sie selbstverständlich auch zur Stelle, sollte die alternde Zita Hilfe brauchen. Letzteres fällt allerdings am wenigsten ins Gewicht: Auch mit 80 bringt die Kaiserin, schon um die Hausangestellten des Johannesstiftes zu entlasten, ihr Zimmer selber in Ordnung. Eher sind es die anderen Insassen des Altersheimes, denen Korffi im Krankheitsfall beisteht oder denen sie über ihre Einsamkeit hinweghilft.

Als sie 1965 – nach einem Herzinfarkt – selber zur Patientin wird und mehrere Krankenhausaufenthalte hinter sich bringen muß, kommt es zu einem Rollentausch, der alle, die davon erfahren, tief beeindruckt: Jetzt ist es Zita, die die Pflege der vier Jahre Älteren in die Hand nimmt. Es ist, als wollte die Kaiserin auf ihre alten Tage ihrer eigenen Namensgeberin nacheifern – jener in allen Heiligenkalendern verzeichneten Dienstmagd Zita, die sich im 13. Jahrhundert im toskanischen Lucca für ihre Herrschaft aufgeopfert hat und darüber zur immerwährenden Schutzpatronin aller Hausangestellten geworden ist.

Zu Korffis 80. Geburtstag im Oktober 1968 reisen sämtliche Mitglieder der kaiserlichen Familie an, um der Hochverdienten ihre Dankbarkeit zu bezeugen. Selbst dem in Mexiko lebenden Kaisersohn Felix ist die Reise ins schweizerische Zizers nicht zu weit. Als sie Anfang 1973 von ihrem letzten Krankenhausaufenthalt aus Chur zurückkehren soll, stehen Zita, deren Sohn Rudolf und ein ebenfalls in Zizers zu Besuch weilender Enkel zur Abholung bereit. Als man sich zum gemeinsamen Mittagsmahl im Speisesaal treffen will, wird Zita plötzlich von einer seltsamen Unruhe erfaßt: Sie steigt in den Aufzug und kehrt noch einmal in das Zimmer der Patientin zurück. Es ist Korffis letzte Stunde: An die Schulter ihrer Herrin gelehnt, schläft die Vierundachtzigjährige für immer ein.

Stellvertretend für die acht Kaiserkinder, ist es Erzherzogin Charlotte, die Zweitjüngste, die ihrer „Aja" nach deren Ableben einen besonders liebevollen Nachruf widmen wird. Sie schreibt:

„Korffi hat mit meiner Mutter alles Schöne und alles Schwere mitgetragen. Sie war der gute Geist der Familie. Ihr Leben mit uns war längst kein ‚Dienstverhältnis' mehr, sondern eine echte, tiefe Freundschaft. Getrennt von ihrer Familie in Böhmen, gab es für sie kein Zurück in die alte Heimat. Das bedeutete für meine Mutter und für uns, daß sie für immer bei uns bleiben müsse. So wie Korffi sich stets um unser Wohl und Wehe gesorgt und ein Leben lang für uns gebetet hatte, so betrachtete meine Mutter Korffis Familie als die ihre, bangte um deren schweres Schicksal im Osten, überlegte alle Möglichkeiten der Hilfe und freute sich, wenn ihre Verwandten zu Besuch kamen. Als sie starb, hatten wir eine Getreue auf Erden verloren, aber eine machtvolle Beterin vor Gott gewonnen."

Therese Gräfin von Korff genannt Schmising-Kerssenbrock wird in der zwei Jahre vor ihrem Tod errichteten Habsburgergruft in Kloster Muri (Aargau) beigesetzt.

Der erste Mann im Buckingham Palast

Elizabeth II. und Sir Robert Fellowes

Queen Victoria ist das erste unter den britischen Staatsoberhäuptern, das sich mit einem „private secretary" umgibt. Sie ist achtundvierzig Jahre alt und dreißig Jahre auf dem Thron, als sie sich 1867 zu dieser Art der Arbeitsteilung entschließt. Es wird mit den Jahren zu einem der begehrtesten Ämter, das die englische Krone zu vergeben hat: die rechte Hand des Monarchen.

Auch die gegenwärtig regierende Queen, Elizabeth II., verwendet alle erdenkliche Sorgfalt darauf, den Posten des Privatsekretärs nur mit den Besten der Besten zu besetzen. Und da es ein aufreibender und obendrein schlecht bezahlter Job ist, ist er häufigem Wechsel unterworfen. Christopher Geidt, der seit 2007 das Amt innehat, ist bereits der sechste, dessen Dienste Elizabeth II. in Anspruch nimmt. Zwei Gründe sind es, deretwegen der „erste Mann im Buckingham Palast" fast immer frühzeitig aus dem Amt scheidet: Entweder hat er das mit sechzig festgesetzte Pensionsalter erreicht, oder der übermäßige Streß gebietet einen Tapetenwechsel.

Sir Robert Fellowes ist einer von den Letzteren: Als er 1999 den Dienst als königlicher Privatsekretär quittiert und ins Bankfach überwechselt, ist er erst achtundfünfzig. Aber die zehn Jahre, die er seinen Beruf ausgeübt hat, sind die anstrengendsten seines Lebens: Sie fallen in die Zeit, da das englische Königshaus wie kaum je zuvor ins Wanken gerät – Stichwort Diana.

Als in der Nacht vom 30. auf den 31. August 1997 die Prinzessin und ihr letzter Liebhaber, Dodi al-Fayed, in Paris tödlich verunglücken, muß der arme Sir Robert für seine unumschränkte Loyalität zum Königshaus büßen und im Zuge der bald darauf einsetzenden Spekulationen um Hergang und Ursache der Katastrophe sogar in Kauf nehmen, der Mitwirkung an einem Mordkomplott verdächtigt zu werden. Er sei kurz vor dem Unglück in Paris gesehen worden, wo er – vom Nachrichtenzentrum der dortigen Botschaft aus – das angeblich von der Queen angezettelte und vom britischen Geheimdienst organisierte Verbrechen gesteuert habe. Alle Beteuerungen, er habe sich zur Zeit des Unglücks nachweislich an seinem Wohnsitz in Norfolk aufgehalten, helfen ihm nichts: Die vom Vater des Diana-Geliebten, al-Fayed, in Umlauf gesetzten und den britischen Medien zugespielten Verschwörungstheorien wuchern und wuchern weiter, und sie sind bis zum heutigen Tag nicht verstummt. Da kann man es wohl verstehen, wenn der gute Mann eines Tages genug davon hat, sich vom Buckingham Palast verabschiedet und in seinen früheren Beruf zurückkehrt: ins Bankfach.

Was den Fall Robert Fellowes so heikel, ja pikant macht, sind die verwandtschaftlichen Haupt- und Querverbindungen innerhalb seiner Sippe. Der Vater, Major William Fellowes, steht als Verwalter des königlichen Landsitzes Sandringham dem Hof nahe; Mutter Jane ist eine geborene Ferguson und als solche die Tante von Queen Elizabeths Schwiegertochter Sarah, der geschiedenen Herzogin von York. Aber es kommt noch „dikker“: Als Robert Fellowes am 20. April 1978 heiratet, ist es Prinzessin Dianas ältere Schwester, Jane Spencer, mit der der Sechsunddreißigjährige vor den Traualtar tritt. Die Zeremonie findet in der Guard’s Chapel bei Wellington Barracks statt, einen Steinwurf vom Buckingham Palast entfernt. Diana ist eine der Brautjungfern.

Aus dieser ungewöhnlichen Verquickung dreier hofnaher Familien auf besonders engen Zusammenhalt untereinander zu schließen, wäre allerdings irrig: Man ist miteinander aufs innigste verfeindet. Für die Fergusons ist Robert Fellowes der „enemy in the camp“, und die bekannt schrille Sarah wandelt seinen Namen gar in „Bellows“ ab, was so viel wie „Blasebalg“ bedeutet. Auch Diana und Schwager Robert mögen einander nicht besonders, was in den kritischen Jahren des Scheiterns der Ehe von Thronfolger Charles eine Rolle spielen wird.

Nach außen hin stellt sich Robert Fellowes' Lebensgeschichte als lupenreine Bilderbuchkarriere dar: Der am 11. Dezember 1941 in London Geborene besucht das exklusive Eton College, absolviert seinen Militärdienst bei den Schottischen Garden und wendet sich zunächst dem Geldgeschäft zu, wo er es bis zum „managing director“ der angesehenen Privatbank Harvey & Ross bringt. Mit sechsunddreißig tritt er in den Dienst des Königshauses ein, dem zu dieser Zeit Elizabeth II. seit fünfundzwanzig Jahren vorsteht.

Seine Tätigkeit im Buckingham Palast ist zunächst die eines Assistenten des königlichen Privatsekretärs. Nach dreizehn Jahren rückt er zur Nummer 1 auf und ist somit für die nächsten neun Jahre die rechte Hand der Queen, dem nicht nur der gesamte Beraterstab Ihrer Majestät, sondern auch die Königlichen Kunstsammlungen, das Königliche Archiv und die Stallmeisterei unterstehen. Robert Fellowes, auf Grund seiner Verdienste um Bestand und Wohl der Monarchie von seiner Dienstgeberin zum Ritter geschlagen, zum Baron nobilitiert und nach seinem Ausscheiden aus dem Königshaus auch mit der Würde eines Lord ausgestattet, steigt also zum mächtigsten Mann im Buckingham Palast auf.

Mit seiner Familie – Gattin Jane und den drei Kindern Laura, Alexander und Eleanor – in der Grafschaft Norfolk ansässig, steht Sir Robert nun die Übersiedlung an eine der illustresten Adressen Londons zu: Er bezieht eines der Kavaliershäuser von Kensington Palace. Nottingham Cottage – so der offizielle Name – zählt zu den schönsten Domizilen innerhalb des Palastkomplexes. Eine der früheren Bewohnerinnen, „Lilibeths" einstige Gouvernante Marion Crawford, hat es als „einen Traum aus roten Ziegeln" beschrieben, „mit Rosen am Eingang und Löwenmäulchen, Lavendel und duftenden weißen Nelken im Garten". Den Sommer über steht der Familie des königlichen Privatsekretärs außerdem ein Cottage auf Schloß Balmoral, dem Feriensitz der Queen, zur Verfügung.

Die Bilder, die von Sir Robert Fellowes kursieren, zeigen ihn als einen gepflegten Mann von schlanker Gestalt und tiefernstem Gesichtsausdruck. Daß er in dem 2006 gedrehten, „Oscar"-preisgekrönten Film „The Queen" ohne Brille „auftritt", liegt an einer Verfälschung, die auf das Konto des Drehbuchautors geht: Obwohl zu der Zeit, da die Handlung des Films spielt (nämlich im Jahr 1997), noch Robert Fellowes den Posten des königlichen Privatsekretärs innehat, holt man aus unerfindlichen Gründen dessen Nachfolger Robin Janvrin vor die Kamera (in Gestalt des Schauspielers Roger Allam).

Inhaltlich macht diese Ungenauigkeit der Filmleute allerdings kaum einen Unterschied, wie es überhaupt für die Rechte und Pflichten des Privatsekretärs Ihrer Majestät ein über die Jahre und Jahrzehnte gleichbleibendes Regularium gibt, das allenfalls durch den auch vor dem Königshaus nicht Halt machenden technischen Fortschritt gewisse Veränderungen erfährt. Dem „Private Secretary" – ob er Robert Fellowes, Robin Janvrin oder (seit 2007) Christopher Geidt heißt – obliegt es, die Königin in allen Staatsangelegenheiten zu beraten und zu unterstützen. Er lenkt die Kontakte zur jeweiligen Regierung, zum Parlament, zur Kirche, zu den Streitkräften und zu allen Institutionen, deren Patronat die

Monarchin innehat. Er organisiert sämtliche in- und ausländischen Auftritte der Queen, sämtliche Presse- und Fototermine, ist für Elizabeths Website verantwortlich, schreibt ihre Reden.

In einer der vielen Queen-Biographien, die in Umlauf sind, lesen wir über das ebenso honorige wie verantwortungsvolle Amt: *„Der Privatsekretär Ihrer Majestät ist die wichtigste Figur in der Palasthierarchie. Er ist der Filter, der Wichtiges von Unwichtigem trennt. Und alles, was wichtig ist, dringt über ihn ans Ohr der Königin. Er muß sich einmischen, ohne den Eindruck zu erwecken, sich einzumischen. Da er tausend Geheimnisse erfährt, muß er zwischen jenen, die enthüllt werden, und jenen, die im Dunkeln bleiben sollen, unterscheiden. Er führt ein Leben unter Bedingungen, bei denen der geringfügigste Zwischenfall zu einem Desaster führen kann. Er muß einerseits wie ein Staatsmann auftreten, andererseits wie einer, der kaum von einem Lakai zu unterscheiden ist.“*

Selber auf ein Gehalt angewiesen, das weit unter dem liegt, was ein Mann seines Zuschnitts in der Privatwirtschaft verdient, wird vom „private secretary“ auch erwartet, daß er darauf achtet, die Ausgaben des Königshauses möglichst gering zu halten – überhaupt, seitdem das Staatsvolk bei jedem an die Öffentlichkeit dringenden Finanzskandal die Frage nach der Existenzberechtigung der Monarchie stellt. Straff organisiert ist daher – um nur ein Beispiel zu nennen – die „Verkaufspolitik“ des ebenfalls dem Privatsekretär unterstellten Archivs. Für jedes von Medien oder Buchverlagen angeforderte Porträtfoto der Queen sind – je nach Auflage gestaffelt – horrende Gebühren abzuführen. Auch gilt als Bedingung, daß bei jeder Veröffentlichung Ihre Majestät voll im Bild erscheint, also auch dann, wenn es nur um die Wiedergabe eines ihrer Ringe oder eines einzelnen Diamanten aus ihrer Krone geht.

Ein eigenes Kapitel sind die Zusammenkünfte der Queen mit der zu ihren einmal pro Monat stattfindenden Lunch-Partys geladenen Prominenz: Dem Privatsekretär obliegt es, die Gästeliste vorzuschlagen und von der „Chefin“ absegnen zu lassen. Die Zahl der Auserwählten beträgt in der Regel zwölf, die Dauer des gemeinsamen Mahls anderthalb Stunden. Das Erscheinen der Gastgeberin kündigt sich durch das Auftauchen ihrer Hunde an, wobei sich fast immer das gleiche Ritual abspielt: Einer der Gäste, der sich vor den anderen hervortun möchte, beugt sich zu einem der Corgies nieder, um ihn zu streicheln, woraufhin die Queen den Vorwitzigen sanft in seine Schranken weist: „Bitte lassen Sie das, die hören nur auf mich.“

Auch bei den sommerlichen Gartenfesten, bei denen sich einmal pro Jahr Ihre Majestät unters Volk mischt, führt der Privatsekretär Regie, und das gilt erst recht bei ihren Auslandsreisen, deren Programm bereits Monate vorher bis ins kleinste vorbereitet und, sofern es sich um einen offiziellen Staatsbesuch handelt, in einem eigenen „blue book“ festgehalten ist, das unter den Bediensteten ehrfurchtsvoll „die Bibel“ genannt wird. Das Privatsekretariat setzt die Reden auf und empfiehlt die zu verwendenden Sprachen: Die Queen spricht fließend Französisch, Prinzgemahl Philip überdies Deutsch.

Ist Elizabeth II. „at home“, empfängt sie nach Morgentoilette und Frühstück (Müsli, Vollkorntoast und eine Kanne Earl Grey), nach dem Abhören der Radionachrichten und dem traditionellen Ständchen des Dudelsackpfeifers als ersten den „private secretary“, der sein Büro eine Etage tiefer hat, zur Morgenkonferenz. In einem großen Korb bringt er ihr die Zeitungen des Tages: „Times“, „Daily Mail“, „Express“, „Mirror“ und „Racing Post“. Wie es heißt, greift die Pferdenärrin Elizabeth bevorzugt nach letzterer. Boulevardblätter wie „Daily Star“ und „Sun“ rührt sie nicht an; das Kreuzworträtsel im „Daily Telegraph“ hebt sie sich für den Abend auf. Sodann werden die eingelangte Korrespondenz durchgegangen, die jeweils anfallenden Staatsdokumente studiert, das „Briefing“ für die zu erwartenden Botschafterempfänge und Amtseinsetzungen vorgenommen. Ist ihr Gegenüber kein Speichellecker, sondern ein beherzter Typ wie Sir Robert, bleiben ihr auch unangenehme Nachrichten nicht erspart. Umgekehrt braucht auch die Queen sich kein Blatt vor den Mund zu nehmen: Sie weiß, daß ihr Vertrauter niemals etwas gegen ihren Willen nach außen trägt.

Das gilt besonders für jene unheilvolle Zeit in den frühen Neunzigerjahren, da die Ehe von Charles und Diana zerbricht, die aufmüpfige Prinzessin das Königshaus von einer Krise in die andere stürzt und der auf Etikette und Verschwiegenheit bedachten Monarchin laufend schwierige Entscheidungen abverlangt werden. Daß Sir Robert einerseits mit Diana verschwägert, andererseits aber nicht besonders gut auf sie zu sprechen ist, macht die Sache für ihn nicht leichter.

Als im Zuge der Veröffentlichung des Enthüllungsbuches von Andrew Morton, das im Juni 1991 alle Alarmglocken des Buckingham Palastes schrillen läßt, der Verdacht aufkommt, Diana selber könnte den Autor mit all den intimen Details versorgt, ja das „Schandwerk“ gar autorisiert haben, verstrickt sich der arme Sir Robert in ein so unheilvolles Geflecht aus Dementis, Ausflüchten und Notlügen, daß er, total entnervt, der Königin seinen Rücktritt anbietet. Diese lehnt ab, Robert Fellowes bleibt weitere acht Jahre im Amt.

Auch die Ehescheidung des Kronprinzen, Dianas Unfalltod und die Kalamitäten rund um die zögerliche Trauerarbeit der Queen „übersteht“ Sir Robert. Erst im Februar 1999, als über die Sache allmählich Gras zu wachsen beginnt, zieht sich der inzwischen Siebenundfünfzigjährige aus der Öffentlichkeit zurück, übergibt das königliche Privatsekretariat an seinen bisherigen Vize Robin Janvrin und heuert seinerseits bei einer der großen Londoner Privatbanken als zweiter Vorstandsvorsitzender an, bevor er zum Präsidenten des Aufsichtsrates aufsteigt und seine Kräfte auch dem Winston Churchill Memorial Trust und der Mandela Rhodes Foundation zur Verfügung stellt.

Überflüssig zu betonen, daß Sir Robert Fellowes' Beziehung zum Königshaus auch über seinen Abgang hinaus intakt bleibt; dem House of Lords, dem Oberhaus des britischen Parlaments, das ihn am 26. Oktober 1999 in seine Reihen aufnimmt, gehört er sowieso auf Lebenszeit an. Sir Robert kann also mit sich und der Welt zufrieden sein. Daß er mit seinen Bemühungen um Imagekorrektur des zeitweise heftig angefeindeten Königshauses nicht in allem und jedem Erfolg gehabt hat, wird er verschmerzen können. Nur auf Prinz Charles ist er nach wie vor nicht gut zu sprechen. Immer, wenn er in den Zeitungen Bilder sieht, die den Thronfolger beim Polospiel zeigen, kommt der alte Ärger wieder in ihm hoch. Polo ist eine Sportart, der das Odium des Exklusiv-Elitären anhaftet: Spieler wie Zuschauer gehören der versnobten Oberschicht des englischen Geldadels an, und davon sollte sich das Königshaus nach Sir Roberts Auffassung im Interesse der Monarchie fernhalten. Doch Prinz Charles schlägt die Warnungen des Königlichen Privatsekretärs in den Wind und frönt weiter seinem umstrittenen Hobby. Da ist die scheinbar so unbelehrbare Queen aus ganz anderem Holz geschnitzt: Sie läßt sich auf Sir Roberts Anraten sogar dazu überreden, bei ihren Ausfahrten im Pkw – entgegen ihrem bisherigen Verhalten – den Sicherheitsgurt anzulegen.

Das Erbstück

Christina Onassis und Eleni Syros

Auch die vierte Ehe scheitert, es ist ihre letzte. Im Oktober 1987 wird die sechsunddreißigjährige Christina Onassis vom Vater ihres einzigen Kindes, dem Franzosen Pierre Roussel, geschieden. Tochter Athina ist etwas über zweieinhalb Jahre alt.

Die Erbin des Onassis-Imperiums ist nie eine Schönheit gewesen. Daß ihr dennoch die Männer zu Füßen liegen, hat natürlich mit ihrem unermeßlichen Reichtum zu tun, und das weiß auch sie. Die Debakel sind vorprogrammiert. Hinzu kommen eine Reihe gesundheitlicher Probleme: Ihre notorischen Schlafstörungen bekämpft Christina mit Tabletten; um ihr Übergewicht zu korrigieren, unterzieht sie sich einer riskanten Schönheitsoperation.

Sollte sie trotz all der Enttäuschungen durch nichtsnutzige Ehemänner und bezahlte Lover noch ein weiteres Mal nach einem festen Partner Ausschau halten, spielt dabei der Wunsch nach Sex eine untergeordnete Rolle: Christina Onassis sucht einen Beschützer, der Ruhe in ihr chaotisches Privatleben bringt. Der in Argentinien lebende gebürtige Grieche Jorge Tchomlekdjoglou, Betreiber einer Textilfirma in Buenos Aires, könnte dieser Mann sein. Die beiden kennen einander seit ihrer Teenagerzeit; jetzt, im Spätsommer 1988, nimmt Christina wieder die Verbindung mit ihm auf. Daß sie mit der Tür ins Haus fällt und gleich von Heirat redet, erschreckt den acht Jahre Älteren: Man kommt überein, bei Christinas nächstem Argentinien-Aufenthalt die Angelegenheit in aller Ruhe zu erörtern.

Die Reise nach Buenos Aires tritt sie allein an: Tochter Athina, von einer Mittelohrentzündung überrascht, muß in der Schweiz zurückbleiben. Nur ihre langjährige Bedienstete Eleni Syros ist an Christinas Seite. Sie kennt Eleni noch von der Zeit her, da diese – sowohl in Paris wie auf der Onassis-Insel Skorpios – für ihren Vater gearbeitet hat. Als Aristoteles Onassis nach dem tödlichen Flugzeugunglück seines Sohnes Alexander im Jänner 1973 dessen zwei Jahre jüngere Schwester Christina nach New York schickt, damit sie sich in der dortigen Firmenzentrale in die vorgesehene Übernahme des Unternehmens einarbeitet, gibt er ihr die ebenso clevere wie loyale Eleni als „Abschiedsgeschenk" mit, als Erbstück. Christina weiß es ihrem Vater zu danken: Eleni Syros wird in den verbleibenden fünfzehn Jahren zum ruhenden Pol in ihrem unruhigen Leben, mausert sich von der befehlsempfangenden Dienstbotin zur echten Freundin, die in jeder noch so verfahrenen Situation für ihre „Herrin" einsteht.

Auch während der Tage in und um Buenos Aires ist Eleni ständig um sie: kümmert sich um Gepäck und Logis, überwacht die medizinische Versorgung der Dauerpatientin, sorgt für deren leibliches Wohl. Sogar, was Christinas Heiratsabsichten betrifft, hat sie eine Art Mitspracherecht: Eleni Syros ist seit Jahren die einzige Vertraute, auf die sie hört.

Für 18. November ist die entscheidende Aussprache mit Jorge Tchomlekdjoglou angesetzt. Christina will also an diesem Tag besonders gut in Form sein. Da es am Vorabend bei der Grill-Party im 37 Kilometer von Buenos Aires entfernten Tortugas-Club spät geworden ist, läßt Eleni ihre Dienstgeberin ausschlafen. Nur, als Christina auch um 10 Uhr noch nicht zum vereinbarten Frühstück erscheint, hält Eleni in deren Appartement Nachschau. Zu ihrer Verwunderung findet sie die Badezimmertür verschlossen. Eleni, wie keine zweite mit den Gewohnheiten ihrer Dienstgeberin vertraut, schlägt Alarm: Niemals steigt Christina in die Badewanne, bevor sie Kaffee getrunken hat. Das herbeigerufene Personal bricht die Tür zum Badezimmer auf: Christina Onassis ist tot. Die Ärzte stellen ein akutes Lungenödem fest, das zum Herzinfarkt geführt hat.

Eleni Syros nimmt auf ihre stille Weise von der Frau Abschied, der sie fünfzehn Jahre treu gedient hat. Ein weiteres Mal also – und jetzt zum letzten Mal – bestätigt sich: In allen entscheidenden Augenblicken ihres Lebens sind es weder ihre Blutsverwandten noch ihre Ehemänner, weder ihre Liebhaber noch ihre Freunde, die Christina Onassis zur Seite stehen, sondern das von ihr beziehungsweise ihrem Vater bezahlte Personal. Ob es den drei Wochen vor ihrem 38. Geburtstag eingetretenen Tod betrifft oder ihre früheste Kindheit – nie sind es die „eigenen" Leute, die für sie da sind, sondern immer nur die Angestellten ...

Ihr Biograph William Wright bringt es auf den Punkt: *„Aristoteles Onassis liebte seine zwei Kinder von ganzem Herzen. Er überschüttete sie nicht nur mit jedem vorstellbaren, sondern auch mit manchem unvorstellbaren Luxus – etwa, wenn er Christinas Puppen von Christian Dior einkleiden ließ. Die Familie besaß prunkvolle Paläste am Meer, eine Penthouse-Wohnung in Paris, ein Stadthaus in New York und eine ozeantüchtige Yacht von atemberaubender Pracht. Für die Erziehung und die Freizeit seiner Kinder stellte er Gouvernanten und Privatlehrer, Sporttrainer und Spielgefährten ein. Was er ihnen jedoch nicht geben konnte, waren Aufmerksamkeit und Zeit."*

Noch schlimmer: Mutter Tina Onassis. Schon in jüngsten Jahren muß Christina lernen, mit der bitteren Erfahrung zu leben, daß die Frau, die sie zur Welt gebracht hat, mit Liebe geizt, sich sogar für das „häßliche" Kind schämt. Es sind also im wesentlichen die Angestellten der diversen Onassis-Haushalte, auf deren

Obsorge Christina und auch ihr Bruder angewiesen sind. Und da den beiden niemand sagt, daß auch ihnen, den Angestellten, Respekt gebührt, machen Christina und Alexander mit den Domestiken, was sie wollen, spielen rücksichtslos ihre Vormachtstellung aus, terrorisieren sie nach Herzenslust. Was zur Folge hat, daß auch sie, die laufend Gedemütigten, keinerlei Sympathie für die Onassis-Kinder entwickeln.

In diesem vergifteten Klima ohne Nestwärme wachsen Alexander und Christina auf: Statt sie als Ersatzeltern zu akzeptieren, betrachten sie die ihnen zugeteilten Gouvernanten und Dienstboten als bezahlte Zuchtmeister, denen es mit allen Mitteln Widerstand zu leisten gilt.

Mit elf kommt Christina nach England, wo ihre Mutter, im Zuge der Callas-Affäre von Aristoteles Onassis geschieden, mit dem Herzog von Blandford eine zweite Ehe eingegangen ist. Wieder ist es eine Gouvernante, die Mutter Tina die Sorge um ihre Tochter abnimmt. Doch unglücklicherweise kann Christina diese Mademoiselle Lahare nicht und nicht ausstehen und läßt dies die Ärmste Tag für Tag spüren. Sie gebärdet sich jetzt noch wilder, stürzt sich von einem Hobby ins andere. Mademoiselle Lahare weint sich bei einer Freundin aus: Ihr Schützling gleiche einem Schmetterling, der von einer Blüte zur anderen flattert und nirgendwo ausharrt.

Die Spannungen zwischen den beiden steigern sich noch, als Christina eines Abends, als sie schlafen gehen soll, der von ihr gehaßten Gouvernante das Recht streitig macht, sie zu Bett zu bringen. Statt dessen macht sie sich an die Kinderfrau der im selben Haushalt lebenden Stiefgeschwister heran: Der sechsjährige James und die drei Jahre jüngere Henrietta aus Blandfords erster Ehe werden von einer „Nanny“ namens Charoneau betreut, und unter deren liebevoll-warmem Wesen blüht Christina auf. Ihr flüstert die Elfjährige eines Abends zu: „Kommst du nachher zu mir und sagst mir Gute Nacht, Nan?" Mademoiselle Charoneau tut, wie ihr geheißen, tritt, nachdem das Licht gelöscht ist, ins Schlafzimmer, gibt Christina einen Kuß und wünscht ihr mit den Worten „Gott segne dich, mein Liebes!" einen guten Schlaf. Die Folge: Die im Umgang mit dem Personal sonst so ruppige Christina umarmt die Ersatz-Nurse und drückt sie fest an sich. Mademoiselle Charoneau ist freudig überrascht: Kann der kleine Satan also doch auch zärtlich sein ... Würde es dieser warmherzigen Mittdreißigerin am Ende gar gelingen, die Schwererziehbare zu bändigen?

Tatsächlich kommt zwischen Mademoiselle Charoneau und Christina Sympathie auf. Die Herrschsucht des nach Strich und Faden verwöhnten Luxusgeschöpfes vermag allerdings auch sie nicht zu bannen: Christina bringt mit ihrer Ungeduld die um Disziplin Bemühte mehr als einmal zur Verzweiflung – so etwa, als sie eines Tages Mademoiselle Charoneau dazu auffordert, mit ihr in die Stadt zu fahren und neue Schuhe für sie einzukaufen.

Man trifft in Oxford ein, findet jedoch nicht gleich einen Parkplatz.

„Da ist einer, Nan!" sagt Christina und deutet auf eine Parklücke auf der gegenüberliegenden Straßenseite.

„Das geht nicht, da ist Parkverbot!" erwidert Charoneau.

„Na und?" beharrt Christina auf ihrem Willen. „Ich bezahl' das Strafmandat."

„Sehr schön – und *ich* krieg' die Strafpunkte."

Von diesem Tag an ist auch das Verhältnis zwischen Christina und Charoneau gestört: Für die auf Anstand und Sitte bedachte Kinderfrau ist es nicht mit ihren Vorstellungen von Erziehung vereinbar, daß ihr Schützling davon überzeugt ist, jedes der Erfüllung seiner Wünsche entgegenstehende Hindernis mit Geld aus dem Weg schaffen zu können.

Auch die Lehrer der hochvornehmen Headington-Mädchenschule in Oxfordshire, in die Christina nun geschickt wird, leiden unter den Launen der Elfjährigen. Da sie die täglichen Klavierübungen verweigert, muß ihr Miss Gawthorne, die Musiklehrerin, mit dem Ausschluß vom Unterricht drohen. Es ist allerdings dieselbe Rosemary Gawthorne, die eines Tages auch eine überraschend erfreuliche Seite im Wesen ihres Schützlings entdeckt. Die Kinder sollen einen Aufsatz über ihr schönstes Ferienerlebnis schreiben. Miss Gawthorne rechnet damit, daß Christina – im Gegensatz zu ihren Mitschülerinnen, die von solchem Luxus nur träumen können – mit ihren Abenteuern auf der Onassis-Yacht, mit ihren Begegnungen mit all den im Elternhaus ein- und ausgehenden Berühmtheiten oder mit ihrem zügellosen Shopping in den Nobelläden von Paris und New York prahlen wird.

Nichts davon tritt ein: Christina berichtet in ihrem Aufsatz von einem Ferienaufenthalt in der nahe Athen gelegenen Villa ihrer Lieblingstante Artemis Garofalides und schildert in bewegten Worten, wie sehr sie die Ruhe und Abgeschiedenheit des friedlichen Ortes und vor allem den Garten mit seinen schönen Blumen, die Obstbäume und den Blick aufs nahe Meer genossen habe. War es für das mit allen Luxusgütern dieser Welt überreich versorgte Kind justament deren zeitweilige Absenz, die für sie zu einem ganz besonderen Erlebnis geworden war? Miss Gawthorne zeigt sich glücklich, ihrer sonst so schwierigen Schülerin dieses schöne Bekenntnis entlockt zu haben – sie wird die Story immer wieder, wenn sie nach ihren Erfahrungen mit Christina Onassis gefragt wird, zum Besten geben.

Eine, die eisern schweigt, wenn sie von den Klatschreportern der Weltpresse bedrängt wird, ihre Erlebnisse an der Seite der Onassis-Erbin auszuplaudern, ist die schon erwähnte Eleni Syros, die in späterer Zeit – und zwar von 1973 bis zu Christinas Tod im November 1988 – deren engste Vertraute ist. Mit dem herkömmlichen Begriff Dienstmädchen ist, was sie in diesen fünfzehn Jahren leistet, nur unzureichend erfaßt. Ihr Aufstieg von der Kammerzofe zur Hausdame, Gesellschafterin und schließlich Freundin einer der reichsten, mächtigsten und wohl auch unglücklichsten Frauen dieser Welt läßt sie zu einer Geheimnisträgerin sondergleichen werden, die alle diese Geheimnisse für sich behält. Christina Onassis weiß es ihr zu danken: Mit einem Legat von 200 000 Dollar setzt sie die treue Seele in ihrem Testament ein. Und der gleiche Betrag ist für Elenis Ehemann Jorge Syros bereitgestellt, der ebenfalls jahrelang für Christina Onassis gearbeitet hat.

1971 geht die zwanzigjährige Christina ihre erste Ehe ein; 1975, 1978 und 1984 folgen die drei weiteren. Eleni bekommt alles hautnah mit. Als 1978 der zehn Jahre ältere Sowjetbürger Sergej Kausov, seines Zeichens Funktionär der staatlichen Transportorganisation „Sowfracht“, in Christinas Leben tritt, sieht es zunächst danach aus, daß Eleni, die zu dieser Zeit dem Pariser Haushalt ihrer Dienstgeberin vorsteht, ihren Posten verlieren wird. Im Zuge der Hochzeitsvorbereitungen – das große Fest soll in Moskau gefeiert werden – stellt sich heraus, daß die sowjetischen Behörden nicht bereit sind, auch Eleni einreisen zu lassen. Eine Superkapitalistin mit „Hofstaat“ – das ist für die Moskauer Betonschädel zu viel. Christina und Eleni fallen einander schluchzend in die Arme. Was ist, wenn sie einander niemals wiedersehen? Christina bringt es nicht über sich, den Zug nach Moskau zu besteigen, ohne ihre wichtigste Angestellte angemessen versorgt zu wissen. Sie drückt Eleni 200 000 Dollar Bargeld in die Hand – mit der einzigen Auflage, es ihr im Falle eines Scheiterns der Ehe Nummer 3 zurückzahlen zu müssen.

Die Ehe hält zwei Jahre, Eleni kehrt auf ihren alten Posten zurück und mit ihr – auf den Groschen genau – das auf einem Treuhandkonto geparkte Geld. Viele, die von dieser Episode später erfahren werden, können es kaum glauben, daß es eine Hausangestellte mit solch rigiden Prinzipien geben soll ...

Die beiden Syros, unterstützt von einem Großaufgebot weiteren Personals, bilden ein perfektes Team. Ihre Dienstpflichten schließen auch die prompte Erfüllung der Gästewünsche mit ein: Vor allem auf der Onassis-Insel Skorpios und an Bord der „Christina" wimmelt es von Besuchern aus der High Society, die mitunter sogar die Hausherrin noch an Exzentrik übertreffen. Christina läßt sie mit ihrem Lear-Jet aus London, Paris oder Genf einfliegen und in fünfzehnminütigem Weiterflug per Hubschrauber zu ihrem Domizil bringen. Um ihr Gepäck kümmert sich das Personal: Bei Betreten ihrer Appartements finden die Gäste den Inhalt ihrer Koffer säuberlich geordnet in den Schränken und Kommoden vor. Gastgeberin Christina kontrolliert persönlich die Betten, die Leselampen, die Eiskübel, und sollte es an irgendetwas fehlen, worauf der Besucher Wert legt, wird Majordomus Jorge beauftragt, es bei seinem nächsten Einkaufsflug aufs Festland zu besorgen. Die Küche versorgt die Gäste mit täglich drei Feinschmeckermahlzeiten, das Frühstück wird zur gewünschten Stunde aufs Zimmer serviert. Zu Zeiten, da Christinas Privatflugzeug ständig auf der Strecke Skorpios-Paris im Einsatz ist, um die Gäste aus der französischen Hauptstadt abzuholen, wird dem Piloten aufgetragen, bei dem berühmten Delikatessenhändler Fauchon gleich auch frisches Gebäck einzukaufen – die Kühlboxen sind griffbereit.

Jorge Syros, der übrigens auch für die Auszahlung der Gehälter an das Personal zuständig ist, begleicht aus dem ihm zur Verfügung stehenden Bargeld die Rechnungen der Lieferanten. Nur wenn einer der Gäste die Großzügigkeit der Hausherrin allzu schamlos ausnützt und – um ein konkretes Beispiel zu nennen – eine Telefonrechnung von 15 000 Dollar „hinterläßt", erstattet der Majordomus Meldung, ohne daß dies allerdings für den „Delinquenten" irgendwelche Folgen hätte – außer, daß er vielleicht nie wieder eingeladen wird.

Die Löhne, die Christina Onassis ihren Bediensteten zahlt, liegen weit über dem landesüblichen Durchschnitt. Doch dafür verlangt sie von ihnen strengsten Gehorsam. Sie dürfen also zum Beispiel nicht aufmukken, wenn die Küche ein Festmahl für zwanzig Personen vorbereitet und Christina sich kurz vorm Servieren für einen anderen Hauptgang entscheidet, weil sie plötzlich keinen Appetit auf Kalbfleisch in Trüffel-Rahm-Sauce hat, sondern auf Saltimbocca alla romana. Das schon fertige Essen landet im Müll. Mehr als einmal geschieht es, daß einzelne Hausangestellte, die solcher Verschwendungssucht nicht gewachsen sind, die Nerven verlieren und ihren Dienst aufkündigen.

Mit Hausdame Eleni gibt es solche Probleme nicht: Sie ist es gewohnt, auch mit der vertracktesten, durch Christinas Launen heraufbeschworenen Situation fertig zu werden. Hat ihre trinkfreudige Herrin wieder einmal zu tief ins Glas geschaut, muß ihr Eleni beim Auskleiden helfen und sie zu Bett bringen, und gehen Christina bei einem nächtlichen Disco-Besuch die Tanzpartner aus, drängt sie Begleiterin Eleni auf die Tanzfläche und läßt sie einspringen. Auch in heikleren Situationen stellt die treue Seele ihren Mann – etwa, als Christina sich eines Tages leidenschaftlich in einen siebzehnjährigen Burschen verliebt und Eleni die Aufgabe zufällt, dem Mittellosen ein Kuvert mit 10 000 Dollar zuzustecken.

Nichts kann die „abgehärtete" Eleni aus der Ruhe bringen – nicht einmal jener Vorfall, der sich auf einem Skiausflug in die österreichischen Berge ereignet: Christinas Hubschrauber setzt zur Landung im Zielgebiet an, als ihr plötzlich einfällt, daß sie ihre momentane Lieblingsmusik, eine David-Bowie-Kassette, mitzunehmen vergessen hat. Der Pilot muß umkehren, den Rückflug nach St. Moritz antreten und aus der Villa Cristal, ihrem dortigen Domizil, das Gewünschte herbeischaffen.

Würde Eleni Syros (woran nicht im Traum zu denken ist) sich eines Tages dazu überreden lassen, ihre Memoiren zu schreiben, würde eine Episode breiten Raum einnehmen, die an Peinlichkeit nicht zu überbieten ist. Sie spielt in Paris; Hauptperson ist ein Juwelier namens Ponchard, bei dem Christina gelegentlich Schmuck kauft. Momentan ohne festen Partner, fühlt sich die Sechsunddreißigjährige plötzlich zu dem dreißig Jahre Älteren hingezogen. Monsieur Ponchard ist einer der Gäste, die sie zu einer Dinnerparty in ihrem Penthouse eingeladen hat. Als sich die Gesellschaft zu später Stunde auflöst, erhält Eleni den Auftrag, dem verdutzten Juwelier mitzuteilen, daß Christina ihn zu bleiben und ihr ins Séparée zu folgen bitte. Dort findet der plump Überrumpelte die Frau des Hauses splitternackt vor, Christina stellt sich schlafend. Durch das allzu durchsichtige Manöver unter Schock stehend, versucht der Ärmste gleichwohl den Kavalier hervorzukehren und gibt sich alle Mühe, seine Mannesehre zu verteidigen. Doch das Unternehmen mißlingt, Christina wendet sich von ihrem unfreiwilligen „Liebhaber" enttäuscht ab und ruft über das Haustelefon Eleni an: „Bitte ruf ein Taxi, Monsieur Ponchard möchte sich verabschieden."

Eleni tut, wie ihr geheißen – so, wie sie es immer tut, wenn ihre Herrin Unterstützung braucht. Auf Eleni Syros ist Verlaß.

Ein überforderter Butler

Freddie Frinton und sein „Dinner for one“

Das folgende Kapitel ist nur für Leser geeignet, die den Silvestersketch „Dinner for one“ kennen. Da sich jedoch die Zahl derer, die das 18-Minuten-Stück im Fernsehen gesehen haben, den 200 Millionen nähert und „Dinner for one“ zwischen 1988 und 1996 regelmäßig die Liste der meistwiederholten TV-Sendungen der Welt angeführt hat, ist die Wahrscheinlichkeit groß, daß Sie wissen, wovon ich spreche. Falls nicht, stellen Sie das Kapitel einfach zurück und holen Sie dessen Lektüre nach dem nächsten Silvesterabend nach: Sie können sicher sein, daß es auch heuer wieder auf dem Programm steht. Zumindest in Deutschland, in Österreich, in der Schweiz, in Dänemark, Schweden, Norwegen, Australien und Südafrika hat es seinen Fixplatz – wie das Amen im Gebet. Manchen Fernsehzuschauern geht es sogar schon auf die Nerven, andere wieder erwarten es voller Ungeduld, kaum einen läßt es kalt.

Was bekommen wir zu sehen? Ein altenglisches Eßzimmer mit festlich gedecktem Tisch, an dem Miss Sophie mit ihren vier engsten Freunden den 90. Geburtstag feiert. Butler James, nicht viel jünger als die Jubilarin, nimmt mit Sir Toby, Mister Pommeroy, Mister Winterbottom und Admiral von Schneider das Nachtmahl ein, dessen Getränke aus Sherry, Weißwein, Champagner und Portwein und dessen Speisen aus Mulligatawny-Suppe, Schellfisch, Hühnchen und Obst bestehen. Da ihre vier Verehrer, mit denen es aus den verschiedensten Gründen nie zu einer Heirat mit Miss Sophie gekommen ist, allesamt nicht mehr am Leben sind, muß Butler James an diesem Abend in deren Rollen schlüpfen.

Er hat also eine Menge um die Ohren: muß nicht nur die einzelnen Gerichte servieren, die einzelnen Getränke einschenken und die einzelnen Gänge wieder abtragen, sondern auch die Trinksprüche der vier Phantome ausbringen und deren Gläser leeren. Die Folge: Butler James wird von Mal zu Mal beschwipster, kann sich am Ende kaum noch auf den Beinen halten. Dazu kommt, daß ihn der Weg von der Tafel zur Anrichte und zurück jedesmal über ein Tigerfell führt, über dessen ausgestopften Kopf er ins Stolpern gerät. Kein Wunder, daß ihm bei so viel Streß auch manches weitere Malheur passiert – sei es, daß er einen Teil des Champagners verschüttet, daß ihm die Weinflasche entgleitet, daß ihm das Huhn davonfliegt, daß er den letzten Schluck nicht aus dem Trinkglas nimmt, sondern versehentlich aus der Blumenvase, und daß ihm dazwischen auch noch der eine und andere Rülpser entfährt. Nur in einem Punkt gelingt es James, bis zum Schluß Haltung zu bewahren: Die stereotype Frage „Same procedure as last year?" geht ihm selbst im angetrunkensten Zustand korrekt über die Lippen, und auch seinem Schlußwort „Well – I'll do my very best" können Miss Sophie und die Fernsehzuschauer einigermaßen vertrauen.

Es ist nicht weiter verwunderlich, daß eine Kultsendung wie „Dinner for one" im Lauf der Jahre eine ganze Heerschar von Exegeten und Biographen, ja sogar von Wissenschaftlern auf den Plan ruft, die das Phänomen dieses Fernseh-Dauerbrenners bis ins kleinste Detail erforschen, deuten und analysieren, seinen Erfolg quantifizieren und seine Folgen für den allgemeinen Sprachgebrauch, für die Entwicklung des Alkoholismus und für die Ankurbelung der Souvenirartikelindustrie untersuchen.

Da ist zunächst einmal die Frage nach der Herkunft dieses Zwei-Personen-Stückes, das heute sechzig Jahre auf dem Buckel hat und dennoch frisch ist wie am ersten Tag, ja, an jedem neuen Silvesterabend an die dreizehn Millionen Menschen dazu bringt, den Fernsehapparat aufzudrehen.

Viel ist es nicht, was man über den „Dinner"-Autor eruieren kann: Er ist – wie könnte es anders sein? – Engländer, ist am 25. Mai 1880 in Southport geboren und heißt, bevor er den Künstlernamen Lauri Wylie annimmt, Morris Laurence Samuelson. In den Literaturlexika wird man seinen Namen freilich ebenso vergeblich suchen wie in den Porträtsammlungen sein Bild: Wylie, schon als Kind ein passionierter Puppenspieler, verdient sich sein Brot in der Varietébranche, schreibt Sketche für Pantomimen und Revueshows und bringt es nur ein einziges Mal zu Broadway-Ehren – mit der 1930 am New Yorker Imperial Theatre uraufgeführten Musical-Version des Lustspiels „Princess Charming".

Wieder daheim in England, arbeitet Wylie für ein zweitklassiges Varietétheater, bei dem eines Tages, wenige Stunden vor Beginn der Abendvorstellung, vier der sechs Schauspieler mit Alkoholvergiftung ins Krankenhaus eingeliefert werden. Damit die Zuschauer nicht nachhause geschickt werden müssen, denkt sich unser Autor in aller Eile einen Sketch für die beiden verbliebenen Akteure aus – es ist die Urfassung von „Dinner for one". Und siehe da, das Episödchen vom beschwipsten Butler schlägt bei Publikum wie Kritik derart ein, daß der Uraufführung vom 11. März 1948 nicht nur zweihundertneunundzwanzig Vorstellungen im Londoner Duke of York's Theatre folgen, sondern bald auch eine eigene Produktion in New York.

Unterdessen werden auch eine Reihe namhafter englischer Komiker auf den Stoff aufmerksam, und unter diesen ist es Freddie Frinton, der damit den großen Glückstreffer zieht. Als uneheliches Kind einer Näherin kommt er am 17. Jänner 1909 in der ostenglischen Hafenstadt Grimsby zur Welt, wächst in einer Pflegefamilie auf, verläßt mit vierzehn die Schule und verdingt sich als Hilfsarbeiter in einer örtlichen Fischfabrik. Weil er, ganz offensichtlich der geborene Spaßmacher, mit seinen „Jokes" die Kollegen von der Arbeit abhält, verliert er seinen Job und versucht sich daraufhin als Kneipensänger. Und da Freddie bald auch in Pantomimenshows und Revuen erste Erfolge hat, wird es Zeit für ihn, über einen Künstlernamen nachzudenken. Eigentlich heißt er nämlich Frederick Coo. Das Pseudonym Frinton findet er auf der Landkarte: Frinton on Sea ist einer der Nachbarorte von Grimsby.

Mit dreißig wird er eingezogen, der Zweite Weltkrieg ist ausgebrochen. Freddie wird der Truppenbetreuung zugeteilt, soll die Soldaten der Royal Army mit seinen Kunststücken bei Laune halten. Eines dieser Kunststücke ist „Dinner for one".

Auch, als der Krieg vorüber ist, zieht er, wechselnde Bühnenpartnerinnen zur Seite und ein Tigerfell im Gepäck, mit dem 18-Minuten-Jux (und einer Reihe weiterer Sketche) durch die Lande. Auch hat er inzwischen die Aufführungsrechte von „Dinner for one" erworben und Text wie Spiel weiter verfeinert: Freddie Frinton und der Butler James werden mehr und mehr eins.

Als er im Winter 1962/63 im nordenglischen Blackpool mit seinem Bühnen-Hit gastiert, sitzen zwei deutsche Fernsehleute im Zuschauerraum des Pavillion Theatre: der neunundvierzigjährige Berliner Showmaster Peter Frankenfeld und sein engster Mitarbeiter, Heinz Dunkhase vom NDR. Sie sind auf der Suche nach Sujets für die in Vorbereitung befindliche ARD-Liveshow „Guten Abend, Peter Frankenfeld!" Die Geschichte mit dem beschwipsten Butler gefällt ihnen, und so nehmen sie auf der Stelle den Hauptdarsteller unter Vertrag und laden ihn zu einer Fernsehaufzeichnung nach Hamburg ein. Über die Höhe der Gage (sie beträgt 4150 D-Mark abzüglich 622,50 Abgabe ans Finanzamt) einigt man sich leichter als über den Ort der Aufnahme: Frinton ist ein Deutschenhasser und würde lieber in England drehen. Doch nach einigem Hin und Her kommt der Deal zustande, und Freddie Frinton steht zwischen 30. April und 4. Mai 1963 im Studio B des NDR-Fernsehateliers Hamburg-Lokstedt vor der Kamera. Gut einen Monat später, am 8. Juni 1963, wird „Dinner for one" in Peter Frankenfelds Show erstmals ausgestrahlt – und keiner der Beteiligten ahnt, daß dies dereinst die meistwiederholte Fernsehsendung aller Zeiten werden wird ...

Bis diese Erfolgsserie ihren Anfang nimmt, vergehen allerdings noch volle neun Jahre: Erst zu Silvester 1972 erfolgt der eigentliche Startschuß. Von da an freilich ist „Dinner for one" fester Bestandteil des Silvesterprogramms des Deutschen Fernsehens, und Österreich, die skandinavischen Länder, Australien und Südafrika ziehen Jahr für Jahr nach. Nur die Schweiz kocht ihr separates Süppchen und bringt eine eigene Version des Wylie-Sketches heraus, und das Herkunftsland England entschließt sich überhaupt zum totalen Verzicht – mit der Folge, daß dem dortigen Fernsehpublikum „Dinner for one" bis zum heutigen Tag so gut wie unbekannt ist.

Bei seinen allerersten Bühnenauftritten hat Freddie Frinton, was die Rolle der Miss Sophie betrifft, mehrmals die Partnerin gewechselt: Jetzt, 1955, wird er „monogam" und hält von Stund an an der achtzehn Jahre älteren May Warden fest, die – so wie er – aus einfachsten Verhältnissen stammt. Ihr Vater ist ein Wanderkomödiant, sie selber hat nie eine Schule besucht, schon mit zwölf steht sie als Musicalsängerin auf der Bühne.

Ihren Dauerpartner überlebt May Warden um zehn Jahre: Freddie Frinton stirbt mit neunundfünfzig, sie selber mit siebenundachtzig. Reich geworden mit ihrem „Hit“ sind sie alle beide nicht. Das meiste Geld fließt in die Kassen des NDR. Auch das Streichorchester von Annunzio Paolo Mantovani, das mit Lew Pollacks „Charmaine“-Walzer die Musik beisteuert, kassiert seinen Anteil.

Und was wird aus den Originalrequisiten der denkwürdigen Fernsehaufzeichnung von 1963? Das von den Hamburger Filmleuten bereitgestellte Eisbärfell mußte auf Wunsch des Hauptdarstellers durch dessen eigenes Tigerfell ersetzt werden, das Frinton von einer Asienreise mitgebracht hat: Das gute Stück ruht heute als unveräußerbares Souvenir im Wohnzimmer seines Sohnes Mike in Watford. Die Geschenkartikelindustrie reagiert auf das Phänomen „Dinner for one“ mit einem Spielzeug-Puzzle, mit Bierdeckeln sowie mit einer Souvenirbox aus Videokassette und Portwein. Auf einer vom Goslarer Zinnfigurenmuseum veranstalteten Ausstellung „Zur Geschichte des Essens und Trinkens“ können sich die Fans an einer Miniaturnachbildung von Miss Sophies Geburtstagstafel weiden; und das Auktionshaus ebay hat dem Vernehmen nach ständig zwischen zehn und zwanzig verschiedene „Dinner for one“-Kultobjekte im Angebot. Prominentenköche kochen Miss Sophies Dinner nach und bringen die einzelnen Rezepte zu Papier. Medienwissenschaftler versuchen in eigenen Abhandlungen das Erfolgsgeheimnis des Fernseh-Evergreens zu ergründen. Und der Refrain „the same procedure as every year“ geht sogar in den Duden, in den 1993 erscheinenden Sonderband „Zitate und Aussprüche“, ein.

Apropos Zitate: Als bei der Anmoderation der Originalaufzeichnung von 1963 dem dafür ausgewählten Schauspieler Heinz Piper der Fehler unterläuft, „than every year“ auf Band zu sprechen (statt richtigerweise „as every year“), bricht unter den Sprachpuristen und Englischlehrern ein Proteststurm los, der sich erst wieder legt, nachdem der peinliche Versprecher elektronisch getilgt worden ist.

Weniger Glück ist jenen Abstinenzler-Lobbies beschieden, die „Dinner for one“ als Verherrlichung des Alkoholismus verteufeln und allen Ernstes auf Eliminierung aus dem Fernsehprogramm drängen. Und auch die nachträgliche Kolorierung des altehrwürdigen Schwarzweiß-Filmchens, für die man zu Silvester 2000 eigene Computerexperten aus USA und Indien heranzieht, geht in die Hose: Der echte „Dinner for one“-Fan will seine Miss Sophie nicht in goldverbrämtem Dunkelblau, will keine roten Tischkerzen, kein knallig gelbes Tigerfell und keine knusprig braune Hühnerkeule serviert bekommen, sondern hält eisern an der geheiligten Tradition fest: In einem fünfundvierzig Jahre alten Kultfilm haben die Dinge ihren gewohnten Platz innezuhaben und vertragen nicht die leiseste Korrektur.

Und wie ist das mit mir selbst? Blicke ich auf Generationen von Butlern, Haushälterinnen und Sekretärinnen zurück, die mir im Laufe meines fünfundsiebzigjährigen Lebens das Dasein erleichtert haben? Werde ich auf all die Annas, Franziskas & Co., die mir über die Jahre hinweg treu zur Seite gestanden sind, Dankeshymnen anstimmen?

Nein, werde ich *nicht*. Denn es gab sie nicht, es gibt sie nicht, und es wird sie nach menschlichem Ermessen auch in Zukunft nicht geben. Auch auf die Gefahr hin, vor der Welt als Armutschkerl dazustehen, als Sonderling und Geizkragen, bekenne ich: Selbst zu Zeiten, da ich mit Arbeit überhäuft und von Streß geplagt war, habe ich ohne dienstbare Geister mein Auslangen gefunden, nichts zur Belebung des Arbeitsmarktes beigetragen – mit einer einzigen Ausnahme: In meinen bis dato dreieinhalb Jahrzehnten als Buchautor habe ich stets eine Stütze fürs „Reinschreiben" gebraucht. „Kopistin" nenne ich es hochtrabend.

Ging es die erste Zeit bloß darum, aus meinem Gekritzel und Getippsel ein sauberes, satzfertiges Manuskript herzustellen, so wurde mit der Einführung des Computers aus dem Manuskript eine Diskette, und vielleicht wird aus der Diskette eines Tages, wenn die Techniken der Texterfassung weiter so rasant fortschreiten, abermals etwas Neues – wer weiß. Doch das schert mich nicht, ich habe nichts damit zu tun. Resistent gegen alle Versuche, mich zur Umstellung auf den Computer zu überreden, ja, meinen störrischen Widerstand mit Mitleid, Spott und Hohn zu überschütten, tippe ich beharrlich meine Texte in die mechanische Schreibmaschine. Nichts auf der Welt kann uns zwei voneinander trennen, niemandem wird es gelingen, einen Keil zwischen uns zu treiben, bis ans Ende meiner Tage halte ich an meiner guten alten „Olympia“ fest.

Ich habe übrigens gute Gründe dafür, mir die Elektronik vom Leibe zu halten. Nicht, daß ich die Kostspieligkeit der Investition scheute: Das Zeug gibt's heute schon ganz billig. Auch nicht, daß ich mich mit der neuen Technik schwertäte: Das kann inzwischen jedes Kind. Was also ist es dann, das mich zum starrsinnigen PC-Muffel macht?

Ich will es Ihnen verraten: Die mechanische Schreibmaschine ist das sensiblere, das rücksichtsvollere Gerät. Und ebendies brauche ich beim Schreiben: Sensibilität und Rücksichtnahme. Schon die Elektrische (die bei mir – der Leser errät es – gleichfalls niemals eine Chance hatte) macht mich nervös. Dieses Rauschen, diese Überbereitschaft, dieses penetrant Auffordernde, das mir beständig einbleut: Na los, mach schon, schreib weiter, wird's bald! Unter solchem Druck soll einem etwas einfallen?

Dagegen die Mechanische: Seelenruhig steht sie da, macht keinen Muckser, wartet geduldig, bis ich so weit bin, überläßt das Gesetz des Handelns ganz und gar mir. Habe ich ein Blackout, so läßt sie es mich durch keinerlei Insistieren spüren, hilft mir durch ihre Gelassenheit meine Schreibhemmung überwinden, in aller Ruhe meine Kräfte sammeln. Wir zwei, meine mechanische Schreibmaschine und ich, sind ein ideales Paar. Das sollte man auseinanderreißen?

Keiner drangsaliert den anderen, nie kommt es zwischen uns zum kleinsten Konflikt.

Und – wir haben das gleiche Tempo: Wie ein Hündchen, das ergeben seinem Herrn hinterhertrottet, stellt sie sich vollkommen auf mich ein: kein Hecheln, kein Quengeln, kein Bellen – welch braves Tier.

Man nehme also ein für allemal zur Kenntnis: Mir kommt kein PC ins Haus. Das Wunderinstrument würde bei mir in der Rumpelkammer verrotten.

Umgekehrt halte ich meine mechanische Schreibmaschine in Ehren, unterziehe sie sorgfältiger Pflege, bringe sie regelmäßig zum Service, und vielleicht haben sogar die Spötter recht, die mich verdächtigen, es jenen Pflanzenfreunden gleichzutun, die mit ihren grünen Lieblingen reden: Schon möglich, daß da ab und zu ein zärtliches Wort fällt.

Was aber geschieht mit dem Manuskript, von dem im Zeitalter des Computers kein Verlag mehr etwas wissen will? Die gute Frau Christine ist es, die mein Geschreibsel in die Magnetscheibe umsetzt, und sie tut es seit Jahr und Tag mit solcher Perfektion, daß es mich dazu drängt, ihr an dieser Stelle meine tiefe Verbundenheit zu bezeugen. Danke, liebe Frau Christine! Ihren vollen Namen werdet Ihr übrigens nie erfahren: Soll ich riskieren, daß mir Neider diese „Perle“ abspenstig machen?

Vielleicht sollte ich bei dieser Gelegenheit erwähnen, daß Frau Christine keineswegs die einzige auf ihrem Gebiet ist: Ich stehe mit dem Engagement meiner Kopistin nicht allein da, sondern befinde mich in allerbester Gesellschaft. Ein paar Beispiele aus dem zeitgenössischen Literaturbetrieb:

Was für mich die „Olympia“, ist für Günter Grass die „Olivetti“ – an jedem seiner vier Arbeitsplätze hat er das gleiche Schreibmaschinenmodell stehen, in das er seine Texte tippt. Auch Bestsellerautor John Irving läßt keinen Computer an sich heran. Der Schweizer Kollege Adolf Muschg nimmt sogar in Kauf, daß seine Schreibmaschine über kein „ß“ verfügt (weswegen er statt dessen auf das große „B“ ausweicht), und Woody Allen bekennt in einem seiner Interviews, alle seine Drehbücher seien auf einer „Mechanischen“ entstanden, die er sich als Sechzehnjähriger gekauft hat: *„Lange Zeit war ich nicht einmal imstande, das Farbband zu wechseln. Da habe ich Leute zu mir nach Hause eingeladen und sie ganz beiläufig gebeten, mir das Band auszuwechseln, während ich vorgab, mit etwas anderem beschäftigt zu sein.“*

Den Vogel aber schießt der amerikanische Romancier Paul Auster ab, der der inzwischen vierunddreißig Jahre währenden Liebe zu seiner „Olympia“ unter dem Titel „Die Geschichte meiner Schreibmaschine“ ein eigenes, kürzlich auch in deutscher Übersetzung erschienenes Buch gewidmet hat.

Es ist wie Musik in meinem Ohr, wenn ich bei dem dreizehn Jahre jüngeren Paul Auster lese: *„Es ist zwecklos, mir mit Computern und Textverarbeitung zu kommen. Zu viele Freunde erzählten mir Horrorgeschichten von ganzen Tagwerken – oder gar Monatswerken –, die nach dem Betätigen einer falschen Taste für immer verschwunden waren, und ich vernahm zu viele Warnungen vor plötzlichen Stromausfällen, die imstande waren, ein ganzes Manuskript binnen einer halben Sekunde zu löschen. Mit Maschinen bin ich noch nie besonders gut gewesen, und ich wußte, wenn es eine falsche Taste gab, die man drücken konnte, würde ich sie eines Tages drücken. Also blieb ich bei meiner Schreibmaschine. Ich habe mehrere Autos und mehrere Kühlschränke besessen, habe mehrere Wohnungen und Häuser bewohnt. Ich habe Dutzende von Schuhen durchgelaufen, habe schockweise Pullover und Jacketts verschlissen, habe Armbanduhren, Wecker und Schirme verloren oder liegen gelassen. Alles geht kaputt, alles nutzt sich ab, alles wird irgendwann unbrauchbar. Nur die Schreibmaschine ist immer noch bei mir. Noch wenige Monate, und sie wird mich die Hälfte meines Lebens begleitet haben.“*

Bei meinem nächsten Amerika-Aufenthalt muß ich alles daransetzen, mit dem Kollegen Auster zusammenzutreffen. Erstens zum Gedankenaustausch über unsere gemeinsame Geliebte Olympia. Zweitens zur Klärung der Frage, welche treue Seele er für den zweiten Arbeitsgang heranzieht. Und drittens: ob er mit ihr ebenso glücklich ist wie ich mit meiner Frau Christine.